가톨릭 우울증 가이드

AARON KHERIATY, JOHN CIHAK
THE CATHOLIC GUIDE TO DEPRESSION
How the Saints, the Sacraments, and Psychiatry Can Help You Break Its Grip and Find Happiness Again

© 2012 by Aaron Kheriaty, John Cihak
All rights reserved.

Translated by JUNG Du-young
Korean translation copyright © 2022 by Benedict Press, Waegwan, Korea.
Korean translation rights arranged with Sophia Institute Press, Manchester, NH 03108, USA.

가톨릭 우울증 가이드

2022년 5월 17일 교회 인가
2022년 6월 9일 초판 1쇄

지은이	에런 케리아티, 존 시핵
옮긴이	정두영
펴낸이	박현동
펴낸곳	성 베네딕도회 왜관수도원 ⓒ 분도출판사
찍은곳	분도인쇄소

등록	1962년 5월 7일 라15호
주소	04606 서울 중구 장충단로 188 분도빌딩 102호(분도출판사 편집부)
	39889 경북 칠곡군 왜관읍 관문로 61(분도인쇄소)
전화	02-2266-3605(분도출판사) · 054-970-2400(분도인쇄소)
팩스	02-2271-3605(분도출판사) · 054-971-0179(분도인쇄소)
홈페이지	www.bundobook.co.kr

ISBN 978-89-419-2208-7   03180

이 책의 한국어판 저작권은 Sophia Institute Press와 독점 계약한 분도출판사가 소유합니다.
저작권법에 의해 한국 내에서 보호를 받는 저작물이므로 무단 전재 및 복제를 금합니다.

 이 책의 본문 종이는 친환경 용지를 사용했습니다.

THE
CATHOLIC
GUIDE
TO
DEPRESSION

가톨릭 우울증 가이드

에런 케리아티 · 존 시핵 지음
정두영 옮김

분도출판사

차례

추천의 글 _____ 7
들어가며 _____ 17

1부 우울증에 대한 이해
- 1・ 우울증의 형태와 원인 _____ 43
- 2・ 우울증과 영성생활 _____ 79
- 3・ 우울증과 관련 장애 _____ 133
- 4・ 우울증과 자살의 비극 _____ 143

2부 우울증의 극복
- 5・ 약물치료와 기타 생물학적 치료 _____ 171
- 6・ 심리치료: 그 효과와 한계 _____ 197
- 7・ 우울증에 대한 영적 도움 _____ 235
- 8・ 하느님의 자녀 됨과 희망의 덕 _____ 281

부록
- 1 · 추가 참고 문헌 _____ 311
- 2 · 고통의 시간 속에 바치는 기도 _____ 317
- 3 · 우울증에 대한 교황 요한 바오로 2세의 연설 _____ 335

주 _____ 339

일러두기

- 신약성경 인용문은 『200주년 신약성서』(분도출판사 2001)를 따르되, 문맥에 따라 더러 다듬었습니다.
- 원문 이해를 돕고자 역자가 덧붙인 부분과 역자 주는 [괄호]로 표시했습니다.

추천의 글

이제 그분의 심장이 열려 있고 상처 입은 그분의 두 손이
환하게 빛을 발하고 있으니,
그분의 몸에 맞지 않을 우리 삶의 십자가는 없으며,
그분이 대신 상처를 입지 않은 우리의 죄는 존재하지 않는다.
오, 그렇다면 주님이시여,
당신의 제단으로부터 당신 양 떼가 보이는 곳으로 나오소서!
당신 피조물이 얼마나 깊이 뚫려 아파하고 있는지 보옵소서!

폴 클로델,『코로날』Paul Claudel, *Coronal*

역사의 고통은 쌓여 가고, 우울증은 점점 더 엄습해 온다. 현대 세계가 이룬 업적과 이점은 바로 저기 손 내밀면 닿을 곳에 있지만, 엄청난 정신적 비용이 발생하고 있다. 끊임없는 혁신과 운동은 유한한 존재의 불안을 증폭하며 이탈과 소외를 초래했다. 당신의 손에 들려 있는 이 책은 우리 시대에 꼭 읽어야 할 책이다. 우울증은 현대의 고통이며, 궁극적으로 연대라는 표지하에서만 이해될 수 있는 복잡한 실

체로, 케리아티 박사가 시핵 신부의 도움을 받아 그 실체의 깊이에 도달했다.

어둠 속으로의 하강

삶은 단순하면서도 자양분이 되는 기쁨을 낳는다. 저녁 무렵의 기분 좋은 공기, 우리의 탐구 열정을 깨우는 자연의 광채, 가족과 친구의 사랑, 낯선 사람 간의 너그러움, 위대한 문학과 예술과 음악에 실로 무한히 응축된 풍요로움, 산뜻한 공기 속에서의 달리기, 아이들의 생기 있는 발랄함 등을 낳는다. 물론 모든 삶에는 고통이 따르지만, 태양은 또 떠오르고, 우리 대부분은 다시 시작할 수 있다. 우리는 어둠 속에서도 생기 넘치는 삶의 명멸하는 빛을 본다.

그러나 어둠이 찾아온 사람들, 모든 빛과 빛에 대한 모든 기억이 지워져 버린 사람들이 있다. 매번 숨을 들이쉬기 무섭게 다시 숨이 막히고, 가능성이 시들어 버리며, 시간은 끝없이 펼쳐진, 깨부술 수 없는 콘크리트 속에 그들을 가두어 버린다. 아홉째 재앙(탈출 10,21-29)보다 더 숨 막히고 더 골수를 파고드는 암울함이 에워싸고 있다. 새벽이 믿기지 않을 정도로 밤이 짙게 내리깔려 있다. 우울증은 희망이 없는 세상에 집어삼켜지는 것을 의미하며, 그 세상은 단테 Dante Alighieri의 지옥 여정이나 코맥 매카시 Cormac McCarthy의 소설 『길』 The Road에 나타난 종말 이후 세계보다 가차 없이 냉혹하다.

단순한 인간적 희망이 필요하다. 그렇지 않으면 인간은 아무것도 할 수 없다. 우리는 해야 할 일이 있어야 하고 충족해야 할 욕구가 있어야 한다. 그래야 우리의 힘으로 이 세상에서 무엇인가 영향력을 행사할 수 있고, 추구할 가치가 있는 목표가 있다는 기본적인 기대 속에 우리 모두 아침에 잠자리에서 일어날 수 있다. 우울증은 단순한 인간적 희망을 잃어버린 것을 의미한다. 우울증은 활짝 펴고 싶고 일어나고 싶은 기본적인 경향이나 욕구를 잃어버린 것을 의미한다. 이는 덫에 걸린 것이고, 가라앉고 있는 것이다.

어둠 속에서의 지혜

케리아티 박사가 여기서 보여 주고 있는 것은 과학과 철학, 신학을 아우르는 그리스도교의 지혜에 관한 수준 높은 연구 결과이다. 우울증은 말할 것도 없이 인간 삶의 어떤 극적인 측면도 인간이 하느님의 모상으로 창조되었고, 그리스도를 통해 구원되었으며, 삼위일체적 친교로 부르심을 받았다는 그리스도교의 계시 없이 올바르게 설명될 수 없다. 이것만이 삶의 궤적을 의미 있게 만들어 주는 요소이다.

사랑 자체이신 하느님 아버지의 선한 계획, 즉 모든 인간 하나하나를 영원한 행복으로 불러들이시는 일련의 신적 계획은 예수 그리스도께로 집중된다. 예수 그리스도는 하느님의 말씀으로서, 모든 것이 그 말씀을 통해 창조되었다. 또한 그분은 죄에 물들 수밖에 없는 인간의 육신을 거리낌 없이 취하시고, 당신이 온전히 소멸할 때까지 우리를 사랑하시며, 당신의 거룩한 성심에서 피와 물을 이 세상의 통로에 쏟아 내신 분이다. 파스카의 신비로 당신 삶의 완성에 이르신 예수님은 우리 삶의 모든 멈춤과 움직임 사이, 모든 파괴와 치유 사이에서 작동하는 동력이 되신다. 그리고 십자가의 신비는 우울증을 포함한 어둠의 의미까지 드러낸다.

그리스도교 인간학은 이성만으로도 알 수는 있으나, 성화의 은총 없이는 종종 인식되지 않는 사실, 즉 인간은 육체와 영혼의 결합체라는 사실(통합적 인본주의)을 고수한다. 그리고 신앙은 이 일체성이 오직 자비로운 섭리의 주도 안에서만 작동한다는 것을 안다. 이 책은 반복되는 자연과 역사의 모든 운영 체계 안에서 하느님의 자비로운 삶이 어떻게 주도적으로 권한을 행사하는지를 이해하지 못하는 초자연주의 · 신앙주의 · 도덕주의를 피하면서, 동시에 인간 삶의 총체적인 맥락을 놓치고 있는 물질주의와 거리를 둔다. 그러면서 이 책은 신앙과 이성의 가톨릭적 통합이 만들어 내는 결실을 보여 주며, 정신 질환과 한바탕 싸움을 벌인다.

한편으로, 그리스도인들은 육화肉化 신앙의 중심에 통합적 인본주의가 있음에도 종종 자신들이 믿고 있는 신앙을 잊어버리고는 한다. 가톨릭 신자 중에는 우울증을 마치 의학과 무관한 사안, 즉 단순히 우울증에 빠진 당사자의 영적 장애로 설명해 버리고 싶은 유혹에 넘어가는 사람들이 있다. 우울증에 강한 영적 실체가 작용하는 것은 분명하지만, 우울증에 시달리고 있는 사람에게 무엇인가 잘못이 있다는 암시는 완전한 오독이다. 문제의 핵심은 우울증에 걸린 사람의 무죄함이다. 이 책은 정신 질환에 대한 결정적인 세부 사항까지 다루면서, 더 인상적으로 이 고통의 중심에 있는 신비를 깊이 탐색한다.

다른 한편으로, 모든 것을 물질적 과정으로 환원하는 물질주의가 주도적으로 작동하여 [육체와 영혼의] 일체성을 놓치는 경향이 [일부 그리스도인들에게] 있다. 곧, "우울증에 걸렸다고? 약물치료를 적절히 받아라. 그것으로 충분하다"라는 식이다.

현 세계가 이룬 엄청난 의학적 진보는 인간의 물질주의적 환원에서 비롯된 모호성에 시달리고 있다. 예를 들어 환자로 받아들여 치료를 하는 데 종종 차별이 존재한다. 우리는 고통을 마주하기를 원치 않는다. 우리는 그것을 뭉뚱그려 숨겨 버린다. 우리는 깨끗하게 위생 처리된 공적 공간을 구축한다. 그 공간에서는 고통과 죽음의 문제들이 순화되고, 덜 다급해지며, 왜 그런지 답을 찾기 위한 열정적 탐구가 식어 버리고 만다. 진실한 사랑 없이는 사실 답이 없다. 그러나 그 말은 언제나, 우리의 소비지상주의적 욕구에 절대적으로 반하여, 우리가 고통과 더불어 시달려야 한다는 것을 의미한다.

고통의 귀족주의적 소외는 연대로부터의 도피이다. 이는 삶이 원래 건강하고, 성공적이며, 아름답고, 부유하고, 젊고, 독립적으로 되는 것과 관련된 것이라고 평계를 대는 것이다. 그러나 고통은 이것이 어리석은 망상임을 폭로한다. 고통은 자유의지론자의 이상인 자율성을 차단한다. 즉, 주어짐에 뿌리를 내리고 있지 않은 자율성의 실천은 있을 수 없으며, 그래서 고통은 사랑에 대한 절절한 요구가 결여된 인간의 삶은 존재할 수 없음을 주장한다. 우리는 근본적으로 서로 의존하고 있다.

어둠 속에서의 연대

유한한 존재는 비통함에 젖어 있는 존재이다. 우리의 모든 엄청난 기획과 기쁨 한가운데, 헛됨과 무의미함이 스며들어 있다는 가슴 아픈 진실이 자리 잡고 있다. 우리는 결국 죽을 것이기 때문이다. 그렇다면 거기에는 사랑이 수반하는 영적 고뇌, 즉 타인과 영 안에서 하나가 되고픈 순수한 자기 의지의 포기가 존재한다. 게다가 우리가 사랑하는 사람들에게 남아 있는 시간은 절대 충분하지 않다. 사랑은 이별의 고통에 노출되는 것을 의미한다. 사랑하는 사람들은 쇠약해지고 죽는다. 우리는 결코 충분히 사랑하지 못한다. 또한 우리는 충분히 사랑받지도 못한다.

그리고 학살! 역사 속 곳곳에서 발견되는 야만성, 약자와 무죄한 이들을 향해 가해지는 악마적 분노가 있다. 즉, 성매매, 죽음의 문화, 아동 성애화, 아동 학대와 살해, 가정 내 폭력적 지배의 야만성, 인종 말살, 허무주의의 강한 충동 속에 자행되는 연쇄 처단 등등, 모든 희생자, 겹겹이 쌓여 높은 산을 이룬 제물들이 있다.

우리는 모두 할 수 있는 만큼 정성을 다해 그 희생자들 앞에 오래 머물러야 한다. "복되어라, 슬퍼하는 사람들!"(마태 5,4). 그러나 세상 고통의 소용돌이 속으로 온 존재가 끌려 들어가는 사람들이 있다. 우울증에 빠지는 것은 아프게 찔러 대는 실체의 자극에 상처를 입는 것을 의미한다. 우울증은 '전적으로 기분 문제'라든가 단지 신경화학적 문제일 뿐이라고 치부하는 것은 잘못된 인식이다. 우울증에 빠진 사람은 혼돈의 물결이 자신이 지금껏 누려 온 밝고 소박한 삶의 순환 고리를 집어삼킬 듯이 위협하며 밀려오고 있는 세상의 흐름 위에 위태롭게 서 있는 것이다. 그들은 전적으로 사랑의 결핍을 느끼고 있다.

기억을 실존으로 인식하는 세심한 아우구스티누스적 감각에 비추어 본다면, 우울증은 일종의 기억하기이다. 우울증에 빠진 사람은 자기 육체의 모든 지체에서 희생자들의 심적 고통을 느끼고 영혼의 더 깊숙한 곳으로 흡수하여 그들을 기억한다.

예수님은 유한한 존재로서 피 흘림의 잔을 남김없이 비워 내시며, 이기심과 고통과 죄의 모든 공포를 흡수해 버리신다. 이 놀라운 책은 심오한 영적 지혜를 담고 있으며, 우울증으로 고통을 겪고 있는 사람들이 그리스도의 이 구속적인 어둠에 동참하고 있음을 암시하고 있다. 한마디로 세례의 은총은 고통을 십자가에 못 박히신 그리스도와의 직접적인 접촉으로 바꾸어 놓는다. 그런데 나는 이 책의 뚜렷한 방향성에 호응하면서, 세례를 받지 않은 사람에게도 우울증은 그리스도와의 일치에 이르는 실재적인 한 형태가 된다고 주장하고 싶다. 우울증을 앓고 있는 사람은 지옥에 떨어진 무죄한 사람이다. 그리스도는 한 치의 망설임도 없이 그 고통의 지옥으로 내려가신다. 누군가가 고통 중에 있을 때, 그리스도께서도 고통 중에 그와 함께 계신다.

포기는 일치의 한 형태이다

참된 사랑은 모든 대가를 치르고 모든 것을 내주며, 남김없이 타 없어지고 놀랄 만한 총체적 통합 속에 황홀과 고통의 양극단을 결합한다. 자기희생적 사랑은 고통과 희망, 피와 기쁨의 (달콤함에서 놀랍고, 잔인함에서 몸서리쳐지는) 아찔한 드라마처럼 유한한 존재의 불가능한 역설의 보증이 된다. 그리고 하느님께서 이 세상을 그토록 극진히 사랑하신 나머지 십자가에 못 박히신 그리스도에게서 양극단의 교차가 일어난다.

요한 크리스토프 아널드Johann Christoph Arnold는 자신의 아버지 하인리히Heinrich가 첫아들을 3개월 때 먼저 떠나보내고 한 말을 이렇게 회상한다.

아이들은 누구보다 예수님의 마음에 가까이 있고, 예수님은 그들을 우리의 본보기로 내세우신다. 아이들이 고통을 받아야 한다는 사실이 매우 이상하게 느껴진다. 이는 마치 그들이 누군가의 죄를 떠안은 것 같고, 우주 만물의 타락 때문에 고통을 겪는 것 같다. 어떤 면에서 그들은 [누군가의] 죄의 대가를 치르는 것처럼 보인다….

이 같은 대리 고통의 신비, 구원의 핵심에 자리하고 있는 신비, 안전지대를 포기하는 연대의 신비, 이 신비 없이는 우울증을 올바로 이해할 수 없다.

온전한 극적 파장으로 세상을 관통하는 사랑의 총체적 맥락 안에서만, 인간은 감히 우울증의 신비에 접근할 수 있다. 인간 실존의 어둠 속으로 내려오신 예수님의 빛 안에서만 우울증의 어둠은 빛을 받는다. 고통 속에 있는 인간의 울부짖음에 대한 궁극적인 응답의 말씀은 절망의 지옥, 즉 죽음의 침묵을 향해 건네진 하느님 아버지의 말씀이다.

마지막까지, 심지어 하느님께 버림받는 지경에 이르기까지 우리를 사랑하시는 가운데 그 아들(성자)은 우리 개개인을 구하시려는 사랑의 의지를 실천하시면서 역설적으로 아버지(성부)에 대한 당신의 무한한 사랑을 드러내신다. 예수님은 그야말로 성부의 구원 의지를 완벽하게 수령하신 분이다. 그러므로 스위스의 저명한 신학자 한스 우르스 폰 발타자르Hans Urs von Balthasar는 십자가상에서 예수님의 승복은 아버지와 아들 사이의 깨뜨릴 수 없는 영원한 일치의 절대적인 계시이며, 오직 그 사랑에서 이 세상의 모든 사랑이 흘러나온다고 주장한다. 예수님께서 우리의 절망 안으로 (당신 스스로는 절망하시지 않은 채) 들어오심, 죄를 모르시는 분이 죄인이 되심, 이것이 바로 신앙 안에서 우리의 인도자이신 그분의 온전한 순종이다. 모든 빛이 소멸하고, 아버지의 존재를 드러내는 모든 흔적이 완전히 사라져도 아버지를 신뢰하는 것, 이것이 그리스도교 신앙이고, 그 신앙은 신비스럽게도 무한정 희망하고 사랑한다.

너희들은 나와 함께 한 시간만 깨어 있어 주겠니?

그렇다면 우울증에 빠진 사람은 의학적 도움을 청하지 말아야 하는가? 하느님은 그리스도교적 연대에 대한 초자연주의자들의 그와 같은 오독을 금하신다! 예수님은 우리에게 "우리를 악에서 구하소서"라고 당신의 아버지께 기도하라고 명하신다. 말썽거리가 알아서 우리를 찾아올 것이다. 그러니 우리가 그것을 직접 구하거나 자초할 필요가 없다. 그리고 단 한 차례의 우울증도 인간을 지옥의 끝없이 어두운 심연으로 던져 넣을 수 있으니, 그 심연을 자초하여 무한히 늘릴 필요도 없다.

서구 세계에서 의학 기술이 수많은 인간의 고통을 효과적으로 경감시키는 데 필요한 결정적 추동력을 얻게 된 것은 그리스도교적 인본주의와 동반하면서부터이다. 하느님 아버지는 누구도 어둠 속에 잃는 것을 원치 않으시며, 자살을 원치 않으신다. 그렇다. 우리는 예수님 곁에 머물러야 한다. 우리는 (비록 그분께서 고뇌의 정원으로 내려가시더라도) 그분과 함께 머무르는 것을 도모해야 한다. 우리는 어둠을 견뎌 내야 한다. 그러나 우리는 예수님과 일치를 이루기 위해 우울해할 필요는 없다.

십자가의 끼어듦으로 인해, 이제 유한한 존재에게는 벅찬 무한한 고통의 실체를 감내해야 하는 그리스도인의 새로운 삶의 방식이 시작된다. 우리는 오직 예수님의 거룩한 심장에서 흘러나오는 피와 물에 의해 살아간다. 그러나 하느님 아버지는 우리가 예수님과 일치를 이룰 수 있는 특별한 방식을 염두에 두고 계시는데, 우리가 그 방식을 결코 선취하고 점유해서는 안 된다. 우울증에서 치유되더라도 우리는 꾸준히 예수님과 함께 깨어 있어야 한다. 복되신 동정 마리아의 보호 속에 십자가의 발치에서 꼭 그렇게 해야 한다.

우리의 기도 가운데, 이제 우리는 이 놀라운 책에서 우리 시대에 없어서는 안 될 인도자, 하느님 섭리의 특별한 선물을 만나게 된다. 우울증의 치료법이 마련되도록 이토록 오묘하게 자연의 질서를 안배하신 하느님, 우리가 꺼지지 않는 빛과 생명과 사랑의 나라로 해방될 수 있도록 우리 삶의 드라마 안으로 들어오신 하느님, 이 두 분은 같은 하느님이시다. 이 책의 이야기는 자연과 은총의 그 교차점에서 펼쳐진다. 그리고 우리는 이 책 덕에 그 교차점에서 훨씬 더 지혜롭게 살게 될 것이다.

그리고 하느님 친히 그들의 하느님으로서 그들과 함께 계시고, 그들의 눈에서 모든 눈물을 닦아 주실 것이다. 다시는 죽음이 없고 다시는 슬픔도 울부짖음도 괴로움도 없을 것이다. 이전 것들이 다 사라져 버렸기 때문이다(묵시 21,3-4 참조).

J. 데이비드 프랭크스 J. David Franks, Ph.D.

들어가며

"우울증은 자기 자신 — 매개적 지성 — 도 말로 표현하기에는
도저히 불가능할 정도로 신비롭게 고통스럽고
파악하기 어려운 기분장애이다"

윌리엄 스타이런, 『보이는 어둠』William Styron, *Darkness Visible*

~

우울증의 문제

우울증은 한 사람의 심리적·신체적 기능에 발생하는, 때로는 심각하고 때로는 삶에 위협이 되기도 하는 장애이다. 하지만 이 정의는 단지 논의의 시작을 위한 설명일 뿐이다. 우울증은 전적으로 질병 모델로 설명할 수밖에 없는 복잡한 상태이기 때문이다. 의학은 우울증에 관해 많은 것을 알려 주었지만, 이 고통의 전모는 대단히 복잡하다. 흔히 우울증은 생물학적·심리학적 요인 외에도 다양한 사회적·문화적 요인, 그리고 영적 요인과 어떤 복합 요인으로 인해 야기되고 영향을 받는다. 우울증은 다면적인 특성을 띠기에 그것을 파악하고 대처하고 적절히 치료하려면 여러 보완적 시각들이 필요하다. 우리는

이 책의 경로를 따라가면서 그런 요인들을 자연스럽게 다룰 것이다.

우울증의 원인과 치료법에 대해 우리가 어떻게 이해하고 있는지는 차치하고, 분명한 것은 이로 인한 부담이 전 세계적으로 막대하다는 사실이다. 우울증은 심각하고 만성적인 정신 질환 중에서 가장 빈번히 발생하는 질환이다. 게다가 여러 연구에 따르면 모든 정신과적 장애 중 사회적 부담을 가장 많이 초래하는 장애로 나타나고 있다. 세계보건기구(WHO)는 전 세계적으로 가장 부담을 유발하는 상위 열 가지 질병 중에서 우울증을 네 번째로 꼽고 있고, 향후 20년 안에 두 단계가 더 올라가 두 번째가 될 것이라고 예측한다. 정신의학 연구자이자 임상의인 댄 블레이저Dan Blazer가 말한 대로 현재 우리는 "우울병의 시대"[1]를 살고 있다.

우울증을 직접 경험해 본 적이 없는 사람은 그 고통을 인식하기 어렵다. 여러 차례 중증 우울증을 겪고, 또한 암에 걸려 죽음 직전까지 갔던 한 70대 여성 환자를 필자는 기억한다. 오래도록 신체적 고통을 겪은 것은 물론이고 온몸을 녹초로 만드는 항암 치료를 받은 끝에 결국 암은 다 나았다. 그런데 그녀는 필자에게 만약 자신이 암의 고통을 다시 겪는 것과 또 다른 임상적 우울증을 겪는 것 중에 하나를 선택할 수 있다면 주저 없이 암을 선택할 것이라고 했다. "우울증이 주는 고통이 훨씬, 훨씬 더 가혹합니다"라고 그녀는 설명했다. 그녀가 필자를 찾아와 치료를 받는 것을 그만두고 몇 년이 지난 뒤에 한 동료에게서 그녀의 소식을 전해 들었다. 또 다른 심각한 우울삽화(depressive episode)[우울 증상이 촉발되는 내적 정황]를 겪다가 스스로 목숨을 끊었다는 것이었다. 그녀는 열심한 가톨릭 신자였고, 남편과 다섯 자녀, 그리고 여러 손주를 남겨 두고 세상을 떠났다.

아마 '우울증'(depression)이라는 말로 이 고통의 실체를 충분히 설명하지는 못할 것이다. 이 말에는 평평한 길 위의 '움푹 팬 곳'(depression)이라는 의미가 담겨 있다. 반면 우울증의 경험은 단지 움푹 팬 정도가 아니라, 어둡고 끔찍한 구덩이와 같다. 그것은 정신적·신체적·영적 고통을 일으키는 강력하고도 심각한 원인이다.

이 같은 고통을 겪어 본 적 없는 대다수의 우리는 우울증이 어떤 느낌인지 알고 있다고 착각할 수 있다. 물론 모든 사람은 낙담하고 실의에 빠질 때가 있다. 우리는 모두 슬픔과 두려움, 혹은 정신적 피로에 대한 경험이 있다. 우리는 우울증이 일상의 우울과 어느 정도 유사하다고, 아마도 더 강렬하거나 오래가지만 질적으로 다르지는 않다고 짐작하고 있을지도 모른다. 하지만 이런 짐작은 잘못된 것이다. 우울증과 일상의 울적한 경험들 사이에 유사점이 있기는 해도, 사실 우울증은 전적으로 야수 같은 또 다른 실체이다.

정신과 의사들이나 심리학자들이 우울증이라 부르는 이 실체가 분명 강력한 슬픔을 동반할 수 있다고 하더라도 단지 강렬한 형태의 슬픔이 아니라면, 대체 우울증은 무엇인가? 게다가 무엇이 우울증을 일으키는가? 그것은 우리의 유전적 구성에서 기인한 생물학적 문제인가? 우리의 사고나 행동상의 장애에서, 혹은 부정적인 생활 경험에서 기인한 심리학적 문제인가? 건강하지 않은 관계에 의해, 혹은 우리가 살고 있는 폭넓은 문화적 환경에서 발생한 여러 문제에 의해 야기된 사회적 문제인가? 어쩌면 그것은 신앙이나 개인적인 죄와 관련된, 아니면 하느님과의 관계에서 겪고 있는 몇몇 문제와 관련된 영적인 문제일 것이다. 아마도 어떤 독자들에게 이보다 더 중요한 질문은 '무엇이 우울증을 일으키는가?'가 아니라, '우울증에 대해 무엇을 할 수 있는가?'일 것이다. 필자의 바람은 이 책의 흐름을 따라가면서 이러한 물음들에 대한 답을 조금이나마 밝혀내는 것이다.

이 책의 목적

필자는 우울증과 관련 장애들로 고통을 겪고 있는 환자들을 병원과 의원에서 치료하고 있는 정신과 의사이자 교수이다. 때때로 가톨릭 신자들과 여타 그리스도인들이 필자를 찾아오는데, 자신과 신앙을 공유하고 있는 정신 건강 전문가를 만나기를 원하기 때문이다. 그 결과 필자는 우울증으로 고통을 겪고 있는 사제들과 수도자들을 비롯하여 적지 않은 가톨릭 신자들을 치료했다.

치료 과정 중에 필자는 우울증은 물론이고 우울증과 영성생활의 관련성에 대해서도 많은 질문을 받았다. 어떤 환자들은 가족들과 친구들, 심지어 사목자들과 영적 지도자들이 주위에 있었지만, 그들에게서 우울증에 관한 어떤 도움이나 제대로 된 조언도 받지 못했다. "당신의 믿음이 더 커진다면, 이 같은 고통을 겪지 않게 될 것입니다." "당신이 해야 할 일은 더 많이 기도하고 더 많이 성경을 읽는 것입니다. 약을 먹거나 정신과 의사를 찾아가는 것이 아닙니다." "이건 그저 생물학적인 병이고, 신앙생활과는 사실 관련성이 없습니다." 이런 식의 조언들은 종종 우울증을 완화하기보다 더욱 악화한다. 이는 질병으로서의 우울증에 대한 무지를 드러내는 것이며, 한 인간의 영성생활과 신앙에 가해지는 우울증의 충격을 인식하지 못하는 것이다.

이 책은 누구보다 우울증으로 고통을 겪고 있는 사람들을 위한 것이나, 그들 곁에 있는 가족이나 친구들, 곧 자신이 사랑하는 사람이 지금 겪고 있는 것이 무엇인지 더 잘 이해하기를 바라는 사람들을 위한 것이기도 하다. 또 이 책은 사제들, 사목자들, 영적 지도자들, 교리 교사들에게도 도움이 될 것이고, 그리고 결국은 그리스도인 환자들을 더 잘 이해하기를 원하는 의사들에게도 도움이 되리라 본다. 이 책은 오직 교육 목적을 위해 쓴 것으로서, 치료 매뉴얼도 아니고 정신과적 치료나 영적 지도를 대신할 수도 없다. 유능한 의사나 정신 건강 전문가의 추천이 있을 경우, 이 책은 우울증을 겪고 있는 개인에게 심리치료나 약물치료와 같은 치료법과 함께 활용될 수 있다. 마찬가지로 이 책은 개인의 영적 지도나 사목 활동의 대체재로서가 아니라 보완재로 간주하여야 한다.

너무 흔하게도 사람들은 질환으로, 특히 정신 질환으로 고통을 겪고 있을 때 전문적인 의학적 도움을 찾는 것을 회피한다. 그들은 적절한 전문 지식이나 훈련 없이 스스로 진단하고 스스로 치료하려 함으로써 자신에게 위해를 가한다. 흔히 그들은 오랜 시간 증상에 대한 설명을 찾아 인터넷을 뒤지고 그렇게 찾은 자구책들이 실패를 거듭한 후에야 의사를 찾는다. 그동안 상태가 나빠질지도 모르고, 발병 초기에 치료할 소중한 기회가 사라지고 만다.

만약 이 책이 뭔가를 할 수 있다면, 필자는 우울증으로 고통을 겪고 있는 사람들이 이 책을 읽고 설득되어 하루라도 빨리 유능한 정신과 의사와 진료 상담을 받게 되기를 희망한다.

이 책의 가톨릭적 관점

이 책은 가톨릭 신자가 쓴 것으로, 특히 가톨릭 신자들을 비롯한 그리스도인들을 대상으로 한다. 이 책은 신앙과 도덕의 문제와 관련하여 가톨릭교회의 가르침을 충실히 따른다. 그래도 필자는 개신교와 정교회의 그리스도인들도 여기서 자신들의 신념에 부합하는 신학적 관점을 발견할 수 있다고 확신한다. 다만 고해성사처럼 대부분의 개신교 교단들이 받아들이지 않고 있는 가톨릭 고유의 실천에 대해 논의를 이어 간 부분들이 예외적으로 있긴 하다. 모든 그리스도인을 한데 묶는 공통된 교의는 우리를 여전히 갈라놓고 있는 것들보다 더욱 위대하다. 그래서 필자는 "예수님은 주님이시다"(로마 10,9)라고 고백하는 사람이라면 누구나 이 책의 유용성을 인정하리라 믿는다.

또한 이 책은 그리스도교 신앙과 일치하는 인간에 대한 철학적 이해를 견지한다. 필자는 특히 교부들과 성인들의 통찰에 관심을 기울이면서, 현대 심리학과 의학의 관점과, 성경과 전승의 가르침을 통합하려 시도할 것이다. 이 책은 우리가 인간존재로서 우리 자신에 대해 충분히 알기 위해서는 반드시 예수 그리스도를 알아야 한다는 확신에 기초하고 있다. 제2차 바티칸공의회는 이에 대해 "사람이 되신 말씀(예수 그리스도)의 신비 안에서만 참으로 인간의 신비가 밝혀진다"[2]라고 분명하게 가르치고 있다.

어떤 독자들은 의아해할지도 모른다. 정신의학이나 심리학이 종교나 영성과 무슨 관련이 있다는 말인가? 피부과 의사가 그리스도인의 관점에서 피부 질환에 관해 글을 쓴다는 게 이해되겠는가? 만일 아니라면, 왜 그럼 정신과 의사가 그리스도인의 관점에서 우울증에 관해 글을 쓸 필요가 있겠는가? 교황 요한 바오로 2세는 정신과 의사들과 가진 모임에서 다음과 같이 말하며 이 질문에 대한 훌륭한 답을 주었다.

> 여러분의 일은 바로 그 본성상 여러분을 종종 인간의 신비의 문턱으로 데리고 갑니다. 그것은 인간의 정신과 마음의 복잡하게 뒤얽힌 작용들에 대한 민감성과 그리고 사람들의 삶에 의미를 부여하는 궁극적 관심에 대한 개방성을 수반합니다. 이 영역들은 교회에 더할 나위 없이 중요한 것이며, 충만한 인간의 신비를 더 밝혀 줄 과학과 종교 간 창조적 대화의 시급한 필요성을 상기시킵니다.[3]

마지막 문장은 이 책의 한 가지 중요한 목적을 요약하고 있다. 충만함 속에 있는 인간의 신비를 밝히기 위하여 과학과 종교 사이의 창조적 대화를 추구하는 것이다.

더 구체적으로 말하자면 이 대화가 우리가 우울증이라고 부르고 있는 고통의 신비를 밝혀 줌으로써, 그 고통을 겪고 있는 사람들이 더욱 실질적인 안식을 얻을 것이다. 피부과학은 그저 피부 깊이만큼만 관여한다. 정신의학은 자기 정체성과 의미, 목적에 관한 문제들과 씨름하고 있는 인간의 정신과 마음의 복잡한 작용들을 탐구한다. 그래서 결과적으로 정신의학은 같은 질문, 즉 '우리가 누구이며 왜 여기에 있는지'와 씨름해야 하는 철학, 신학과 대화할 수밖에 없다.

그리스어 어원을 가진 '정신과 의사'(psychiatrist)라는 말은 글자 그대로 '영혼의 의사'라는 의미이다. 그러나 현대 정신의학에서 이 원래 의미는 대부분 버려졌다. 철학자 플라톤은 당대 그리스 의사들이 영혼(psyche)을 육체(soma)로부터 분리했기 때문에 질병들을 고치지 못했다고 했다. 아마 현대 정신과 의사들에게도 같은 불만이, 즉 우리가 영혼을 제외한 육체에, 특히 뇌에 초점을 맞추고 있다는 불만이 제기될 수 있다. 한편 사람들은 정신의학과 심리학에 정반대의 불만도 표출했는데, 우리가 선을 넘어 종교의 영역에 발을 들이고는 한다는 주장이었다. 예를 들어 대주교 풀턴 쉰Fulton Sheen[미국의 영성가. 에미상을 받은 최초의 대주교이다]은 정신분석가의 카우치(긴 의자)가 사제의 고해소를 대체한 것인지 궁금해했다. 필립 리프Philip Rieff[미국의 사회학자이자 문화비평가]는 고전이 된 자신의 책 『치료법의 승리』The Triumph of the Therapeutic[4]에서 이 같은 문화적 현상에 관해 쓰기도 했다.

이런 불만들이 제기했던 정당한 걱정들에도 불구하고, 교황 요한 바오로 2세는 정신의학과 심리학이라는 한편과, 철학과 신학이라는 다른 한편 사이에 창조적 대화가 실제로 필요함을 거듭 강조했다. 참된 대화란 상대에게 말해 줄 만한 어떤 가치가 있는 것을 양편 모두 가지고 있음을 전제로 한다. 고해소는 신경증이나 다른 장애의 치료를 위해 있는 곳이 결코 아니며, 정신분석실의 카우치도 죄를 사해 주기 위한 곳이 결코 아니다. 심리장애나 정신 질환에는 좋은 의술과 약이 필요하다. 고인이 된 그 교황은 앞서 인용한 연설에서 계속해서 이렇게 말한다.

고해소는 정신분석가나 심리치료사의 진료실을 대체하는 곳이 아니고, 그렇게 될 수도 없으며, 고해성사가 병리적 상태들을 정말 치료할 수 있다고 기대할 수도 없습니다. 고해 사제는 그 말의 전문적인 의미에서 의사나 치료사가 아닙니다. 사실, 참회자의 상태가 의학적 치료가 필요해 보인다면, 고해 사제는 자신이 그 문제를 다루어서는 안 되며, 참회자를 유능하고 정직한 전문가들에게 보내야 합니다.[5]

이 책은 현대 과학과 의학, 그리고 양질의 심리치료를 포함한 정신의학의 치료법들이 준 혜택에 대해 커다란 존경심을 갖고 쓴 책이다. 하느님께서 이 세상을 창조하셨기에 모든 진리는 궁극적으로 하나이다. 그러니 충분히 입증되고 올바로 해석된 과학의 진리는 올바로 이해된 계시종교의 진리와 결코 모순될 수 없다. 그래서 필자는 양자택일보다 양자수용의 접근을 선호하고 지지한다. 한 신앙인 환자가 우울증의 치료를 위해 자신이 기도를 더 많이 해야 하는지, 아니면 약을 먹어야 하는지 묻는다면 필자의 대답은 "둘 다 하시오"이다.

현대 심장의학이 독실한 신앙인들에게 줄 수 있는 도움이 많다는 것과 같은 의미에서, 현대 정신의학도 그들에게 많은 도움을 줄 수 있다. 즉, 정신과 의사들은 독실한 신앙을 가진 사람들을 비롯하여 많은 사람들을 괴롭히는 질병과 질환, 고통에 대해 의학적 처치를 제공할 수 있다. 더 나아가 정신의학과 관련 심리과학은 연구와 임상 경험, 세심한 관찰을 통해 인간존재와 그 본성에 관해 반복해서 제기되고 있는 질문들에 답을 줄 수 있는 통찰을 얻었다. 이 중에서 몇 가지는 수 세기에 걸쳐 위대한 종교적·철학적 전통들에 의해 제기되어 탐구되었던 질문들이다. 이 질문들에 대한 답을 얻기 위한 탐색은 현대 과학과 의학으로부터 얻은 통찰로 더욱 풍요로워질 수 있다.

몇몇 독자들은 왜 이 책이 특히 그리스도인들을 대상으로 하는지 의아해할지도 모른다. 왜 관점을 일반적인 종교인들에게까지 확대하지 않는가?

그 이유는 일반적인 '종교'에 관해 쓰는 것이 어렵기 때문이다. 인간이 본성상 종교 지향적이라고 할지라도, 일반 '종교'라는 것은 존재하지 않으며, 오직 특정 종교들, 즉 고통과 그 의미에 관한 질문들에 저마다 상이한 (그리고 언제나 양립할 수 있는 것은 아닌) 답을 제시하는 종교들이 있을 따름이다. 필자는 그저 '종교'를 믿는다는 사람들을 만나 본 적이 없고, 그 대신에 수많은 그리스도인들, 유다교인들, 무슬림들, 힌두교인들, 그리고 불자들을 만났다. 이 종교들은 분명 어떤 공통 요소를 가지고 있을지도 모른다. 그러나 그 모두를 '종교'라는 일반적인 이름 아래 한데 묶어 한 덩어리로 만들어 놓고, 그 이질적인 집단을 마치 하나의 통일된 실체인 양 다루려고 하는 것은 지극히 추상적인 시도일 것이다. 그런 책은 모든 사람에게 말을 걸기보다, 결국 아무에게도 직접 말을 걸지 못한다고 필자는 생각한다.

서로 다른 종교에서 발견되는 고통에 대한 서로 다른 접근을 생각해 보자. 바로 한 사례를 들 수 있다. 불교 신자에게 고통은 사실 환상이며, 결국 실재하지 않는 것이다. 불교 교리에 따르면 고통의 해법은 고통에 대한 환상, 곧 자신과 세상 만물 사이의 이원성에 대한 환상으로부터 벗어나는 것, 떨어져 나가는 것이다. 이것을 유다교와 대조해 보자. 예를 들어 유다교는 욥이라는 고통받는 인간의 모습을 보여 준다. 욥은 고통 한가운데서 하느님에 대한 희망을 잃지 않으면서, 자신의 고통이 실재하는 것임을 절대 부정하지 않는다. 그것이 욥의 고통이든, 시편 작가의 고통이든, 이집트에서 종살이하던 이스라엘 백성들의 고통이든 히브리 성경[구약성경] 어디에도 그 고통이 환상이라고 암시하는 곳은 없다. 그것은 실재하는 것으로, 무시할 수 없다. 그 고통은 실재하는 것이기에 하느님의 구원에 대한 희망, 곧 하느님께서 예언자들을 통해 하신 약속에 대한 희망, 그리고 미래의 메시아에 대한 기대를 불러일으킨다.

고통에 대한 불교의 견해가 유다교의 견해와 대조되니, 그리스도교의 견해와는 더 극명한 대조를 보이게 된다. 유다인과 마찬가지로 그리스도인에게도 고통은 환상이 아니다. 그리스도교에서 고통은 미래의 구원에 대한 희망을 불러일으키는 것일 뿐 아니라, 그 자체로 구속적 가치를 지닌다. 그리스도인의 고통은 십자가상 예수 그리스도의 구속적 고통에 통합될 때 비로소 의미가 있다.

우리의 구원이 발견되는 곳은 바로 십자가이다. 우리가 우울증에 관해 얘기하든, 혹은 다른 형태의 정신적 고통이나 신체적 고통에 관해 얘기하든 고통에 대처할 수 있는 단일한 '종교적' 답은 없다는 게 앞에서 간략히 살펴본 종교 간 대조에서 분명해졌을 것이다.

필자는 이 세상 모든 종교 중에서 그리스도교가 고통의 문제에 대해 가장 설득력 있는 답을 제시한다고 말하고 싶다. 필자는 고통 앞에서 단호한 결의를 보인 고대 스토아학파 철학자들에게 감탄하는 한편, 우리가 이 세상에서 직면하게 되는 고통을 가장 적절하게 견뎌 내려면, 궁극적으로는 살아 계신 하느님과의 관계가 필요하다고 믿는다.

고통에 대한 세속적 인본주의의 접근을 생각해 보자. 세속적 인본주의는 순전히 기술적인 수단을 통해 언젠가는 모든 아픔과 고통을 제거할 것을 제안한다. 이것은 현재 분명 불가능하기 때문에 (그리고 미래에도 전적으로 불가능할 것이기 때문에) 마련된 대안이라는 것이 고작 고통을 겪고 있는 사람들을 제거함으로써 고통을 제거하는 것으로 보인다. 예컨대 안락사나 조력 자살을 통해 고통을 제거하는 것이다. 필자에게 이것은 고통을 부정하는 상당히 원시적이고 파괴적인 행태라는 인상이 든다. 우리가 실용적인 대처 방법을 찾는 중이라면 고통에 대한 이 같은 비종교적인 답들은, 인간 고통의 실체를 회피하거나 외면하지 않는 종교적인 답들에 비해 다소 빈약해 보인다.

교회의 거의 모든 성인과 교사, 위대한 신비가가 인간 고통의 문제에 대해 글을 썼으며, 많은 사람이 인간의 정서적 삶에 깊이 자리 잡은 그 문제와 씨름해 왔다. 실제로 심리학과 정신의학이 과학적인 학문 분야로 등장하기 수 세기 전에 이미 그리스도교 철학과 신학은 우울증을 포함한 정서 상태에 대해 상당한 관심을 기울였다. 이와 관련하여 주목할 만한 사상가로는 4세기의 아우구스티누스 성인 St. Augustine과 8세기의 다마스쿠스의 요한 성인 St. John Damascene을 들 수 있다. 그리고 인간 정서에 관한 가장 통찰력 있고 영속력 있는 철학적·신학적 설명 중 하나가 토마스 아퀴나스 성인 St. Thomas Aquinas의 글들에서 발견된다. 그가 비록 현대 심리학자들이 설명하고 있는 억압이나 기타 '방어기제'에 대한 이론을 펼치지는 않았지만, 이미 13세기에 우울증을 포함한 인간 정서들에 관해 놀라울 정도로 철저하고도 심오한 설명을 내놓았다.[6] 이와 관련하여 또 주목할 만한 것은 토마스

모어 성인St. Thomas More이 런던탑에 투옥되어 자신의 처형을 기다리는 동안, [겟세마니] 동산에서 그리스도께서 겪으신 고통에 관해 묵상하고 글로 남긴 『그리스도의 슬픔』The Sadness of Christ[7]이다.

하지만 이것이, 종교적 신앙의 실천이나 여타 신념 체계의 실천이 우울증을 포함한 고통으로부터의 해방을 보장한다는 의미는 아니다. 그리스도교 신앙은 그와 같은 교리를 주장하지 않는다. 그리스도 안에서 실천으로 이어지는 삶의 영적 실재들, 곧 성사, 기도, 신망애信望愛의 향주덕向主德, 용기와 관대를 포함한 자연덕, 그리고 선행 그 모두가 우리의 정신 건강에 저마다 중요한 역할을 한다. 그러나 그것들이 우울증이나 다른 정신 질환들에 대한 항체를 만들어 주지는 않는다. 그런데 그런 잘못된 생각이 불행히도 일부 신앙인들 사이에 돌고 있다. 그런 생각은 그야말로 사실이 아니기에 떨쳐 내야 한다. 물론 종종 과식이나 흡연 같은 한 사람의 행동이 당뇨병이나 폐암 같은 질병의 유발 원인이 되는 것은 분명하다. 그렇다고 올바른 행동이나 올바른 신념이 '모든' 신체적 질병을 예방하는 것은 결코 아니다. 이 점은 정신 질환에도 똑같이 적용된다.

현재 정신장애로 분류되고 있는 어떤 고통들은 엄밀한 의미에서 질병으로 이해하는 것이 최선이다. 그것들은 우리의 유전자처럼 대부분 통제할 수 없는 생물학적 요인에 장애가 있어서 나타난 것이다. 조현병(정신분열증)이나 양극성장애(조울증) 같은 장애들은 심리학적 수준이나 행동적 수준에서 나타나더라도 매우 강한 유전적·신경생물학적 요인들을 가지고 있기에 심리학적 수단이나 신념이나 의지만으로는 예방도 통제도 치료도 할 수 없다.

다른 정신 질환들은 정규분포 영역의 좌우 극단에 치우쳐 있어서, 예를 들어 정상보다 지능이 낮거나 극단적 성격 특질을 가지고 있어서 발생한다. 이 같은 성격 특질은 유전이나 생애 초기 환경같이 인간의 통제 밖에 있거나 종교적 신앙에서 자유로운 요인의 영향을 받는다. 그 외 다른 정신장애들은 충격적인 생활 경험으로 인한 심리적 외상이나 뇌 손상으로 인한 신체적 외상을 포함한 외상의 결과이다. 이런 질환이나 장애들은 어떤 신념 체계나 도덕적 실천으로 결코 예방될 수 없다.

역사를 돌이켜 볼 때, 많은 성인들과 영웅적인 덕을 실천했던 인물들도 이런저런 정신 질환으로 고통을 받았다. 이 사실을 인식하지 못하면 우리는 우울증으로 고통을 겪고 있는 사람들을 무자비하고 부당하게 낙인찍을 위험이 있다. 성인들, 즉 하느님과 가장 가까이 있었으며, 신앙과 선행에서 모범적인 삶을 살았던 사람들이 깊은 슬픔과 우울증의 시기를 겪었다면, 신앙만으로는 이 같은 고통을 예방할 수 없음이 분명하다.

사도신경에서 그리스도인들은 '육신의 부활'에 대한 신앙을 고백한다. 우리는 육신에서 이탈된 영혼도 아니고, 단지 물질적인 육신도 아니다. 오히려 각각의 인간존재 안에는 영혼과 육신 사이, 정신과 물질 사이에 본질적 통일성이 존재한다. 토마스 아퀴나스 성인은 인간 정서와 정서 생활에 관한 이 같은 견해가 함축하고 있는 의미들을 탐구했다. 즉, 정신(다시 말해 이성과 사랑)은 우리의 육체적 욕구와 열정을 다듬어야 하며, 반면 열정과 정서는 우리의 지성과 합리적 능력에 영향을 끼친다는 것이었다. 그리스도교의 계시로 확증된 이 철학적 관점은 현대 의학의 경험적 발견과도 일치한다. 마음과 몸 사이에 심오한 관련성이 존재하는 것은 분명하다. 즉, 한쪽에 영향을 미치는 것이 다른 한쪽에도 영향을 미친다.

인간에 대한 이 같은 견해와 맥을 같이하면서, 우리는 두 가지 측면에서 우울증에 접근할 것이다. 하나는 '위'로부터, 즉 우울증의 심리학적, 사회적, 그리고 영적 원인과 치료 방법을 검토하면서, 다른 하나는 '아래'로부터, 즉 우울증의 유전적 요인, 기타 생물학적 요인과 치료 방법을 검토할 것이다.

인간 안에서 본질적 통일성을 이루고 있는 육신과 영혼에 관한 개념은 이 책의 접근 방식을 알려 주는 기본적인 철학적 전제 중의 하나이다. 필자는 가톨릭의 철학적·신학적 전통에 뿌리를 내리고 있고, 과학적 심리학이 확증한 다른 근본적인 전제 속에 다음의 사안을 포함하려 한다. 본성적으로 인간은 '이성적' 존재이다. 즉, 우리는 진리를 추구하고 파악할 수 있다. 이 지성은 이성적 욕망(자유의지)을 불러일으키며, 우리는 진리에 따라 살기 위해 '의지적'으로 우리의 정서 생활과 욕망을 다듬을 수 있다. 다시 말해 우리는 선과 악 사이에서 '자유롭게' 선택하며, 그러므로 타인과 하느님 앞에서 우리의 행동에 대해 '책임'을 진다. 결국, 우리의 지성적 자유는 우리가 본성적인 '관계 지향성'을 되찾고, 타인 그리고 하느님과 함께 사랑과 상호성의 관계로 들어갈 수 있는 힘을 준다. 앞서 언급한 것처럼 육신과 영혼의 통일성으로 인해 우리의 생각, 선택, 감정, 행동은 그 본질에서 서로 관계되어 있다. 달리 말하자면 인간에 대한 가톨릭의 견해는 '총체적'이며, 인간 진리에 대한 모든 관점에 개방되어 있다. 그래서 필자는 이 책에서 우울증을 이해하고 치료하는 데 총체적인 접근 방식을 시도할 것이다.

그리스도교의 교의는 우리 인간이 처한 상황에 대해 다채롭고도 균형 잡힌 시각을 제공해 준다. 우리는 하느님의 모상대로 창조되어 근본적으로 선하며 하느님으로부터 받은 타고난 존엄이 있다. 그러나 동시에 우리의 본성은 원죄로 인해 타락하고 손상되어 그로써 불가피하게 결함이 있고 악으로 기울어져 병고에 시달린다. 그런데 더 중요한 것은 그리스도의 십자가상 희생으로 우리가 구원되었으며, 그리스도와의, 그리고 그분의 몸인 교회와의 일치로 부르심을 받았다는 것이다. 우리는 성령의 지속적인 활동으로 성화되고 있다. 그러니 우리는 신앙 안에서 통회의 마음으로 사랑과 자비의 하느님께로 돌아섬으로써 용서와 구원을 받을 수 있다. 실제로 우리는 고통과 질병 한가운데서도, 아마 우울증 한가운데서도 의미와 희망, 그리고 구속적 가치를 찾을 수 있다.

우리는 본질적으로 하나이고, 육적이면서도 영적이며, 이성적이고, 관계 지향적이고, 자유롭다. 우리는 선하게 창조되었지만, 타락하여 손상되었고, 하지만 구원받아 하느님에 의해 성화될 수 있다.[8] 이런 특징들이 우리가 인간존재로서 누구인지를 말해 주는 핵심 요소이다. 하지만 불행히도 현대의 지나치게 편협한 여러 심리학 이론들은 이 특징들을 종종 부정하거나 반박한다. 그렇지만 인간에 대한 그런 식의 불완전한 설명은 흔히 타당성이 입증된 '과학적' 결론으로 위장한 결함 있는 철학에 지나지 않으며, 이는 결국 결함 있는 치료로 귀결된다.

정신의학과 종교

일부 그리스도인들은 어느 정도 불신 혹은 의심을 거두지 않은 채 정신의학에 접근한다. 이 같은 경향의 역사적 뿌리는 적어도 백 년 전으로 되돌아가 19세기 말 현대 정신의학의 시작까지 닿아 있다. 간략한 역사적 반추가 왜 그리 많은 그리스도인들과 정신 건강 전문가들이 서로를 이해하고 인정하는 데 어려움을 겪고 있는지를 이해하는 데 도움이 될 것이다. 우선 먼저 살펴볼 인물은 정신분석 이론의 창시자이자, 아마도 역사상 가장 유명한 정신과 의사일 지그문트 프로이트Sigmund Freud인데, 그는 철저히 반종교적이었다. 실제로 그는 종교적 신앙이 단순히 잘못된 것이 아니라, 병리적이라고 주장했다. 프로이트에 따르면 신앙인들은 단지 잘못 알고 있는 것이 아니라, 아픈 것이고 병을 앓고 있는 것이었다. 그에게 종교적 신앙은 '신경증적' 증상이었다. 그의 표현을 빌리자면 종교는 '인류의 보편적인 강박신경증'이었다.

더 나아가 인간 심리학에 관한 프로이트의 기이한 견해는, 인간은 본질적으로 무의식에서 솟아나는 성적 충동이나 공격적 충동의 집합체에 지나지 않는다고 주장했다. 그의 전기를 쓴 어니스트 존스Ernest Jones는 그가 여섯 가지 상용 단어들을 사용하여 무의식의 정신세계를 설명했다고 한다. 즉, 그가 보는 무의식의 정신세계는 억압되어 있고, 역동적이며, 야만적이고, 유아적이고, 비논리적이고, 그리고 성적이다. 이것들은 무의식의 펄펄 끓고 있는 솥에서 솟구쳐 나오는 힘들[충동들]이다. 이는 어떤 환자가 (정신분석가의 전문적인 도움을 받아) 자신의 내면을 들여다봤을 때, 그가 보게 되는 것은 결코 아름다운 것이 아니라는 의미이다. 이 같은 관점이 인간의 존엄에 관한 그리스도교의 관점, 곧 인간은 (비록 타락하고 결함이 있을지라도) 여전히 이성적이고, 자유로우며, 깨달을 수 있고, 사랑할 수 있고, 하느님의 모상대로 창조된 존재라는 인간관과 조화를 이루기는 아무래도 어려워 보인다.

유명한 정신과 의사 중에서 두 번째로 주목할 만한 인물은 언뜻 종교에 친화적으로 보이는 카를 융Karl Jung이다. 그러나 여러 측면에서 그의 이론은 오히려 프로이트의 이론보다 종교에 훨씬 위협적이다. 융은 하느님의 존재를 노골적으로 부정하지는 않으면서도, 하느님이 단지 인류의 '집단 무의식'에 거처하고 계신다고 주장한다. 융에 따르면 결국 우리가 하느님이고 하느님이 우리이다. 하느님에 대한 유다교적·그리스도교적 이해에 이보다 더 반하는 주장도 없을 것이다. 사실, 자기 신격화는 사탄(악마)이 우리 인류의 첫 조상의 귀에 속삭였던 유혹이다. "너희가 하느님처럼 될 것이다"(창세 3,5).

프로이트와 융의 이론에 근거한 종교적 신앙에 관한 설명은 짐짓 과학적이라는 자신들의 주장에도 불구하고 사실 비과학적이고, 검증 불가능하며, 그래서 반증 불가능하고, 순환 논리에 빠져 있다. 따라서 심리학을 적법한 과학으로 전환하기를 원했던 사람들은 그런 미신 같은 허튼소리를 조금도 원치 않았다.

정신분석 이후, 20세기 중반 심리과학을 주도한 물결은 행동주의였다. 그러나 행동주의자들도 종종 궤도에서 벗어나 다른 방향으로 빠졌다. 행동주의에 따르면 마음(정신)에 관한 객관적 과학은 외적으로 관찰 가능한 것에 엄격히 국한되어야 한다. 오직 중요한 것은 측정 가능한 환경적인 입력물과 관찰 가능한 행동적인 출력물이다. 주관적인 '마음' 속에서 일어나는 것은 무시되었다.

행동주의자들의 실험이 심리학에서 몇몇 흥미로운 과학적 결과들을 내놓기는 했다. 하지만 이런 연구 결과들은 (과학적이 아니라 이상적인) 급진적 행동주의 이론과 별개의 것이다. 급진적 행동주의자들은 인간존재가 전적으로 입력물[환경 요인]과 출력물[행동]에 의해 결정된 산물, 그 이상도 그 이하도 아니라고 주장했다. 곧, 인간의 마음은 사전에 짜여 있는 프로그램에 따라 (보상과 처벌의 이력으로) 작동하는 기계처럼 기능할 뿐이었다. 이것이 인간존재와 인간 심리를 설명하기 위해 우리에게 필요한 모든 것이었다. 이 이론은 인간의 이성과 자유의지에 작별을 고했다.

이런 급진적 행동주의에서 인간은 동물 중에 어떤 특별한 지위도 지니고 있지 않다는 주장이 나왔다. 미국의 가장 영향력 있는 행동주의 학자 스키너B. F. Skinner는 실제로 쥐와 비둘기의 행동을 연구하여 인간성을 완벽하게 이해할 수 있었다고 주장했다. 그는 베스트셀러가 된 자신의 자녀 양육서에서 부모들에게 세심하게 짜인 스케줄에 따라 자녀들을 먹이고 그들에게 최소한의 주의와 애정을 줄 것을 권고했다. 인간 심리학에 대한 그의 가장 유명한 책의 제목, 즉 『자유와 존엄을 넘어서』*Beyond Freedom and Dignity* 자체가 무심결에 그의 속내를 잘 드러내고 있다.

물론 이 터무니없는 주장은 꽤 오랫동안 지속될 만했다. 자기공명영상(MRI)과 양전자방출단층촬영(PET) 같은 신경 영상 촬영 기술의 과학적 발전에 힘입어 두뇌가 은근슬쩍 심리학의 영역으로 다시 들어왔다. 또한 실험심리학의 더욱 정교화된 방법들이 사회적 관계와 대인 관계의 연구를 진보하게 했다. 일련의 상황은 행동주의자들이 상상했던 것보다 훨씬 더 복잡해지고 흥미로워졌다.

심지어 지금도 적지 않은 신경과학자와 대중 과학자가 인간의 이성과 자유의지를 부정하고는 한다. 그들의 주장은 사실 과학의 가면을 쓰고 있는 부적절한 철학이다. 리처드 도킨스Richard Dawkins, 대니얼 데닛Daniel Dennett, 크리스토퍼 히친스Christopher Hitchens를 위시한 소위 신무신론의 기수들은 종교적 신앙을 포함하여 인간 고유의 것으로 여겨지는 모든 것이 두뇌상의 화학적 방출로 환원될 수 있다고 (또는 언젠가는 그렇게 될 것이라고) 우리를 설득하려 애를 쓴다. 그들의 이념에 따르면 우리의 생명 활동이 우리 존재의 모든 것, 우리가 생각하는 모든 것, 우리가 행동하는 모든 것을 전적으로 결정한다. (하지만 여기서 주목해야 하는 것은 그들이 자신들의 주장을 합리적으로 판단하여 자유롭게 받아들일 것을 요구하면서, 은연중에 우리의 이성과 자유의지에 호소하고 있다는 역설이다).

오늘날 뇌과학은 인간 행동과 정신 질환의 생물학적 측면을 탐구하여 놀라운 진전을 이루었다. 그러나 이 모든 과학적 진전에도 불구하고 정신의학은 여전히 인간이라는 주제가 품고 있는 가장 고귀한 것을 종종 놓치고는 한다. 한 정신과 의사의 말처럼 "오늘날 정신의학은 주류 의학에 다시 합류하여 경험과학을 신성시한다. 정신의학은 관찰할 수 있는 것에 초점을 맞추고, 그리고 적어도 은연중에 신비에 싸인 것이 틀렸음을 밝히려고 한다. 그래서 정신의학은 정밀함을 얻었을지 모르지만, 깊이는 잃어버렸다".[9]

이런 희생은 불가피한가? 그 답은 '아니요'라고 필자는 주장한다. 우리는 정밀한 지식을 얻을 수는 있지만, 우리의 완벽한 이해를 언제나 넘어서는 주제, 즉 인간존재 앞에서는 여전히 신비감에 젖게 된다. 정신과 의사이자 철학자인 카를 야스퍼스Karl Jaspers가 말했듯이 "정신의학의 대상은 사람이다. … 사람을 안다고 할 때, 우리는 사람 그 자체가 아니라 사람에 관한 어떤 것을 아는 것이다. 사람에 관한 어떠한 총체적 지식도 단 한 사람의 상태에 대해 하나의 관점을, 하나의 보편적 방법에 또 하나의 방법을 제기함으로써 얻어진 하나의 망상임이 판명될 것이다." 야스퍼스는 우리에게 상기시킨다. "모든 사람과 같이, 모든 환자는 불가해한 존재이다."[10]

앞에서 언급했듯이 '정신과 의사'라는 말은 글자 그대로 '영혼의 의사'를 의미한다. 그러나 정신의학의 간략한 역사에서 볼 수 있듯이 현대 정신의학과 심리과학은 어떤 형태로든 인간 영혼에 관한 시야를 상실했다. 정신의학은 인간의 존엄과 자유, 합리성, 그리고 하느님 지향성을 무시했다. 최근의 설문 조사들은 정신과 의사들이 다양한 의료 전문가 중에 신앙인의 비율이 가장 적음을 보여 주고 있다. 또 다른 연구는 그리스도인 의사들은 비그리스도인 의사들보다 정신 건강 문제를 안고 있는 환자들을 성직자나 신앙인 상담자에게 의뢰할 가능성이 크지만, 그들을 다른 정신과 의사에게 의뢰할 가능성은 작음을 보여 주었다. 연구자 파 컬린 박사Dr. Farr Curlin는 다음과 같이 지적한다.

정신의학에 관한 어떤 것, 아마도 정신의학과 정신분석의 역사적 관계와 지그문트 프로이트 같은 초기 정신분석가들의 반종교적 관점이 신앙인 의과대학 학생들이 이 분야를 전공으로 선택하지 못하게끔 영향을 미치는 것으로 보인다. 이것이 또한 신앙인 의사들이 자신의 환자를 비신앙인 정신과 의사들에게 의뢰하는 것을 주저하게 만드는 이유로 보인다. 이전의 설문 조사들이 정신의학 분야의 특이한 종교 관련 분석표를 발표한 적이 있는데, 이것은 많은 의사가 그 분석표에 따라 자신들을 찾아온 환자들의 심리적·영적 고통에 부응하려고, 더는 정신과 의사들의 도움을 찾지 않는다는 것을 보여 준 첫 번째 연구이다. 정신과 의사들은 정서적·개인적 문제, 그리고 관계적 문제와 씨름하는 환자들을 치료하는 사람들이고, 정신과 의사의 종교성과 그가 치료하고 있는 환자의 종교성 사이의 간극이 그들(의사와 환자)이 인간적인 차원에서 접촉하는 것을 어렵게 만들 수도 있기 때문이다. 환자들은 아마도 인생의 커다란 의문들에 관한 자신들의 견해에 어느 정도는 공감해 줄 만한 의사들을 찾고 있을 것이다.[11]

이 책은 건전한 의과학·심리과학과 건전한 철학·신학의 만남을 주선함으로써 이런 간극을 메우려고 시도할 것이다. 가톨릭 신자들이 건전한 과학에 대해 두려움이나 의구심을 품을 필요가 없다는 것이 필자의 확고한 신념이다. 과학은 단지 자연계, 즉 하느님께서 창조하신 바로 그 세계에 관한 진리들을 탐구하고 발견하기 위한 일련의 방법이다. 토마스 아퀴나스 성인이 지적한 것처럼 하느님은 한 분뿐이시고, 모든 진리도 (자연적이든 초자연적이든, 과학적이든 종교적이든) 하나이다. 과학의 발견과 신앙의 진리 사이에 모순이 존재하는 것처럼 보이는 경우, 이는 오류가 있는 과학이나 종교적 진리의 잘못된 적용에서 기인한 것으로, 단지 갈등처럼 보이는 것에 불과하다. 이런 맥락에서, 대중매체에서 혹은 심지어 명백한 과학계 내에서 '과학'으로 인정받고 있는 것 중에서 많은 것이 사실 과학이 전혀 아니며, 과학을 가장한 이론이나 이념에 불과하다는 점을 유념해야 한다.

오늘날 많은 사람이 과학과 종교 사이에 오래도록 전쟁이 벌어져 왔다고 믿게 하려고 시도할 것이다. 그렇지만 이는 어불성설이다. 계몽주의 이래 예나 지금이나 이는 지지할 만한 증거도 거의 없는 상태에서 아무 생각 없이 반복되어 온 신화에 지나지 않는다. 현대 과학 자체가 오직 서구 그리스도교 세계에서 발전했다. 오늘날 우리가 알고 있는 과학은 그리스도교 신앙의 문화적 맥락 속에서 인류사에 출현했다. 이것은 놀랄 일이 아니다. 과학적 탐구의 실천이란 것은 이 세상이 근본적으로 합법적이고, 합리적으로 질서 정연하며, 그래서 인간 지성으로 파악할 수 있는 실체라는 점을 전제하기 때문이다. 그런데 이것은 '로고스'*logos*(말씀, 이성, 진리, 지성)이신 하느님께서 창조하려고 하신 바로 그 세상이다. 현대 과학은 그리스도교 문화의 토양에서 성장했고, 그리스도교 신앙인 속에서 번성했다. 과학과 종교 사이에는 어떠한 갈등도 존재하지 않는다. 다만 양쪽에서 잘못 알고 있는 사람들이나 질투에 눈이 먼 사람들 사이에 빚어진 오해, 추측, 혹은 작은 충돌이 있을 뿐이다. 그러나 이것들에 붙들릴 이유는 없다.

그러니 앞에서 설명한 정신의학과 종교 사이의 역사적 긴장 역시 잘못된 발상에서 비롯된 것이었고 불필요한 것이었다. 이제 신학자와 과학자, 사제와 의사, 환자와 치료자가 서로를 배워야 할 때이다.

이 책이 가톨릭적 관점에서 우울증을 탐구함으로써 이 대화에 조금이나마 기여하는 것이 필자의 희망이다.

1부

UNDERSTANDING
DEPRESSION

우울증에 대한 이해

· I ·

우울증의 형태와 원인

"바벨탑은 우울병의 이 혼돈이 다양한 증상들을 유발하듯이,
결코 그런 언어의 혼란을 초래하지는 않았다."
로버트 버턴, 『우울병의 해부』
Robert Burton, *The Anatomy of Melancholy*(1621)

～

주요우울장애

우울증이란 무엇인가? 우리는 우울증을 어떻게 이해해야 하는가? 당뇨병과 같은 의학적 질환인가? 아마 일반적인 기분들과 다를 바 없으나, 다만 정도에서 차이를 보이며 일시적인 어떤 강렬한 정서 상태를 의미하는가? 그것은 '우울병적' 성향을 보이는 특정한 사람들이 더 빈번하게 겪는 타고난 유전적 기질에 속하는 것인가? 아니면 영적인 문제인가?

우울증을 질환이나 장애로 여기는 현대 의학의 견해에 따르면 그것은 일반적인 슬픔 이상의 것이며, 단지 침울하거나 내향적인 기질과도 다른 것이다. 그렇다면 그것은 정확히 무엇인가? 하지만 이에

대한 간결하고 명쾌한 답은 없다.

우울증의 기원과 원인에 대한 이론적인 문제를 탐색하기에 앞서, 우선은 우울증의 증상에 대한 설명이 선행되어야 한다. 우울증의 증상에 대해서는 의견이 대체로 일치한다. 이른바 우울증의 '현상', 즉 징후와 신호에 대한 정확한 설명이 있고 난 뒤에야, 그 원인에 대한 다양한 이론을 주제로 토론할 수 있을 것이다. 우울증의 다른 하위 유형들에 관해서는 이 장의 후반부에서 더 자세히 다룰 것이다. 여기서는 우선 '우울증'(depression)이라는 용어가 정신과 의사들이 통상 사용하는 공식 진단 용어인 '주요우울장애'(major depressive disorder)나 오래전부터 이 질병을 설명하기 위해 사용되어 온 고전적 용어인 '우울병'(melancholia)과 같은 의미에서 상호 교차적으로 사용된다는 점에 주목해야 한다. 따라서 우리의 목표와 원활한 논의를 고려하여, 앞으로 우울증, 주요우울장애, 우울병 이 세 가지 용어는 모두 같은 의미로 사용될 것이다.

분명 우울증이 한 사람에게서 정서와 감정의 변화를 수반한다고 할지라도, 그것은 어떤 정서 상태를 넘어서는 그 이상의 것이다. 우울할 때 슬픔과 두려움 같은 선행 감정이 두드러지기는 해도, 우울증을 단지 슬픔과 같은 것으로 볼 수는 없다. 이 장애는 전인적인 영향을 미친다. 즉, 우울증은 한 사람의 정서, 지각, 사고, 신체적 건강에 총체적으로 관여한다. 한마디로 우울증은 서로 나뉠 수 없고 밀접히 뒤얽혀 있는 인간존재의 두 측면, 마음과 몸 모두에 깊이 관여한다.

우울증에 빠졌을 때 체험하게 되는 주관적 정신 상태는 포착하기 쉽지 않고 정확히 설명하기도 어렵다. 일반적으로 우울증의 증상 목록에서 빠져 있음에도 '정신적 고통', 혹은 '심리적 고통'이라는 특징만으로 우울증을 설명하려 하는 시도들이 있다.

소설가 윌리엄 스타이런은 우울증에 관한 자신의 회고록『보이는 어둠』의 제목을 존 밀턴John Milton의『실낙원』Paradise Lost에 등장하는 지옥에 관한 묘사에서 따왔다. 스타이런은 자신이 체험한 정신적 고통을 다음과 같이 묘사한다.

나는 마음속에서 실제 고통과 다르긴 하지만 유사, 그러나 뭐라고 설명할 수 없는 느낌을 받고 있었다. 이로 인해 나는 그 고통의 포착하기 어려운 본질에 다시 접촉했다. '뭐라고 설명할 수 없는'이란 말은 의미 없이 무심코 나온 말이 아니다. 만약 이 고통이 쉽게 설명할 수 있는 것이라면, 이 고대의 질병으로부터 고통받은 셀 수 없이 많은 사람 대부분이 고통의 실상을 자신의 친구들과 사랑하는 사람들에게 (주치의에게도) 일부라도 자신 있게 말로 표현하여, 아마 이에 관한 부족했던 이해를 끌어내려 했을 것이기 때문이다. 그런 몰이해는 일반적으로 공감의 실패가 아니라, 건강한 사람들이 일상 경험과 다른 이질적인 형태의 고통을 기본적으로 상상하지 못하는 데서 기인한다. 나에게 이 고통은 물에 빠지는 것이나 숨이 막히는 것과 가장 깊이 관련되어 있다. 그렇지만 이런 이미지도 정확한 것은 아니다. 수년 동안 우울증과 씨름한 (심리학자이자 철학자인) 윌리엄 제임스William James는 그 질병에 관해 적절하게 묘사하는 것을 포기하고,『종교적 경험의 다양성』The Varieties of Religious Experience에서 그것이 거의 불가능하다고 암시한 바 있다. "그것은 분명하고도 생생한 고통이나, 정상적인 생활을 하는 사람들은 전혀 알지 못하는 일종의 정신적인 신경통이다."[12]

스타이런은 이 같은 고통을 설명하기에는 우울증이라는 용어가 미흡하고 부적절하다고 지적하면서, 뒤이어 이 고통에 대해 재차 언급한다.

내가 그 병으로 인해 쇠약해졌음을 알았을 때, 나는 다른 무엇보다 '우울증'이란 용어에 대해 강한 저항을 표명할 필요를 느꼈다. 대부분의 사람들이 알고 있듯이 우울증은 이전에 '우울병'으로 불렸고, 이 용어는 일찍이 1305년에 영어에 등장하여, 초서Chaucer Geoffrey[영국 시인]의 작품에도 여러 번 나오는데, 아마도 그는 이 용어의 병리적 뉘앙스를 알고 쓴 것 같다. 여전히 '우울병'이 이 장애의 더 암울한 형태를 훨씬 잘 연상시키는 적절한 용어로 보이지만, 다른 용어에게 자리를 빼앗겼는데, 그 단조로운 어감의 용어는 어떤 권위적인 요소가 부족한 데다가 그저 경기 하락이나 움푹 팬 곳을 일컫는 단어, 곧 이런 중요한 질병을 가리키기에는 아주 미흡한 단어였다. 오늘날 그 용어가 통용되는 데 대한 책임은 주로 한 과학자에게 있는데, 그는 존스 홉킨스 의과대학의 존경받는 교수인 스위스 태생의 아돌프 메이어Adolf Meyer이다. 그는 영어의 미세한 리듬에는 감각이 둔했고, 그래서 이 끔찍하고도 지독한 질병을 우울증이란 용어로 기술함으로써 그가 가하는 의미론적 손상을 의식하지 못했다. 그럼에도 75년이 넘도록 그 용어는 달팽이처럼 언어의 숲을 거스르지 않고 미끄러지듯이 잘 헤쳐 왔지만, 원래의 악의적 의미가 퇴색했으며, 그 무미건조한 어감으로 인해 이 질병

이 통제 불능 상태에 빠질 때 겪는 끔찍한 격정에 대한 일반적인 인식이 차단되고 말았다.[13]

그래서 스타이런은 자신의 책에서 우울증을 '고대의 고통'이라고 묘사하고 있으며, 그는 이 점에서 옳았다. 우울증은 현대 심리학자들이 고안해 낸 장애가 아니다. (고대와 중세에 우울병이라고 부른) 우울증에 대한 임상적 설명의 기원은 적어도 서양의학의 아버지인 히포크라테스에게까지 거슬러 올라간다. 오늘날 우리가 우울증이라 부르는 것과 고대인들이 우울병이라 부른 것을 동일시한다면, 이는 어떤 면에서 문제를 지나치게 단순화하는 것이다. 우울증은 순간적인 기분, 경증에서 중증에 이르는 단계별 정신적 장애, 정상적 반응, 고질적 성격이나 인격적 특성 등을 포함하고 있는 다른 여러 것들을 지칭할 수도 있기 때문이다. 그래도 서양 문학 속에 있는 우울병에 대한 여러 언급들과 그 고통에 대한 묘사들은 우울증에 관한 현대의 생체의학적 개념들과 많은 유사성을 보인다.

기원전 4세기 히포크라테스에서 시작하여, 그의 계승자인 기원후 2세기 로마제국 의사 갈렌Galen을 거쳐, 19세기경에 이르기까지의 기초적인 의학 이론에 따르면, 학자들은 모든 신체적 · 정신적 질병들이 네 가지 '체액'(흑담즙, 황담즙, 점액, 혈액) 사이의 불균형에서 기인한다고 믿었다. 즉, 모든 사람은 이 네 가지 체액을 타고나는데, 그중에서 한 가지가 우세하다는 것이다. 네 가지 체액은 각각 고전적인 네 가지 성격 특질, 곧 우울한(내향적인, 음울한), 화를 잘 내는(격정적인, 외향적인, 성마른), 침착한(침착한, 온화한), 자신만만한(낙관적인, 사교적인)을 대표한다.

이 고대 이론에 따르면 네 가지 체액 중 하나가 지나치게 많아지거나 지나치게 적어지면서 균형을 잃으면, 그 결과 질병이나 질환이 나타난다.

'우울병'이라는 명칭이 함축하고 있듯이, 고대와 중세의 의사들은 흑담즙(melancholer: melan=검은, choler=담즙)의 비정상적인 과잉 분비로 인해 뇌가 일종의 '과열 상태'가 되어 우울증이 발생한다고 믿었다. 즉, 과열된 뇌로부터 우울증의 온갖 끔찍한 증상들이 나타난다는 것이었다. 이 같은 옛 시대의 생물학적 설명 방식이 오늘날 특히 정신질환의 원인에 대한 현대적 설명 방식 중 하나로 주목받고 있는 현상은 하나의 역설이다. 그런데 고대와 중세를 거쳐 죽 이어져 내려온 이 이론은 우울증의 심리학적 요인에는 그리 관심을 기울이지 않았다. 정신과 의사들이 우울증을 설명하려고 무의식이나 여타 심리학적 요인에 더 많은 관심을 기울이게 된 것은 정신분석이 등장한 불과 19세기 말이었다. 오늘날 정신과 의사들은 우울증을 생물학적, 심리학적, 그리고 사회학적 관점에서 이해하려고 시도한다. 이 밖에도 우울증의 영적 차원에 관심을 기울이고 있는 사람들은 이미 널리 알려진 영적 관점의 중요성에 대해 인식하고 있다. 이에 관해 우리는 다음 장에서 더 깊이 다룰 것이다. 이제 우울증의 증상들에 대해 살펴보자.

◆ **집중 불능** 우울증은 흔히 정서적 문제로 간주하지만, 그것을 직접 체험한 사람들은 그 부작용을 정서적인 것보다 인지적인 것으로 설명한다. 말하자면 많은 사람이 감정보다 사고에 미치는 부정적 결과를 통해 우울을 체험한다. 우울증에 빠진 사람은 만연한 슬픔, 두려

움, 낙담, 절망감 외에도 어떤 것에 집중하고 주의를 기울이는 데 심각한 어려움을 호소한다. 그의 정신은 어떤 것에도 쉽게 집중하지 못한다. 의식의 혼탁이 그의 의식적 자각을 지배한다. 대화를 따라가기 힘들고, 책을 이해하기 어려우며, 일상적인 일도 완수하기 힘들다. 우울증에 빠진 사람은 사고 과정의 정상적인 흐름이 둔화하고, 생각하는 행위 자체에서 압박과 부담을 느낀다.

역사학자들은 일반적으로 에이브러햄 링컨Abraham Lincoln이 거듭 재발하는 중증 우울증으로 고통을 받았다고 믿고 있다. 언젠가 링컨은 우울증이 자신의 생각에 가한 무서운 영향에 관해 쓴 적이 있다. 그는 "때때로 가장 달콤한 생각조차 짓밟아 너덜너덜하게 만들고 결국은 죽음의 쓰라림으로 바꿔 버릴 정도의 강렬한 생각"[14]이라며 자신의 우울증에 대해 통탄했다. 그는 법조계 동료에게 보낸 편지에서 강렬한 우울증이 불러오는 불행에 대해 다음과 같이 썼다. "나는 지금 살아 있는 인간 중에 가장 비참한 인간이라네. 만약 지금 내가 느끼고 있는 것을 온 인류 가족에게 똑같이 나눠 준다면, 지구상에 단 한 명의 유쾌한 얼굴도 볼 수 없을 걸세." 실로 절절한 하소연이다. 우울증을 의지박약으로 착각하거나, 결함이 있는 도덕적 품성의 증거로 오해하는 사람들이 많다. 하지만 그들 중 과연 누가 에이브러햄 링컨에게 의지가 약하다거나 도덕적 품성에 결함이 있다고 비난할 수 있겠는가?

◆ **감각적 지각의 변화** 우울 상태에서 한 사람의 감각 지각은 달라질 수 있다. 일종의 '터널 시야'라고 하는 것이 작동하여, 우울증에 빠진 사

람이 자신의 주위에 있는 것들을 대체로 부정적이거나 위협적인 것으로 인식하려는 (혹은 해석하려는) 경향을 보인다. 예를 들어 무표정한 얼굴들이 담긴 그림들을 보여 주고 그들의 감정을 해석해 보라고 했을 때, 우울증이 있는 사람은 그 무표정을 슬픔, 분노, 흥분 등의 정서 상태로 해석한다는 연구 결과들이 있다. 반면에 우울증이 없는 사람들은 같은 그림들을 일반적으로 더 중립적이거나 긍정적인 말로 해석할 것이다.

◆ **수면 분열** 우울증이 있을 때 보통 수면 분열이 일어난다. 이 질병은 한 사람의 24시간 주기 리듬, 즉 뇌의 깊은 곳에 있는 내부 구조인 시상하부의 통제하에 자고 깨고, 피곤과 각성이 반복되는 생체 시계에 영향을 미친다. 일반적으로 우울증은 수면을 충분히 취할 수 없는 수면 불능 상태를 초래한다. 우울증에 빠진 사람은 탈진한 채 잠을 이루지 못하는 불면 상태로 몇 시간이고 침대에 누워 있을지도 모른다. 혹은 처음에는 잠들지만, 한두 시간마다 깨어나게 되고 다시 잠을 취하는 데 어려움을 겪을 수도 있다. 우울증의 한 가지 전형적인 특징은 새벽잠이 없는 것으로, 즉 우울 증상이 있는 사람은 새벽 네다섯 시에 깨어나 아무리 노력해도 다시 잠에 들지 못한다. 말하자면 시상하부의 균형이 무너져서 뇌생리학적 혼돈이 초래됨으로써 수면이 속수무책으로 휘둘리게 된다. 우울증의 증상으로 흔히 나타나는 이와 같은 수면 박탈은 그 장애의 전형적 특징인 탈진 상태와 에너지 고갈을 더욱 악화한다.

반면에 정신과 의사들이 '비전형적 우울증'이라고 부르는 우울증의 하위 유형도 있다. 여기서는 수면장애가 정반대 양상으로 일어난다. 비전형적 우울증의 경우, 불면증과 수면 박탈 대신에 과다 수면이 특징이다. 하루에 열여섯 혹은 열여덟 시간씩 잠을 자는 사례들도 있다. 그들은 깨어 있는 데 어려움을 겪으며, 그리고 깨어 있는 그 몇 시간 동안에 완전히 탈진한다. 어떤 이론에 따르면 이 과다 수면 자체가 우울증을 유발하며, 이미 좋지 않은 상태를 더 나쁘게 만든다.

• **저 에너지** 우울증에 빠진 사람은 과다하게 잠을 자든 거의 잠을 자지 않든, 아니면 수면장애가 없을지라도 깨어 있을 때 신체적으로 고갈되고 탈진된 듯한 느낌을 받는 것이 보통이다. 이런 낮은 수준의 신체적 에너지가 주요우울장애의 또 다른 전형적 특징이다. 이 상태에서 신체적 운동과 활동을 지속하려면 엄청난, 때로는 영웅적인 의지의 발휘가 요구된다. 양치를 한다든가, 아침을 먹으려고 아래층에 내려가는 일과 같은 지극히 단순한 일에서도 압박을 느낄 수 있다. 바로 이 때문에 종종 타인들로부터 인정을 받지 못하거나 오해를 산다. 그는 신체적 장애가 있다든가 의학적으로 문제가 있어 보이지 않는다. 그래서 아침에 침대에서 일어나거나 양치를 하는 게 그에게 그토록 힘든 일인지 의문이 드는 것이다. 사람들은 우울증으로 인한 이 같은 신체적 탈진을 태만이나 노력 부족으로 쉽게 오해할 수 있다. 이것은 때때로 가족 간의 갈등으로 비화하기도 하고, 우울증에 빠진 사람과 그를 돕고 격려하는 사람 간의 오해로 이어지기도 한다.

• **식욕 변화** 우울증의 또 다른 신체적 특징은 식욕 변화이다. 우울증

이 있는 사람은 전형적으로 식욕의 점진적 상실이나 완전한 상실을 체험한다. 그 결과 음식 섭취의 수준이 건강한 영양 상태나 정상 체중을 유지하는 데 빈약한 상태가 된다. 의도하지 않은 체중 감소는 우울증의 일반적인 징후이다. 우울증에 빠진 사람은 음식을 떠올리거나 보기만 해도 메스꺼움이나 역겨움을 느낄 수 있다. 우울 상태에 빠져 있는 많은 사람이 음식 맛을 송두리째 잃었다고 보고한다. 그들은 먹어야 하기에, 혹은 타인들이 그렇게 하도록 용기를 주기에 음식을 먹을지도 모른다. 하지만 그들은 음식 섭취에서 어떤 기쁨이나 만족도 얻지 못한다.

반면에 앞에서 언급한 덜 일반적인 '비전형적' 형태의 우울증의 경우, 식욕과 음식 섭취에서 정반대의 양상을 보인다. 이 상태의 사람은 과다 수면과 함께 증진된 식욕을 보이며, 과다 체중을 얻을 수도 있다. 전형적이든 비전형적이든 우울증에는 식욕 변화와 체중 변화(감소 혹은 증가)가 흔히 뚜렷하게 나타나며, 이는 정신적 건강만 아니라 신체적 건강에도 부정적인 영향을 끼칠 수 있다.

◆ **정신운동성 행동의 변화** 우리는 모두 어떤 생각을 하거나 어떤 의지를 가지고 있지 않더라도 저절로 일정 수준의 신체적 행동을 보인다. 의자에 앉아 책을 읽는 동안 당신은 앉은 채 자세를 바꿀 수도 있고, 발을 가볍게 놀려 박자를 맞출 수도 있고, 다리를 꼬았다가 풀 수도 있다. 휴식을 취하는 동안에도 바위처럼 꼼짝않고 앉아 있는 게 아니다. 정신과 의사들은 이것을 '정신운동성 행동'이라는 다소 생소한 용어로 설명한다. 우울증에 걸리면 정신운동성 행동의 기본 수준이 변

화한다. 우울증에 빠진 사람들은 보통 행동이 둔화하고 자발적 행동을 거의 하지 않는 '정신운동성 지체' 양상을 보이거나, 반대로 '정신운동성 초조' 양상을 보이면서 조용히 앉아 있는 것을 힘들어하고 분주히 움직이며 쉼 없이 들썩인다. 정신운동성 지체와 초조, 둘 다 우울증의 공통 특징이다. 우울증에 빠진 사람은 움직임이 둔해지고 느려지거나, 아니면 반대로 마치 자기 자신에게 불편함을 느끼는 것처럼 잔뜩 긴장하고 신경이 곤두서 있고 뭔가 찔리는 곳이 있는 듯이 안절부절못한다.

◆ **부적절한 죄책감** 죄에 대한 과도하거나 부적절한 생각 혹은 감정은 우울삽화 중에 흔히 관찰되는 특징이다. 여기서 중요한 것은, 죄책감은 양심이 잘 작동하고 있는 사람이 경험하게 되는 정상적 정서임을 명확히 하는 일이다. 악한 행동을 저질렀음에도 죄책감을 느끼지 못하는 것은 심각한 문제이며, 이는 극심하게 비뚤어진 양심, 정확히 말하면 반사회적 성격을 가진 끔찍한 상태임을 말해 준다. 죄책감은 이 타락한 세상에서 삶의 정상적인 일부이지, 그 자체로 정서적 장애의 지표가 아니다. 심리적 차원이나 영적 차원에서 느끼는 죄책감은 신체적 고통과 유사하다. 한 사람이 상처를 입을 때 고통을 느끼는 것은 지극히 정상이다. 마찬가지로 악한 행동을 할 때 죄책감을 느끼는 것도 정상이다. 그러나 근본 원인이 해소된 후에도 고통이 지속된다면, 그 고통은 병리적으로 문제가 된다. 신경계에 병이 생기면 고통을 제어하지 못하기에 어떠한 심각한 신체적 손상 없이도 몸이 고통을 느낀다.

만약 한 사람이 잘못을 범하여 애통함에 빠지게 된다면, 치유책은 잘못에 대한 고백과 사죄일 것이다. 하지만 어떠한 잘못도 범하지 않았음에도 이유 없이 구석구석 스며드는 죄에 관한 생각이나 감정, 혹은 범한 죄에 비해 터무니없이 큰 죄책감에 시달린다면, 그것은 우울증의 증상일 수 있다. 또한 병리적인 죄책감이나 세심성은 다른 정신장애, 특히 강박장애 같은 불안장애의 특징일 수 있음을 주의해야 한다. 불안장애에 대한 자세한 설명은 이 책의 범위를 넘어서는 것이고, 아마도 후속 책의 주제가 될 것이다. 죄책감에 관한 문제는 이 책 6장에서 다룰 것이다.

◆ **무쾌감증** 우울증의 다른 특징은 사람들이 보통 즐기는 활동에서 기쁨이나 쾌감을 느끼지 못하는 것이다. 정신과 의사들은 이것을 '무쾌감증'이라고 부른다. 환자들은 취미, 운동, 개인적인 교류, 일과 같이 자신이 평상시 즐겨 왔고 기대해 마지않았던 활동에 흥미를 잃었다고 호소할 것이다. 우울증에 빠진 사람은 흔히 어떤 것에서도 기쁨과 희열을 찾지 못한다. 일반적인 만족감이나 쾌감이 (음식 섭취나 성관계에서 오는 육체적 쾌감이든, 관상 활동이나 예술적 추구에서 오는 영적 쾌락이든) 무뎌지거나 완전히 차단된다. 그 결과 무쾌감증에 빠진 사람은 흔히 일상 활동에서 철수하고 만다.

◆ **죽음에 대한 빈번한 생각** 죽음에 대해 자주 생각하는 것 또한 우울증에 빠진 사람들의 공통 특징이다. 우울삽화의 소용돌이 속에서는 자살이 유일한 출구로 잘못 등장할 수 있다. 중증 우울삽화를 겪고 있는

사람은 견딜 수 없는 고통을 끝낼 유일한 탈출구가 자기 소멸이라고 믿을 수도 있다. 자살이라는 어려운 주제에 대해서는 4장에서 더 자세히 다룰 것이다. 여기서는 다음과 같은 사실을 언급하는 것으로 충분하다고 본다. 정상적인 정신 상태에 있을 때는 도덕적·종교적 이유로 자살을 하나의 선택 사항으로 절대 생각하지 않고, 또한 자신의 목숨을 스스로 끊는다는 생각에 흠칫 놀랄 사람들도 중증 우울증에 빠져 있을 때는 자살 생각을 하게 된다. (그리고 때로는 그 생각을 실제로 행동에 옮긴다). 이것은 우울증의 최대 비극 중 하나이다.

◆ **불안** 대부분의 사례에서 우울증은 불안과 어느 정도 연결되어 있다. 예전에는 우울병이라고 불린 우울증의 오래된 정의는 '이유 없는 두려움과 슬픔'이다. 더 정확히 말하자면 '명백한 원인이 없는, 혹은 명백한 원인에 비례하지 않는 두려움과 슬픔'이다. 이 정의는 단지 슬픔의 감정만 아니라 두려움과 불안의 감정도 강조한다. 우울증에 취약하게 만드는 기저의 생물학적 요인 또한 불안장애를 일으키는 데 일정 역할을 하는 것으로 보인다. 그래서 뇌 수준에서 볼 때 우울증과 불안 간에 겹치는 부분이 있다. 정신과 의사들은 현행 진단 분류 체계에서 우울증과 불안장애(범불안장애, 강박장애 등)를 구별하는 경향을 보인다. 그러나 그 둘을 하나의 연속선상에 있는 '중복장애', 즉 우울증이 우세하지만 불안과 관련된 증상들이 함께 있거나, 불안장애가 우세하지만 우울증이라는 기분장애와 관련된 증상들이 함께 있는 장애로 이해하는 것이 더 정확할지도 모른다.

한 사람을 임상적으로 우울한 것으로 여기기까지 얼마나 오랫동안 우울증 증상이 지속되어야 하는가? 일반적으로, 앞에서 설명한 증상(우울한 기분, 무쾌감증, 비정상적인 저 에너지, 수면장애, 식욕 변화, 정신운동성 지체 혹은 초조, 손상된 집중력, 과도한 죄책감, 자살 생각, 불안) 중에 반 이상이 일주일 이상 지속될 때, 정신과 의사나 아니면 적어도 우울증 진단을 내려 본 일차 진료 의사에게서 진단을 받아 볼 필요가 있다. 하루 이틀 지속되다가 진정이나 완화가 되는 상태라면, 이는 스트레스, 좌절, 혹은 다른 생활 사건들에 대한 정상적인 정서 반응일 수 있다. 만약 이 증상이 여러 주, 여러 달 동안 대부분의 시간에 지속된다면 임상적 치료를 받아야 할 때이다. 여기에는 쓸 수 있는 여러 치료법이 있으므로, 그런 상태에서 필요 이상으로 오래도록 고통을 받을 이유가 없다.

우울삽화는 반복되는 경향이 있다. 한 사람이 지속적인 우울 기간을 겪을 때마다, 그 사람의 뇌는 후속 삽화에 '준비된' 상태, 이른바 '점화'라는 과정을 거치게 된다고 연구 결과들은 주장한다. 임상적 우울삽화를 한 번 체험한 사람은 우울삽화 재발에 취약해진다.

첫 번째 우울삽화 이후 삶의 어느 한 시점에서 두 번째 삽화를 경험할 확률이 약 60%에 달하며, 두 번째 삽화 이후에는 75% 확률로 세 번째 삽화를 경험하고, 세 번째 이후에는 네 번째 삽화를 경험할 확률이 90%에 달할 정도로 증가한다. 요컨대 우울삽화를 많이 경험할수록 어느 시점에 다른 우울삽화를 경험할 확률이 더 높아진다는 것이다. 게다가 후속 우울삽화는 흔히 더 오랫동안 지속되며, 때로는 치료도 더 어렵다. 이러한 이유로 후속 우울삽화가 발생하기 전에 예방하는 노력이 우울증 치료의 핵심을 이룬다.

아동과 노인의 우울증

사춘기 이전 아동의 우울증은 십 대와 성인의 경우보다 드물지만 종종 발생한다. 우울증 유병률은 청소년이 아동보다 더 높게 나타나며, 성인의 유병률에 견줄 만하다. 아동과 청소년에게 발생하는 우울증은 성인 우울증과 다소 다른 양상을 보인다. 성인 우울증과 마찬가지로 식욕과 에너지, 집중력, 수면의 변화는 일반적이다. 하지만 아동에게는 우울한 기분의 정서적 표현이 언제나 분명히 드러나지는 않는다. 우울증에 빠진 아동에게는 짜증이 난 기분이 슬픔보다 공통적이다. 인지 발달이 아직 진행 중이기에, 아동은 자신의 정서 상태를 표현하는 나름의 방식을 보통 가지고 있으며, 이것은 또한 자신의 우울한 기분을 성인처럼 쉽게 언어적으로 설명할 수 없기 때문이기도 하다. 이러한 이유로 아동의 행동 변화가 지금 그 아동이 우울증으로 고통을 받고 있음을 말해 주는 중요한 실마리가 될 수 있다. 아이가 우울 증상을 보인다는 의심이 들면 부모는 반드시 정신과 의사에게서, 가급적 소아 청소년 정신과 전문의에게서 진단을 받아야 한다.

우울증은 노인에게서도 흔히 발견된다. 의학적 질환, 상실과 고독, 신체적·정신적 장애 등이 모두 노인을 우울증에 취약하게 만드는 요인이다. 노인은 다른 성인보다 우울증에 따른 인지적 변화를 더 많이 호소한다. 그들은 정서 상태나 기분보다 사고력에 더 심각한 영향을 받는 것처럼 보인다. 손상된 집중력과 부주의 같은 증상 탓에 이따금 노인 우울증은 치매로 보이기도 한다. 만약 한 노인에게 우울증으로 인해 기억력과 회상력의 손상이 나타난다면, 이것은 우울증이 치료되면서 회복될 수 있다. 이것은 알츠하이머병 같은 치매에 기인한 기억의 상실과 대조적이며, 알츠하이머병의 경우 인지적 문제가 점진적이고 비가역적으로 진행된다. 때로는 두 장애가 함께 나타날 수도 있는데, 이런 때는 상황이 복잡해진다. 사실 우울증은 일반 사람보다 치매를 앓고 있는 사람에게서 더 흔하게 발견된다. 이런 사례에는 두 장애에 대한 치료가 동시에 이루어질 필요가 있다. 그러므로 (때로 '가성치매'로 불리는) 노인 우울증을 치매와 구분하려면, 되도록 노인 정신과 전문의에게서 정확한 진단을 받는 것이 중요하다.

기분부전증: 만성적인 경증 우울 상태

슬픔과 낙담, 사기 저하의 통상적 주기와 임상적 우울증의 주기 사이에 경계가 언제나 분명한 것은 아니다. 우울증에 빠진 사람은 앞에서 설명한 증상 중에서 몇 가지를 경험할 수 있다. 여러 징후와 증상이 시간이 흐르며 나빠졌다가 좋아졌다가 하기도 하고, 겨우 며칠간 지속되다가 저절로 완화되기도 한다.

 정신과 의사들이 '기분부전증'이라고 부르는 흔한 고통에는 우울증의 일부 증상(기분 저하, 에너지 감소, 수면장애 등)이 나타나는데, 비교적 경증으로 더 오래 지속되는 경향을 보인다. 만약 한 사람이 몇 가지 경미한 우울증 증상을 며칠이고 겪으면서, 이 상태가 일 년이나 그 이상 지속된다면 그는 아마 기분부전증에 시달리고 있을지도 모른다. 기분부전증에 빠진 사람들은 엄습하는 우울삽화에 취약하며, 소위 '이중 우울증'에 빠질 위험이 크다. 우울증에 비해 경증이라고 하지만, 기분부전증은 항우울제에 잘 반응하지 않기에 때로는 치료가 더 힘들 수도 있다.

우울증이나 기분부전증은 별개의 질환이나 독립된 장애로 간주하기보다, 만성적인 경증 단계(기분부전증)에서부터 심한 중증 단계(주요 우울장애 혹은 '우울병적' 우울증)까지 이어지는 연속선상의 우울장애로 이해하는 게 더 정확할 것이다. 이 양극단 사이에 중등증 단계들이 존재하며, 또한 '정상적'인 것과 '병리적'인 것을 구분하는 경계가 항상 분명하지만은 않은 회색 지대도 존재한다.

경증 상태의 우울증도 반드시 치료를 받아야 하는지에 대한 질문에 제대로 답하려면 증상으로 인해 일상 기능이 손상되었는지 여부와 그 손상 정도를 확인하는 평가 기준을 활용하는 것이 도움이 될 수 있다. 에너지 결핍이나 집중력 부족이 더는 일을 할 수도, 학교에 갈 수도, 혹은 일상 활동을 제대로 할 수도 없을 정도로 심각한 수준이라면, 이때가 바로 임상적 주의가 필요한 시점이다.

우울병적 우울증과 정신병적 우울증

여전히 '우울병'(melancholia)이라는 옛 이름으로 불리면서, 심신을 쇠약하게 만드는 중증 우울증이 있다. 정신과 의사들 사이에는 이 우울병적 우울증을 다른 형태의 우울증과 질적으로 다른 별개의 장애로 봐야 하는지, 아니면 몇 가지 고유한 특징을 수반하는 우울증의 하위 유형으로 봐야 하는지에 대해 논쟁이 있다. 어떻게 분류하든 이 기분장애는 어떤 스트레스 유발 요인이나 외부 원인과 무관한 중증의 정서적 장애를 동반한다. 이 우울증에 빠진 사람은 걱정이 매우 많으며, 죽음에 대한 생각을 빈번히 하거나, 이와 비슷한 병적인 주제들에 집착한다. 에너지가 심각하게 감소되어 있음을 느끼며, 아침에 잠자리에서 일어나는 것조차 힘들어할지도 모른다. 손을 부들부들 떨거나 자꾸 이리저리 서성거리는 신체적 초조나 정신적 당혹, 혹은 혼동이 특징적으로 나타나기도 한다. 그의 기분과 에너지는 아침에 특히 더 가라앉고, 하루가 시작되면서 조금 좋아지기도 한다. 그리고 수면에는 심각한 장애가 생긴다. 우울병적 우울증에 빠진 사람들은 매우 높은 자살률을 보이기에 이런 증상에는 즉각적인 정신의학적 주의가 필요하다.

다른 형태의 우울증과 대조적으로 우울병적 우울증은 심리치료에서 그리 큰 도움을 얻지는 못한다는 연구 결과가 있다. 이 우울증에 빠진 사람은 특히 집중력이 손상되어 심리치료에 제대로 참여하는 게 불가능하다. 이 형태의 우울증은 생물학적 요인과 깊이 관련되어 있고, 심리적·사회적 요인이나 영적 요인과는 관련성이 적어 보인다. 실험실 검사에서 호르몬 불균형이 판명될 수도 있다. 여기서는 우울병적 우울증의 이상적인 약물치료는 경증 우울증의 약물치료와 다르다는 것이 몇몇 연구들로 확인되었음을 간략히 언급하는 것으로 충분하다. (약물치료는 5장에서 다룰 것이다.)

우울병적 우울증이나 다른 형태의 중증 우울증에 빠진 환자는 정신병적 증상을 겪을 수 있는데, 이는 현실과의 접촉 상실을 시사하는 정신적 체험을 뜻한다. 여기에는 환각(존재하지 않는 것을 보고 듣는 환시, 환청처럼 외부 자극 없이 얻게 되는 지각)과 망상(고착되어 있는 그릇된 신념이나 기이한 신념. "만약 내가 음식을 먹으면 이 세상이 파괴될 것이다")이 포함된다. 정신병적 양상을 보이는 우울증의 경우, 환각과 망상은 환자의 기분에 '동조하여' 일어나며, 환각의 내용이나 망상의 주제는 주로 어둡고 무섭고 허무한 것들이다. 그런 상태에 빠진 사람은 즉각적인 정신의학적 주의가 필요하며, 곧바로 병원에 입원해야 할지도 모른다.

계절성 정서장애

계절성 정서장애는 우울증의 한 형태로, 가을과 겨울에 줄어든 햇빛 노출과 관련되어 있다. 이 장애에 취약한 사람들에게 우울한 기분과 우울증 증상은 비교적 예측 가능한 방식으로 연중 특정 시기, 보통은 겨울에 재발하는 경향이 있다. 앞에서 설명한 우울증 증상 외에도 두통과 과민성 또한 이 장애의 특징이다. 다른 사람들보다 이 장애에 유전적으로 더 취약한 사람들이 있다. 그들은 햇빛 노출이 충분하지 않은 특정 기후에서 힘든 시간을 보낼 수 있다. 햇빛 속 자외선에 대한 노출과 두뇌의 적절한 기능 사이에는 밀접하고 직접적인 관련성이 있다. 망막 속의 특별한 수용체들이 자외선으로부터 시상하부로 보내지는 신호를 받는데, 뇌의 깊은 곳에 있는 구조인 시상하부는 기분에 관여하고, 수면-각성 주기를 조절하며, 에너지와 각성 상태에 영향을 주고, 그 밖의 신체적·정신적 기능의 관리를 돕는다.

계절성 정서장애의 정확한 원인이 분명하게 밝혀진 것은 아니다. 하지만 잠드는 데 중요한 역할을 하는 호르몬인 멜라토닌을 시상하부가 생성한다는 사실을 우리는 알고 있다. 햇빛을 받는 시간이 줄어들면 멜라토닌이 필요한 밤에 그 생성이 감소하여 수면-각성 주기가 변하게 되고, 이는 다른 방식으로 시상하부에 영향을 줄 수 있다. 계절성 정서장애의 유병률은 지역마다 상당히 다른데, 날씨와 기후가 이 임상 증후군과 밀접히 관련되어 있기 때문이다. 예를 들어 시애틀이나 페어뱅크스는 로스앤젤레스나 마이애미에 비해 유병률이 더 높다. 계절성 정서장애에는 이 책 2부에서 다룰 다양한 치료법이 도움이 될 수 있으며, 이 밖에도 매일 자외선에 노출시켜 주는 방법, 소위 '광치료'(light therapy)가 증상을 완화하고 치료할 수 있음이 연구에서 드러났다. 햇빛이 부족한 곳에서는 계절성 정서장애의 치료를 위해 승인된 장비로, 자외선을 방출하는 '광상자'(light box)를 활용할 수 있다. 이 장비를 이용하여 아침에 자외선에 노출시켜 주면 깨어 있는 시간 동안 멜라토닌 생성을 억제하고, 밤에는 정상적인 멜라토닌 생성을 회복하여, 이로써 계절성 정서장애를 치료하거나 예방하는 데 도움이 될 수 있다.

우울증과 정상적 사별과 애도

사랑하는 사람의 상실, 혹은 관계 상실을 애도하는 사람들도 앞에서 말한 우울증 증상을 흔히 체험할 수 있다. 사별은 병리적 상태가 아니라 정상적 상태로 간주된다. 애도 역시 죄책감과 마찬가지로 인간 삶의 정상적인 한 부분이다. 사별은 경증이나 중등증 수준의 임상적 우울증과 많은 증상을 공유한다. 따라서 정상적인 애도와 병리적 우울증을 구분하는 것이 중요하다.

이 같은 구분을 하려면 최근에 겪은 삶의 이력은 물론, 슬픔이나 낙담의 원인이 고려되어야 한다. 그러나 때로는 이 구분을 확실히 하기가 사실 어렵다. 간혹가다 정상적인 애도가 치료가 필요한 우울 장애로 발전할 수도 있다. 애도하는 사람에게서는 찾아볼 수 없는 우울증만의 특징이 있는가? 있다면 이 특징은 어떻게 알아볼 수 있는가?

17세기 랍비 프지샤의 부남Bunam of Pzysha은 애도와 우울증의 차이를 이렇게 밝혔다. "부서진 마음(애도)은 인간이 하느님의 돌보심을 받게끔 준비시키지만, 낙담(우울증)은 그 돌보심을 썩혀 버리고 만다."[15] 애도는 그것이 아무리 고통스럽더라도 영적 절망으로 이어질 이유가 없다. 그것은 영적 시련일 수도 있다. 그러나 반드시 하느님의 돌보심을 좀먹거나 우리를 타인들로부터 격리하는 것은 아니다. 반면에 우울증은 우리의 기도하는 능력을 더 빈번히 훼손하며, 타인들과 연결되어 그들에게 위로를 받는 우리의 능력을 약화한다.

물론 애도에는 깊은 슬픔과 고뇌가 내포되어 있다. 어린 자식의 죽음을 애도하는 부모가 가장 고통스러운 사례이다. 그러나 사별 기간 동안 정서적으로 괴로울지라도, 애도하는 사람은 보통 과도한 죄책감(예를 들어 죽은 사람에게 작별의 말을 전하지 못했다는 자책이나 그와 비슷하게 상실과 직접 관련되어 있는 자책을 넘어서는 감정)에 시달리지는 않는다. 또한 애도하는 사람은 우울증에 빠진 사람과 달리 무가치감이나 자기혐오에 시달리지 않으며, 세상을 떠난 사람을 부정적인 기억에만 초점을 맞추어 생각하지도 않는다. 따라서 타인들로부터의 소외, 위로를 받지 못하는 불능, 자기혐오, 자살 생각 등이 사별이 우울증으로 발전했음을 말해 주는 징후가 될 수 있다.

필자는 우울증의 원인이 대부분 무의식적 성적 갈등이라는 지그문트 프로이트의 주장에 동의하지는 않지만, 그는 자신의 책 『애도와 우울병』Trauer und Melancholie에서 병리적 우울증과 정상적 애도의 차이에 대해 유용한 설명을 해 주었다. 애도 과정에 있는 사람은 사랑하는 사람의 상실에 초점을 맞추지만, 우울증에 빠진 사람은 과장되고 비현실적인 방식으로 자신의 한계와 부적절성에 초점을 맞춘다. 우울증에 빠진 사람의 사고는 편협하게 자기 초점적이며, 극심한 자기혐오를 수반한다. 프로이트는 우울증에 빠진 사람은 자기 자신을 "무가치하고, 어떠한 성취도 이룰 수 없고, 도덕적으로 비열하다고 여기면서, 자신을 책망하고, 비난하며, 만천하에 드러나 처벌받기를 기대한다."[16]라고 쓰고 있다. 그리고 우울증에 빠진 사람은 이를 당연한 듯 믿는다고 프로이트는 덧붙인다.

    애도 기간에 있는 사람은 남아 있는 사람들, 곧 가족이나 친구들과 정서적 연결을 유지한다. 반면에 우울증에 빠진 사람은 지나치게 자신에게 초점을 맞추고, 버림받았다고 생각하며, 타인들로부터 소외되고, 고통 속에 홀로 남게 된다. 애도 상태에 있으면 친구와 기도, 그리고 여타 활동에서 어느 정도 위로를 찾을 수 있다. 그러나 우울증에 빠진 사람은 위로를 찾지 못한다. 그의 기분은 타인과 활동, 환경의 영향을 전혀 받지 않는 것으로 보인다. 애도하는 사람은 일반적으로 애도가 결국은 끝날 것이라고, 아니면 적어도 견딜 만해질 것이라고 느낀다. 애도의 고통 속에 있는 사람은 비록 시간이 오래 걸릴지 몰라도 미래에는 삶이 더 나아질 것이라고 마음을 다잡을 수 있다. 우울증에 빠진 사람은 이와 대조적으로 우울증이 절대 끝나지 않을 것이라고 믿으며, 결국 무망감無望感과 시간 자체가 더디게 가거나 멈춘 것 같은 느낌에 갇히고 만다. 애도하는 사람은 애도의 감정이 최고조에 달하더라도 자기 주체감과 이 세상에서 활동할 수 있는 자기의 능력에 대한 신뢰감을 여전히 유지한다. 이와 대조적으로 우울증에 빠진 사람은 전형적인 자기혐오와 비합리적이거나 과도한 죄책감을 가지고서 이 세상에서 활동하기에 스스로 너무 무력하다고 느낀다. 결국, 정상적 사별이 아닌 우울증으로 인해 고통을 겪는 사람에게 나타나는 뚜렷한 징후는 자살 생각이다.

사례에 따라서 임상적 우울증과 정상적 사별을 구분하기 어려울 수 있다. 두 상태가 조합되어 동시에 존재하는 사례도 있기 때문이다. 복합적인 애도는 차츰 지속적인 우울 상태로 변할 수 있는데, 이는 점점 음울한 양상을 띠게 된다. 숙련되고 세심한 정신과 의사의 진료가 둘 사이를 구분하는 데 도움이 될 것이다. 또한 경험 많은 임상의도 고통받고 있는 환자가 심리치료나 약물치료를 받아야 하는지, 또 언제 받아야 하는지 결정하는 데 도움을 줄 것이다. 의사들은 보통 정상적인 애도에 대해 약물치료를 하는 것을 주저하는데, 거기에는 그럴 만한 이유가 있다. 하지만 정상적인 애도로 오진하여 치료하지 못한 우울증은 불필요한 고통을 초래할 뿐 아니라, 환자를 자살 위험에 노출할 수 있다.

무엇이 우울증을 일으키는가?

지금까지 우울증의 전형적인 징후와 증상에 대해 살펴보았다면, 이제 무엇이 우울증을 일으키는지 질문할 때가 되었다. 이 질문에 대한 간명한 대답은 없다. 우울증은 한 사람의 유전적 구성에 기인한 것인가? 한 사람이 관여한 생활 경험이나 행동, 그리고 그가 취한 선택은 어떤가? 이것이 하나의 원인으로 역할을 하는가? 우울증은 '천성'적 장애인가, 아니면 '양육'과 관련된 장애인가? 해답은 둘 중 하나가 아니라, 둘 다 모두이다. 즉, 천성과 양육, 유전과 환경, 기질과 생활 경험 이 모두가 우울증에 관여한다. 우리는 최근 몇 년 동안 생물학과 심리학 분야에서 천성과 양육 간에 엄격한 이분법은 대개 존재하지 않는다는 사실을 더 확실히 이해하게 되었다.

'천성'이라고 하면 사람들은 보통 우리가 세상에 태어날 때 가지고 나온 유전적 기질로 이해한다. 그런데 우리의 유전적 기질조차 고정된 것이 아니며, 유전자 자체도 환경 요인과 경험 요인에 의해 발현 여부가 결정된다. 양육, 즉 우리의 환경 요인과 생활 경험이 유전자와 상호작용하여 어떤 것을 우세하게 드러낼지 결정하는 것이다. 유전자는 우리가 다양한 발달단계를 거치는 동안 활성화될 수도 있고, 아니면 휴면 상태로 남을 수도 있다. 이것은 예정된 과정이 아니라 환경 요인, 특히 생애 초기 요인으로 인해 형성되는 과정이다. 심지어 똑같은 유전자를 가진 일란성 쌍생아라도 생활환경과 경험에 따라 서로 다른 '유전자 발현'을 보일 수 있다. 마찬가지로 우리의 경험도 우리의 타고난 유전적 기질에 따라서 형성된다.

그러니 특정한 질병이나 장애가 온전히 (혹은 대부분) 유전적 요인에 기인한 것이라고 할지라도, 그것이 곧 고정불변하며 양육과 무관하다는 것을 의미하지는 않는다. 게다가 질병이나 장애에 관한 유전학은 매우 복잡하다. 우울증의 원인이 되는 하나의 단일 유전자는 없다. 우울증도 다른 복합적인 의학적 질환, 예컨대 비만이나 당뇨병, 혹은 각종 암과 다르지 않다. 즉, 여러 유전자의 복합적인 조합이 한 사람을 우울증에 취약하게 만드는 것이다. 만약 부모 중 어느 한쪽이 우울증을 앓았다면 자녀가 우울증에 걸릴 확률은 두세 배로 높아진다. 또한 아버지나 어머니가 (20세 이전에 나타난) 조기 발병 우울증을 앓았다면 그 위험성은 네댓 배로 올라간다. 물론 부모 양쪽 모두 우울증을 앓은 경우, 자녀의 위험성은 더 커진다. 그래서 가족력은 우울증의 위험성을 평가하는 데 중요한 역할을 한다. 그렇지만 정확한 유전 패턴은 정밀히 예측하기에 너무 복잡하다. 우울증의 위험성에 영향을 미치는 유전자와 그 조합이 많기 때문이다. 과학자들은 이미 세로토닌 수송체 유전자와 같은 이런 유전자를 일부 확인하여 연구했다[세로토닌은 행복감에 관여하는 신경전달물질로, 일명 '행복 호르몬'이라고도 부른다]. 그럼에도 현재 우리는 우울증의 위험성을 예측할 수 있는, 임상적으로 활용 가능한 유전자 검사를 갖고 있지 못하다. 우울증과 그 밖의 다른 기분장애에 관한 유전학은 계속해서 활발하게 연구되고 있는 과학 분야이다.

하지만 유전자가 전부는 아니다. 온갖 생활 경험, 특히 상실이나 박탈 경험, 신체적이거나 정신적인 스트레스 상황도 우울삽화와 우울 증상을 일으키는 데 상당한 역할을 한다. 실제로 우리의 특성, 행동, 성격적 강점, 취약성, 심지어 대부분의 질환은 천성과 양육의 복잡한 상호작용에서 발생한다. 과학자들과 의사들은 우울증의 원인을 이 천성-양육 이론으로 설명하면서, '스트레스 체질'이라는 용어를 사용한다. 스트레스 체질 모델에 따르면 어떤 사람들은 아무 잘못 없이 우울증에 대한 유전적 취약성을 가지고서 세상에 태어난다. 만약 취약성이 매우 심하다면, 그 사람은 자신의 환경과 생활 조건과 무관하게 우울증에 빠질 수 있다. 반면 취약성이 그 정도로 심하지 않다면, 우울 증상이 발달하기 위해서는 실직, 사랑하는 사람의 죽음, 의학적 질환, 수면장애, 약물 및 알코올 중독, 영적 위기, 혹은 여러 요인의 조합과 같이 유의한 스트레스 상황이 필요하다. 하지만 명백히 스트레스에 의해 촉발될지라도 우울증은 단지 환경 요인만의 결과가 아니다. 다시 말해 우울증은 환경 요인과 유전 요인 간 상호작용의 결과이다.

우울증 환자들은 자신이 겪고 있는 우울증의 외적 원인을 정확히 집어낼 수 없을 때 종종 당혹스러워한다. "난 우울해야 할 이유가 없다"라고 그들은 말할지도 모르지만 명백히 증상이 있다. 여기서 중요한 것은 분명한 외적 원인 없이도 우울증이 존재할 수 있음을 기억하는 일이다. 삼사십 년 전이었다면 정신과 의사들은 이른바 (외적 환경 요인이나 생활환경에 의해 야기된) '외인성 우울증'과 (생활환경과 무관해 보이는, 그래서 더욱 생물학적 요인이나 유전적 요인에 의해 야기된 것으로 여겨진) '내인성 우울증'을 구분했을 것이다.

그러나 후속 연구는 외인성 우울증과 내인성 우울증의 구분이 언제나 임상적으로 유용하지는 않았음을 보여 준다. 증상과 치료 방법이 똑같았으며, 일반적으로 원인도 똑같이 복합적이었기 때문이다. 사람들은 외인성 우울증은 그 출처가 환경 요인으로 추정되기 때문에 심리치료나 행동수정 치료를 해야 하지만, 내인성 우울증은 그 출처가 생물학적 요인으로 추정되기 때문에 약물치료를 해야 한다고 주장했다. 그런데 연구와 임상 경험은 우울증을 유발한 요인들의 복합적인 조합에도 불구하고, 최종 경로는 결국 똑같음을 보여 주었다. 다시 말해 환자나 의사가 우울증의 원인을 외적 요인에 돌리든 내적 요인에 돌리든 환자는 똑같은 징후와 증상을 겪는다. 게다가 연구는 외인성이든 내인성이든 상관없이 우울증의 가장 효과적인 치료 방법

역시 똑같음을 보여 준다. 즉, 약물치료만으로도 두 형태의 우울증에 도움이 되었고, 심리치료만으로도 같은 효과가 있었으며, 두 치료의 조합은 어느 한 치료만 적용하는 것보다 유용했다. (우울증의 치료 방법에 대해서는 2부에서 더 자세히 다룰 것이다.)

우울삽화를 초래하는 요인들이 다양하고 그 조합 역시 복합적이지만 그 질환의 본질과 가장 효과적인 치료 방법은 비슷하다. 이러한 이유로 오늘날 정신과 의사들은 보통 외인성 우울증과 내인성 우울증을 구분하는 것이 임상적으로 그리 유용하다고 생각하지는 않는다. 일반적으로는 여러 (내적·외적) 요인과 원인의 상호작용이 우울증을 일으킨다. 따라서 치료는 그 질환의 생물학적, 심리학적, 사회적, 그리고 영적 관점을 모두 아우르는 것을 목표로 삼아야 한다.

우울증은 아주 흔한 의학적 질환에 속한다. 일반 사람들의 무려 약 13%가 자신의 생애 어느 시점에 적어도 한 번은 우울삽화를 겪는다. 일부 연구자는 수치를 지나치게 높게 잡은 것은 아닌지 의문을 가졌다. 경증 우울증이 그 수치에 얼마나 포함되어 있는지 분명하지 않고, 엄밀히 말하자면, 그 질환을 어떻게 정의할지 사람마다 다를 수도 있기 때문이다. 그러나 모든 의료역학자가 우울증은 물론이고 심지어 중증 우울증도 비교적 흔한 병이라는 사실에 동의한다. 정확한 이유를 알 수는 없지만 우울증은 남자보다 여자에게 두 배나 흔하게 나타난다. 여기에는 여성호르몬 수치, 아마 에스트로겐과 프로게스테론 수치의 급격한 변화가 우울증 발달에 일정한 역할을 할 수도 있다는 증거들이 있다.

첫 번째 우울삽화의 평균 발병 연령은 40세이지만, 우울증은 모든 연령에서 나타날 수 있으며, 드물게는 아동기에도 나타난다. 여성들에게는 출산 후 몇 달에서부터 일 년까지 지속되는 이른바 '산후 우울증'이 흔히 나타난다. 산후 우울증의 증상은 주요우울장애의 증상과 정확히 일치한다. 산후 기간은 특히 우울증에 취약한 시기로, 출산 시의 급격한 호르몬 변화를 비롯하여, 신생아를 보살피며 겪는 엄청난 스트레스와 수면장애에 기인한 것일 가능성이 크다. 산후 기분장애가 중증일 경우, 산모가 자신의 아기에 대한 환각이나 망상, 강박 사고 같은 정신증적 증상까지 겪을 수 있다. 이 같은 상황에는 산모와 아기의 안전을 위해 즉각적인 의료적 주의가 필요하다.

사회 경제적 지위와 우울증 간에는 입증된 상관관계가 없다. 우울증은 부유한 사람과 가난한 사람, 중산층을 가리지 않고 괴롭힌다. 우울증은 '경제적' 가난에서 기인하기보다, '관계적' 가난이라 부를 수 있는 것에서, 즉 빈곤한 대인 관계와 빈약한 사적 유대를 가진 사람들에게 더 흔하게 발병한다. 예를 들어 별거 중이거나 이혼 상태인 사람들에게서, 또한 기혼자들보다 독신 상태인 사람들에게서 우울증 유병률이 더 높게 나타난다.

우울증은 정신과 의사나 적어도 일차진료 의사에게서 진단을 받는 것이 중요한데 한 가지 이유는 여러 의학적 질환들이 우울증과 아주 유사한 징후와 증상을 보일 수 있기 때문이다. 의학적으로 훈련되지 않은 심리치료사나 상담사는 다른 의학적 질환을 우울증으로 잘못 판단할 수 있고, 그래서 정확한 진단과 치료적 접근을 놓칠 수 있다. 한 가지 흔한 예가 갑상샘기능저하증(여러 대사 기능을 조절하는 갑상샘 호르몬의 수치가 낮은 상태)이다. 이때는 저 에너지, 체중 증가, 피로를 비롯하여 다른 여러 우울증 유사 증상이 나타날 수 있으며, 우울증 진단을 내리기 전에 적절한 의학적 평가를 시행하여 빈혈증이나 비타민 결핍증과 같은 다른 의학적 상태를 배제해야 한다. 이를 위해서는 신체검사, 실험실 검사, 혹은 우울증처럼 보이게 하는 일반적인 의학적 상태를 배제하는 기타 의학적 검사가 요구될 수 있다.

한편, 우울증 자체가 일반적인 의학적 상태와 관련하여, 예컨대 심장마비나 뇌졸중 후에 발생할 수도 있다. 심장마비를 겪은 사람 중에서 약 여섯 명 가운데 한 명이 회복 기간 동안 자신의 신체에 대한 생리적 스트레스와 회복에 대한 심리적 부담으로 인해 우울증을 경험한다. 이런 경우 일반적인 의학적 상태와 우울증을 둘 다 치료할 필요가 있다. 예를 들어 심장마비 후에 우울증이 발생했는데 이를 함께 치료하지 않으면, 심장 상태의 예후가 실제로 나쁘다는 연구 결과가 있다. 우울증을 가진 환자들은 심장마비 재발이나 다른 부정적인 심장 관련 질환에 대한 위험성이 더 높다. 이와 비슷하게 우울삽화 역시 뇌졸중 이후, 특히 뇌의 좌측 전두엽에 영향을 미치는 뇌졸중 이후 흔히 나타난다. 또한 우울증은 헌팅턴병[30대에 주로 발병하는 유전성 중추신경 질환], 후천성 면역결핍증, 그리고 흔치 않은 다른 여러 의학적 상태와도 관련될 수 있다. 게다가 특정한 처방 약도 우울증을 유발하거나 영향을 미칠 수 있으며, 그래서 의학적 평가와 관련하여 그런 약도 검토해야 한다.

최신 연구는 우울증과 다른 의학적 질환의 관계가 양방향적임을 주장한다. 우울증은 다수의 의학적 질환이 발달할 위험성을 높이고, 그 질환의 예후를 더 나쁘게 하며, 역으로 의학적 질환도 환자에게 우울증이 발달할 위험성을 더 높인다. 그 이유는 복합적이며, 거기에는 뇌 화학물질(신경전달물질), 호르몬, 그리고 우울증과 다른 다양한 의학적 상태의 생리적 영향이 포함되어 있다. 우울증과 다른 일반적인 의학적 질환이 함께 있을 경우에 최선의 치료적 접근은 양쪽 다 적절히 다루는 것이다. 일반적인 의학적 상태를 치료한다고 해서 반드시 우울증도 치료되는 것은 아니다. 다른 의학적 상태로 인해 유발된 것일지라도 우울증은 자기 '나름대로' 존재할 수 있으며, 치료 역시 나름의 치료 방식이 필요하다. 그러니 최상의 의학적·심리학적 결과를 내려면 두 상태를 함께 다 다루어야 한다.

알코올 의존이나 약물 남용 역시 우울증 유발에 일조할 수 있다. 우울증이 약물 및 알코올 중독과 관련하여 발생할 경우, 어느 쪽이 먼저였는지 종종 의문이 제기된다. 이 의문에 답하기는 쉽지 않을 수도 있다. 어떤 때는 우울증이 먼저 와서, 환자가 그 우울증을 알코올이나 약물로 '자가 치료'를 해 보려고 부질없는 시도를 한다. 또 어떤 때는 알코올 같은 물질의 만성적인 남용이 두뇌와 신체에 영향을 미치거나, 환자의 일상생활과 기능에 영향을 미쳐 우울증으로 이어진다. 알코올이나 약물 문제가 수반된 우울증을 치료하려면, 일반적으로 중독과 기분장애를 함께 다룰 필요가 있다. 기분장애가 먼저 왔으며 성공적으로 잘 치료되었다고 할지라도, 중독 행동도 제 '나름대로' 존재할 수 있으며, 환자가 단약 및 단주 상태를 유지하려면 다른 치료적 개입이 요구될 것이다. 기분장애와 함께 중독이 의심될 경우, 약물 및 알코올 중독을 치료해 본 임상 경험이 있는 숙련된 정신과 의사의 진료가 요청되는 것이 당연하다. 여러 중독과 그것이 정신 건강에 미치는 영향에 관해 자세히 논의하기 위해서는 별도의 책이 필요하며, 이 책의 범위를 넘어서는 것이다. 여기서는 알코올이나 약물이 우울증에 일정 역할을 하기 때문에 함께 다룰 필요가 있음을 지적하는 것으로 충분하다고 본다.

물론 이와 같은 생물학적·의학적 요인 외에도 우울증 유발에 일조하는 심리적·사회적 요인이 분명히 존재한다. 그런데 심리적 갈등, 사고와 행동 패턴, 발달과 정서 문제 등에 관한 이론들은 너무 많아 지금 다 다룰 수 없다. 우울증에 적용되는 심리학 이론들이 일부 있지만, 그렇지 않은 이론들도 있기 때문에 지나치게 일반화해서는 안 된다는 점을 염두에 두면서, 여기서는 몇 가지만 간략히 언급하고자 한다.

한 가지 예는 우울증의 기원에 대한 지그문트 프로이트의 이론이다. 그는 우울증이 자기 자신에게 내적으로 향한 억압된 무의식적 분노의 결과라고 믿었다. 필자의 임상 경험으로는, 억압되거나 해결되지 않은 분노가 몇몇 우울증의 경우에 일정 역할을 하는 것은 분명하다. 따라서 이 이론은 어느 정도 탁월한 이론이지만 모든 사례에 적용된다고 단정해서는 안 된다. 다시 말해 단지 억압된 분노 같은 정서적 갈등을 겪고 있다고 해서 우울증을 앓고 있다고 가정해서는 안 되며, 반대로 그런 분노 문제가 없다고 해서 우울증에 시달리지 않는 것도 아니다.

반면 심리학자 에런 벡Aaron Beck은 우울증은 비현실적으로 부정적인 사고 패턴에서 기인한다는 우울증 이론을 주창했다. 그는 특히 '자기 자신', '세계', 그리고 '미래', 이 세 가지 영역에서 부정적인 사고 패턴이 작동하여, 부정적인 자기개념을 갖게 되고, 세계를 적대적이고 강요적으로 경험하는 경향을 보이게 되며, 그리고 자신의 미래에 대해 불가피한 고통과 실패를 예기하게 된다고 주장한다. 이런 부정적인 사고 패턴이 고착화되고 습관화되면 현실에 근거가 없더라도 우울 증상이 쉽게 발달할 수 있다. 이 이론에서 흥미로운 부분은 이런 사고 패턴에서 우리의 정서가 어떻게 발생하는지 보여 준다는 것이다. 벡의 이론에 따르면 우리의 이성적 능력은 우리의 정서적 능력보다 우위에 있다. 그런데 우리의 감정이 악순환적으로 이런 부적응적 사고 패턴을 강화하는 것이다. 벡은 이런 문제적인 사고 패턴을 체계적이고 계획적으로 교정하는 것을 목표로 하는, 이른바 '인지치료'라는 우울증 치료법을 개발했다. 우리의 습관적인 사고 패턴을 객관적 현실에 조금 더 부합하게 만들 수 있다면, 이에 따라 우리의 기분도 달라진다는 것이 이 이론의 핵심이다.

정신과 의사 존 볼비John Bowlby는 인간의 정서 및 행동 패턴에서 발달 요인의 역할에 관심을 기울였다. 그는 생애 초기 잘못 형성된 부모-유아 간의 애착에 관해 연구했는데, 가령 부모가 무관심하거나, 지나치게 억압적이거나, 폭력적인 것이 그런 경우이다. 생애 초기의 불안정한 애착 관계는 나중에 우울증으로 이어지는 경향이 있다고 연구 결과들은 보여 준다. 불안정한 애착에 일조하는 사건이나 요인에는 학대, 부모나 형제자매의 죽음, 부모의 이혼, 전쟁, 약물 및 알코올 중독자 부모, 정신 질환을 앓는 부모 등이 있다. 불안정한 애착으로 인한 정서적 상처는 흔히 환자의 의식 밖에 있거나 그저 어렴풋이 의식할 뿐인데, 설사 의식하더라도 애착 패턴이 자신의 행동과 기분에 미치는 역할에 대해 제한된 통찰만 할 수 있다. 숙련된 심리치료사는 이러한 문제를 드러내는 데 도움을 줄 수 있으며, 환자가 자기 이해와 자기 의식을 키우는 데도 협력할 수 있다. 이런 종류의 치료 작업은 우울증의 심리적 치유와 회복 과정에서 중요한 것이다.

생애 초기에 신체적, 성적 학대 또는 심각한 정서적 학대를 겪은 사람들은 일반적인 사람들에 비해 우울증에 걸릴 위험이 두세 배 더 높다. 또한 생애 초기의 정서적 무관심이나 대인 관계 상실도 나중에 우울증 위험을 더 높아지게 한다. 사회가 점점 더 분열되고 있고 이혼과 가정 붕괴도 계속되고 있다. 아마도 우리는 오늘날의 아이들이 어른이 되면서 우울증 유병률이 계속 증가하는 모습을 보게 될 것이다. 벡의 인지이론과 볼비의 애착이론을 포함하여 여기서 살펴본 우울증 이론들은 상호 배타적인 것들이 아니다. 유능한 정신건강 전문가는 자신이 강조하는 것과 관련하여 특정한 이론을 선호하더라도 치료 과정에서 이 모든 요소를 의식하고 있기 마련이다.

고독과 고립, 경제적 스트레스 같은 다른 사회적 요인도 우울증에 상당한 역할을 할 수 있다. 정신의학자 댄 블레이저는 여러 부정적인 문화적·사회적 변화들이 우리 시대에 우울증을 더 만연하게 만들었다고 주장한다.[17] 그는 "인간의 두뇌와 신체는 크게 변한 게 없는데, 지난 50년 동안 주요우울장애의 유병률이 왜 이토록 증가했는가?"라는 날카로운 질문을 던진다. 블레이저는 생물학적 요인을 무시하지 않으면서, 최근 서구 사회에서 일어난 근대성에서 탈근대성으로의 역사적 이행이 우울증의 사회적 기원을 이해하는 데 열쇠가 된다고 주장한다. 근대 초기는 자율적인 인간 이성의 힘을 비롯하여, 인간의 모든 문제를 해결해 주고 인간의 불행을 제거해 줄 기술적인 진보의 힘에 대한 낙관적 확신으로 가득 찬 시기였다. 하지만 탈근대 시대, 이른바 포스트모던 시대에 접어들어 이 같은 확신은 해체되고 약화되었다. 그 결과 우울과 함께 불안이 널리 퍼졌고, 그것은 자신의 기반과 기준을 잃어버린 세계에서 물러나고 싶은 욕망으로 해석될 수 있다.

이제 서구 사회는 불안정, 대중매체 영상의 포화, 사회적 고립('고독한 군중'), 그리고 만연한 이탈감으로 규정될 수 있다. 블레이저는 쉴 틈 없이 돌아가는 현대사회의 속도, 사회적·직업적 압박, 관계의 단절, 사회적 소외, 이 모든 것들이 우울증 유병률 증가에 일정 역할을 한다는 증거를 제시하며, 또한 그는 영적 요인에 주목하고 현대 생활에서 영적 가치가 퇴색하게 된 방식에 면밀히 주의를 기울인다. 영적 가치에 대한 폄하는 많은 개인에게 의미와 목적의 위기를 야기했고, 우울증적 경향에 크게 일조했다.

우울증에 시달렸던 소설가 워커 퍼시Walker Percy는 현대 생활의 이런 특징에 관해 광범위한 차원에서 썼다. 그의 주장에 따르면 우리는 바로 나그네이기 때문에 이 세상에서 소외감을 느낀다고 한다. 그는 우리가 일상적으로 겪는 불만족스러움, 곧 이 세상이 온전히 내 집 같지 않은 불편감에 대해 언급한다. 이런 맥락에서 그는, 우리가 있는 그대로의 삶에 적당히 잘 적응하도록 도움을 주려고 하는 자조自助적 매체에 대해 특유의 재치 있고 냉소적인 태도로 비평한다.

당신은 우울해야 해서 우울한 것이다. 당신은 충분히 우울증에 걸릴 만하다. 사실, 우울증에 걸리지 않았다면 당신은 제정신이 아니었을 것이다. 결코 우울증에 걸리지 않는 사람들을 생각해 보라. 바보 멍청이들, 캘리포니아에서 파도타기 하는 사람들, 예수 그리스도를 사적으로 만나 영원히 구원받았다고 믿는 그리스도교 근본주의자들뿐이다. 당신은 당신의 우울증을 이런 모습 중 하나와 바꾸고 싶은가?[18]

블레이저가 묘사한 현재의 사회적·문화적 환경과 퍼시가 묘사한 이 세상의 나그네, 순례자라는 영구적 조건은 둘 다 사람들이 삶의 의미와 목적을 찾는 데 어려움을 겪게 한다. 특히 오늘날 우리가 직면한 문화적 환경은 많은 그리스도인과 그 밖의 다른 종교인의 신앙적 기반을 약화하고 있다. 그러나 이것이 꼭 우울증을 앓고 있는 모든 사람이 의미와 신앙의 위기를 겪는다는 말은 아니다. 다만, 이런 중요한 사회적·영적 요인들이 대다수의 경우 일정 역할을 하고 있으며, 우울증에 취약한 사람들의 유병률을 증가시키는 주요한 기여 요인임을 인정하는 것이다.

교황 요한 바오로 2세는 우울증의 생물학적·의학적 측면을 인정하면서, 우리에게 전 세계에 걸친 우울증 유병률 증가의 사회적·문화적 기여 요인을 연구하고 그에 대처하도록 격려한다. 교황은 가톨릭 의료계 종사자들에게 한 연설에서 이렇게 촉구한다.

'우울 상태들의 확산이 불안을 조성하고 있습니다.' 많은 사람들이 인간적, 심리적 그리고 영적 취약점을 드러내고 있는데, 그것은 적어도 일정 부분 사회에 의해 유발된 것입니다. 여기서 중요한 것은 소비지

상주의, 욕망의 즉각적 충족, 그리고 더 큰 물질적 행복을 위한 경쟁을 부추기는 '대중매체'가 사람들에게 미치는 영향을 인식하는 일입니다. 각 사람이 성숙한 실존의 토대가 되는 영성생활을 갈고 닦아 자신의 고유한 인격을 형성할 수 있도록 새로운 방안을 제시할 필요가 있습니다.[19]

교황 요한 바오로 2세의 이 말씀은 다음 장의 주제, 곧 우울증과 영성생활의 관계 및 상호 간에 주고받는 영향에 관한 주제를 미리 소개하고 있다.

· 2 ·

우울증과 영성생활

"우울증은 언제나 일종의 영적 시련이다."

교황 요한 바오로 2세

❧

기분장애와 영성생활의 관계는 복합적이다. 누군가가 단지 어려운 시기, 곧 기도의 건조기나 외적 환경으로 인한 삶의 침체기를 겪고 있는 것인지, 아니면 일상적인 시련과 도전이 우울증으로 이어진 것인지, 역으로 우울증이 시련과 도전을 일으킨 것인지 판단하기는 쉽지 않다. 그런 문제들을 구별해 내려면, 의료 전문가와 연계하여 일할 줄 아는 영적 지도자의 도움이 필요할 것이다. 이상적인 상황은 정신 건강 전문가가 가톨릭 신앙과 도덕, 영성생활에 대해 익히 알고 있거나 적어도 존중하는 사람이며, 영적 지도자가 적어도 전문가에게 의뢰해야 할 때를 판단할 수 있을 정도로 의학과 심리학을 알고 있는 사람인 경우이다.

지난 몇 년간 발표된 여러 연구에 따르면 환자들은 자신의 의사나 심리치료사와 종교적이거나 영적인 주제에 관해 대화를 나눌 수 있기를 원한다. 정신과 환자들에 대한 어느 1995년 연구에 따르면 환자들의 80%가 자신이 '종교적'이거나 '영적'이라고 여기고 있으며, 48%는 '매우 종교적'이라고 여기고 있다. 또한 반 이상의 환자들이 종교 예식에 참여하고 있고 매일 기도를 드리고 있으며, 83%의 환자들은 영성이 자신의 삶에 긍정적인 영향을 미쳤다고 믿고 있다. 여기서 한 가지 유감스러우면서 충격적인 결과는 38%의 환자들이 심리치료사에게 자신의 종교적이거나 영적인 신념에 관해 얘기하며 불편함을 느꼈다는 사실이다. 이는 정신 건강 전문가들이 진지하게 숙고해야 할 부분이다. 심리치료 현장이란, 환자들이 모든 생각과 신념, 정서를 표현하고 논의하는 자리여야 하기 때문이다. 그런데도 상당수 환자가 치료 현장에서 자신의 삶에서 정말 중요하다고, 어쩌면 가장 중요하다고 여기는 측면을 논의하며 불편함을 느꼈다는 것이다.

자신의 종교적 신념과 실천이 삶에 긍정적인 영향을 미쳤다는 환자들의 일반적인 인정은 영성과 정신 건강에 관한 다른 연구에서도 그대로 드러나고 있다. 유력 정신의학 학술지에 실린 한 비평 논문을 보면 지난 10여 년간 종교적 헌신과 정신 건강을 주제로 한 모든 양적 연구를 조사한 결과가 담겨 있다.[20] 그 논문에 따르면 종교적 헌신과 정신 건강의 관련성에 관한 연구 중 72%가 긍정적 연관성을, 16%가 부정적 연관성을, 그리고 12%가 연관성이 없음을 주장하고 있다. 이 연구 결과는 종교적 신념 자체가 본질적으로 신경증적이라는 지그문트 프로이트의 미심쩍은 주장과 반대된다. 만약 종교적 신념이 정신 건강에 어떤 영향을 미친다면, 그것은 일반적으로 도움이 되는 방향으로 미친다는 것을 연구 결과는 말해 준다.

그뿐 아니라 다른 연구에서도 종교적 규율을 잘 준수하는 사람들이 다른 사람들에 비해 우울증 유병률이 더 낮음이 드러났다. 그런데 대부분의 연구가 그리스도교 신앙을 가진 환자들을 대상으로 한 것이다. (다른 종파나 다른 종교를 비교한 연구는 거의 없으며, 그래서 그리스도인과 유다인을, 가톨릭 신자와 개신교 신자를 비교하여 얻은 신뢰할 만한 자료도 아직 없다). 종교적 요인이 중요해진 것은 생활 스트레스 요인의 증가에 따른 현상이다. 종교와 우울증의 관련성을 조사한 연구들이 백 개가 넘는데, 이 중 삼분의 이가 종교적인 사람들이 더 적은 수의 우울 증상을 보인다는 점을 발견했다. 오직 5% 연구만이 종교적인 사람들이 우울증과 더 깊은 관련성이 있음을 주장했다. 스물두 개의 장기 연구 중에서, 종교적 실천(기도, 전례 참석, 성경 읽기)을 활발히 행하면 비교적 경증 우울증과 빠른 회복이 예측된다고 밝힌 연구가 열다섯 개에 달하며, 또한 하느님을 향한 분노, 신앙 상실, 소속 공동체의 지지 결여 등은 비교적 중증의 우울 증상, 어려운 회복과 관련된 요인이라는 연구 결과들도 있다. 한 연구 결과는 죽음 뒤의 삶에 대한 신앙이 정신 건강에 지속적으로 좋은 영향을 미치고 있음을 발견했다. 이 발견을 뒷받침하려면 다음과 같은 가설이 필요하다. 곧, 죽음 뒤의 삶에 대한 신앙이 개인의 정체성, 부정적 경험, 어려운 대인 관계, 삶의 분투를 더 폭넓은 맥락에서 바라볼 수 있게 돕는다는 것이다.[21]

불행히도 많은 정신과 의사들과 심리치료사들이 오늘날 우울증 환자와 영적 문제를 논의하기를 불편해한다. 그리고 그들이 그 주제를 거론할 때 종종 환자는 자신이 제대로 이해받지 못하고 있다고 느낀다. 이는 그들이 환자의 종교적·영적 신념을 애써 충분히 배우려 하지 않는 것일 수도 있고, 아니면 아예 존중하지 않거나 무시하는 것일 수도 있다. 또한 종교적·도덕적 신념에 대한 문화적·사회적 편견은 임상적 만남에 파고드는 경향이 있으며, 때로는 그런 편견이 치료자의 조언을 오염시키거나 치료 관계를 손상시키기도 한다. 그리고 우리는 자신이 지금 무엇을 하고 있는지 제대로 알지 못하는 미숙한 심리치료사들도 적잖이 있음을 인정해야 한다. 그들은 결국 자신이 돌보고 있는 환자들과 내담자들에게 도움이 되기보다 해를 끼치고 만다.

하지만 우리는 지금 의과대학 교육과정과 정신의학 레지던트 수련 과정에서 여러 긍정적인 발전을 보고 있다. 앞에서 언급한 여러 연구들의 넘쳐 나는 증거들에 부응하여, 오늘날 여러 의과대학에서 새로운 세대의 정신과 의사들이 임상 현장에서 제기되고 있는 종교적·영적 문제를 경청하고 존중하도록 훈련을 받고 있다. 다행히도 이 분야에 대한 수련이 의과대학 과정에 중요 부분으로 폭넓게 채택되었고, 정신의학 레지던트 수련 과정에 포함되었다.

많은 정신과 의사들과 심리치료사들이 종교적 신념이나 영적 실천에 대한 자신의 검증되지 않은 편견을 가지고서 치료에 임하고 있는 것은 사실이다. 그들은 아무런 명확한 근거도 없이 환자의 종교가 바로 문제의 원인이라고 지적하며, 치료의 일부로 격려되거나 촉진되어야 할 잠재력이 아니라고 함부로 가정한다. 앞에서 언급한 대로, 정신과 의사들은 대개 일반 사람들에 비해, 또한 자신의 환자들에 비해 종교적이지 않고, 의사 중에서도 가장 종교적이지 않으며, 그리스도인도 비교적 적다는 것이 여러 연구에서 드러났다. 결과적으로 그들은 환자들이 자신의 질환과 씨름하는 데 도움을 받을 수도 있는 종교적 요인의 역할을 무시하거나 과소평가하게 될지도 모른다.[22] 똑같은 경향이 임상심리학자들과 다른 정신 건강 전문가들에게서도 발견된다. 따라서 처음 방문했을 때 의사나 심리치료사에게 치료 과정 중에 종교적 문제를 논의하는 것에 대해 편안하게 생각하는지 아닌지 물어보는 것이 좋은 방법일 수 있다. 정신 건강 전문가가 신학자일 필요는 없으나, 환자의 종교적 신념을 존중하고 이해하기 위해 모든 노력을 기울여야 한다. 그 신념이 환자가 호소하고 있는 문제나 고려 중인 치료 대책과 관련되어 있을 수도 있기 때문이다.

필자는 그리스도인이 아닌, 특히 가톨릭 신자가 아닌 의사와 심리치료사에게 우울증이나 다른 정신 질환을 치료받기를 거부하는 사람들을 치료한 적이 있다. 한편으로 이해하면서도, 필자는 그들이 자신과 신앙을 공유하지는 않지만 존중해 줄 유능하고 정직한 전문가의 도움을 받을 기회들을 놓치고 있다고 생각한다. 단지 자신이 생각하는 이상적인 의사를 찾을 수 없다는 이유로 도움을 받는 것을 회피하는 것은 일반적으로 이해가 잘 되지 않는다. 게다가 가톨릭 신자임이 곧 유능한 정신과 의사나 심리학자라는 것을 보장해 주지도 않음을 분명히 지적하고 싶다.

필자는 가톨릭 신자인 정신과 의사들을 여럿 알고 있다. 하지만 그들이 의학 분야에서 그리 유능하지 않기에 그들에게 환자를 의뢰하지는 않을 것이다. 반면 가톨릭 신자는 아니지만 의학적으로 능력이 뛰어나서, 기꺼이 필자의 친구나 가족을 의뢰하고 싶은 정신과 의사들과 심리학자들도 필자는 많이 알고 있다. 여기서 두 가지 중요한 요소는 그들이 자신의 분야에 정통하고 기술이 뛰어나다는 것이 하나요, 자신이 맡은 환자의 신앙과 도덕적 신념을 잘 이해하고 존중한다는 것이 또 하나이다. 하지만 이것이 의사들과 심리치료사들이 반드시 환자와 신앙과 신념을 공유해야 한다는 의미는 아니다. 특히 작은 지역사회나 시골이라면 가톨릭 신자이면서 유능한 정신과 의사를 만나기 어려울 것이다. 만날 수 있는 의사가 유다인이나 불자, 또는 선의 있는 비신앙인뿐인데, 단지 가톨릭 신자가 아니라서 필요한 상담을 회피하고 있다면 이는 분명히 잘못된 것이다.

지금까지 정신의학과 영성생활의 전반적인 긍정적 관계에 관한 연구를 간략히 살펴보았는데, 여기에 한 가지 주의할 점을 덧붙이고 싶다. 독자들은 이 연구가 종교적 신앙이 우울증에 대해 예방주사를 놓아 준다고 주장하는 것으로 오해해서는 안 된다. 종교적 신앙은 하나의 보호막일 뿐이다. 1장 말미에서 언급했듯 우울증의 원인은 복합적이며, 사람들은 저마다 강한 유전인자와 생애 초기 환경 요인을 가지고서 세상에 태어난다. 유전인자와 환경 요인은 우리가 처한 생활환경이나 선택과 무관하게, 또한 우리가 얼마나 절실히 기도하거나, 우리가 얼마나 도덕적인지와 상관없이 그 영향력을 뚜렷이 드러낸다. 종교적으로 독실한 사람들도, 심지어 성인처럼 산 사람들도 심한 우울증으로 고통받았다.

예수회 사제이자 시인인 제라드 맨리 홉킨스Gerard Manley Hopkins는 중증이며 재발성인 우울병으로 고통받은 독실한 가톨릭 신자의 한 예이다. 그의 가장 아름답고 감동적인 시詩 중에서 일부 시는 자신의 우울병 체험과 그 아픈 체험을 가라앉히기 위한 치열한 몸부림 속에서 우러나온 작품이다. 아래 작품도 그의 우울병 체험에서 솟아난 것으로, 「최악은 없다」No worst라는 절절한 제목을 달고 있다.

이보다 더 최악은 없다, 최악은 없어. 슬픔의 극단으로 내던져진 채,
앞선 고통으로 학습되어, 더 많은 고통이 더 거칠게 쥐어짜네.
위로자여, 당신의 위로는 어디에, 어디에 있습니까?
마리아, 우리 어머니여, 당신의 안식은 어디에 있습니까?
내 울부짖음이 양 떼처럼 길게 터져 나오고, 절정의 비애,
세상 슬픔 속에 웅크린다. 오래된 모루 위에서 움찔하고 운다.
그러다 잠잠하더니, 그러나 그쳐 버린다. 분노의 여신이 "꾸물대지
말자! 인정사정없이 짧게 끝내 주자" 하며 비명을 질렀다.

오, 마음이여, 마음에는 산이 있다.
무서운, 가파른, 그 깊이를 가늠할 수 없는 추락의 절벽이 있다.
그것에 매달려 보지 않은 자들은 그것을 하찮게 여기리라.
우리의 작은 인내로는 그 절벽과 심연을 버티지 못하리라.
여기! 기어들라, 가엾은 자여, 회오리바람 속에 주어지는 위안으로.
모든 삶은 죽음으로 끝나고, 매일 하루는 잠과 더불어 죽나니.[23]

또 다른 예로는 18세기에 로마 시민들에게 사랑을 받은 부랑자성 베네딕도 요셉 라브르St. Benoît-Joseph Labre가 있다. 그 역시 중증이며 만성적인 정신 질환으로 고통을 받았고, 때로는 정신이상 증상도

2 우울증과 영성생활 85

보였다. 그는 이 명백한 정신 질환으로 인해 여러 수도회로부터 외면 받고 돌려보내졌다. 결국 그는 자신의 소명이 길 위의 여행자, 집 없는 순례자가 되어, 로마 부랑자들의 친구로 함께 어울려 사는 것임을 깨달았다. 그가 고질적인 중증 정신 질환을 앓았음에도, 교회는 그를 성덕의 모범으로 공인하였다. 프란치스코회 사제 베네딕도 그로셸Fr. Benedict Groeschel은 자기 주보성인의 다음과 같은 점에 주목하여 말했다. "그는 어쩌면 반쪽의 마음만 가지고 있었는지도 모른다. 그러나 그것을 온전히 하느님께 바쳤다."

이 시점에서 이제 우리는 그리스도교 신앙이 우울증에 대한 우리의 이해에 어떠한 도움을 줄 수 있는지 고려해 볼 필요가 있다. 이런 형태의 고통에 대해 하느님께서 말씀을 하시거나 행동을 취하신 적이 있었던가? 이에 대한 깊은 탐색과 숙고를 한 연후에 우리의 관심을 더 구체적인 질문으로, 곧 '우울증과 여타 영적 상태들을 어떻게 구분할 수 있는가?'로 돌릴 것이다. 여기서 여타 영적 상태로는 부정적인 것과 긍정적인 것이 있는데, 전자는 나태나 미지근함 같은 죄스러운 상태이고, 후자는 십자가의 성 요한St. Juan de la Cruz이 묘사한 어두운 밤이나 로욜라의 성 이냐시오St. Ignacio de Loyola를 비롯하여 여러 영성 작가들이 묘사한 고독의 움직임과 같은 신비적 상태이다.

우울증의 궁극적 기원

1장에서 살펴보았듯이, 우리는 정신의학과 철학을 통해 우울증을 유발하는 다양한 원인을 추적해 볼 수 있다. 그 원인에는 뇌의 화학적 불균형, 유전적 소인, 신체적·심리적 외상, 대인 관계 손상, 그 밖의 다른 사회적·문화적 요소가 있다. 이 같은 여러 원인을 인정하면서도, 그리스도교 계시는 우울증의 '궁극적' 기원(실은 만병의 근원)을 더 깊은 차원의 것에서 밝혀낸다. 태초에 하느님께서는 인간 본성에 정서적 삶을 심어 주셨다. 그리고 그것은 좋았다. 아니, 매우 좋았다. 다른 모든 것 중에서 정서적 삶은 우리가 사랑하고 사랑받기 위해 (우선 하느님께, 다음은 천사나 인간 같은 다른 지적 존재에게 사랑받기 위해) 꼭 필요한 핵심 요소이다. 인간은 사랑 자체이신 하느님이 사랑을 위해 창조하셨기 때문에 우리의 정서는 우리를 사랑의 관계로 이끌고, 우리가 그 관계에 생기를 불어넣도록 돕는다. 그리스도교 계시는 주님께서 본래 인간을 우울해지거나 불안해지도록, 또한 강박적이거나 중독적이도록 창조하지는 않으셨음을 밝히고 있다. 그분은 자신을 내주는 관계 안에서, 그 관계를 통해서 드러나는 참된 사랑을 위해 우리를 창조하셨다.

아담과 하와는 본래의 상태에서는 우울증의 지배를 받지 않았다. 하느님은 우울증을 창조하지 않으셨고, 창조에 슬쩍 끼워 넣지도 않으셨다. 에덴동산에서는 우울증에 빠질 이유가 없었다. 인간의 육체와 영혼은 통합적으로 구성되어 있어 우울증의 자리는 없었다. 비록 남자와 여자가 인간존재의 궁극적 목표인 하느님의 삼위일체적 삶에 대한 완전한 지복직관至福直觀에 아직 이르지 못했을지라도, 아담과 하와는 하느님과 함께, 그리고 서로서로 함께 긴밀한 친교를 누렸다. 즉, 그들이 하느님과 조화로웠기에 그들의 지성, 의지, 정서, 욕구, 신체, 관계가 모두 서로 조화롭게 작동했다. 하지만 현재 우리의 타락한 상태 안에서, 그런 조화로운 상태를 상상하기는 사실 어려울 수 있다.

우울증이 우리의 타락한 상태 안에 현실적으로 존재하고 있지만, 그리스도교 계시는 우울증이 원래 인간 본성에 속하는 것이 아님을 보여 준다. 이런 신앙적 진실은 우울증이 우리의 태생적 본성과 어울릴 수 없는 이질적인 것임을 밝혀 준다. 우울증은 암이나 치매와 마찬가지로 우리의 근본적 본성의 일부가 아니다. 그러나 정작 우울증으로 고통받고 있는 사람들은 우울증이 인간됨의 일부이며, 실제로 그 사실 자체는 바뀔 수 없다고 믿고 싶은 유혹에 빠질 수도 있다. 그런데 만약 신적 계시가 우울증이 우리의 본성에 속하는 것이 아님을 보여 준다면, 인간이 우울증으로부터 치유되고 해방될 가능성이 존재하는 것이다.

우울증이 이렇듯 하느님이 만드신 것도 아니고 인간 본성에 속한 것도 아니라면, 그것은 도대체 어디서 오는 것인가? 그리스도교 계시는 그 기원이 우리의 첫 조상의 운명적 결정, 즉 하느님과의 소통을 단절시켜 버린 선택에 있다고 밝힌다. 우리가 말하는 '타락'이란, 바로 첫 조상의 교만에 찬 불순종의 사건을 지칭하는 것이며, 이것은 우리를 향한 하느님의 가늠할 수 없는 은혜에 대한 불신에 뿌리를 내리고 있다. 이 미증유의 타락이 우리에게, 우리의 몸과 마음에, 더 나아가 이 세상에 무서운 결과를 가져왔다. 인간 본성은 이제 이 '원죄'의 결과로 깊은 상처를 입었다. 인간의 지성에 짙은 어둠이 드리웠고, 인간의 의지가 뒤틀려 악에 기울었으며, 우리의 정서가 우리의 지성, 의지, 신체적 건강과 더는 조화롭게 통합을 이루지 못하게 되었다. 질병과 부패와 죽음이 우리의 몸을 공격하고, 몸과 마음의 일치에 손상을 끼치면서 이 세상에 들어오게 되었다. 우울증이 인간의 몸과 마음에 들어오도록 길을 열어 준 것이 바로 이 최초의 균열이다.

이것을 가톨릭의 전통은 잇따른 거역과 분열이라는 말로 설명한다. 아담과 하와는 자신들을 생명, 진리, 선, 아름다움의 원천이신 하느님으로부터 분리함으로써 그분께 맞섰다. 영혼의 '하층부'(정서와 욕구)가 '상층부'(지성과 의지)에 맞서 거역한다. 정서가 신적 사랑에 흠뻑 젖어 있는 이성의 온화하고 지혜로운 인도를 걷어차 버린다. 그로써 인간이 생각하는 것과 의도하는 것과 감각하는 것이 서로 분열되어 각기 혼란에 빠진다. 그러면 이 내적 균열이 분열되어 혼란에 빠진 관계 속으로 쏟아져 들어온다. 자신의 아내를 "내 뼈에서 나온 뼈요 내 살에서 나온 살"(창세 2,23)이라고 환호했던 첫 인간 아담이 이제 아내를 비난하면서 자신의 악한 선택을 변명하고, 반면에 하와는 자신의 선택에 대해 뱀을 비난한다(창세 3,12-13). 그리고 세상은 자신의 관리자인 그들에게 맞서 반기를 들고, 그들에게 위험한 장소가 된다.

아담과 하와의 후손인 우리는 잉태의 순간에 '원죄'의 상태, 다시 말해 본래 하느님께서 우리가 누리도록 의도하신 당신 자신과의 친교가 결핍된 상태로 우리의 실존을 시작한다. 우리 삶의 이 같은 핵심 요소, 즉 하느님과의 친교의 결핍은 인간의 역사를 관통하면서 아주 실제적인 결과를 낳는다. 우리가 우리의 첫 조상을 지독히도 괴롭힌 불능과 불화의 상속자가 되는 것이다.

우리의 첫 조상이 죄를 저지르고 처음으로 느낀 감정 중 하나는 의심할 바 없이 깊은 '슬픔'이었다. 인간은 엄청난 상실을 경험하면서 최초의 슬픔을 경험했다. 우울증 같은 정신 질환을 포함하여 모든 고통의 궁극적 기원은 이처럼 최초의 타락까지 거슬러 올라간다. 인간이 자신을 하느님과 적대 관계에 놓으면서 이제 우울증이, 그리고 여타 모든 질환이 인간의 경험으로 들어오게 된다. 우울증의 이런 깊디깊은 기원과 인간에 대한 총체적 관점을 고려할 때, 우울증의 극복과 영성생활을 따로 떼어 놓고 생각하지 않는 것이 가톨릭의 입장이다. 결국, 타락 이래로 인간 실존의 총체적 의미는 예수 그리스도의 영을 통해 주어진 하느님의 역동적인 은총으로, 하느님과의 친교를 찾아내고 친교로 돌아가서 친교를 깊어지게 함으로써 다시 온전해지는 것이다.

여기서 명확히 해야 할 것은, 앞선 1장에서 논의를 시작한 바와 같이 우울증은 단지 더 좋은 그리스도인이 된다고 해결될 문제가 아니라는 사실이다. 우리가 우울증의 최초 기원을 첫 조상의 타락에서 찾았지만, 당장 인간을 괴롭히고 있는 그것을 다루기란 매우 복잡하다. 치유는 의학과 철학, 신학 간의 협업이 있어야 한다. 더 나아가 우리가 인간 조건의 일부로서 물려받은 원죄와 우리가 저마다 자신의 의지로 범하는 개인적인 죄를 구분해야 한다. 우울증은 때로 개인의 죄스러운 선택에 기인할 수도 있지만, 일반적으로 그런 것은 아니다. 쉽게 말해 원죄라는 것은 아담과 하와의 모든 자손들이 하느님과의 친교 관계가 결핍된 채 잉태됨을 의미한다. 하느님은 이 친교 관계를 우리 모두와 내내 갖기를 바라셨다. 이 관계의 결핍으로 인해 우리의 개인적 능력들은 서로 어긋났고, 우리 모두가 우울증을 포함한 영육 간 분열의 결과에 종속되었다. 세례가 (우리를 하느님과 친밀히 결합시킴으로써) 원죄를 없애 주기는 하지만, 세례를 받은 사람도 여전히 원죄의 '결과'에 종속되어 있다. 이 원죄의 결과로는 욕정(죄를 향해 불을 붙일 준비가 늘 되어 있는 '불씨'로 흉측히 변질된 우리의 욕망), 신체적·정신적 질환, 그리고 궁극적으로는 죽음이 있다. 그렇지만 다행히도 우리에게 이 처참한 상항이 이야기의 끝은 아니다.

하느님께서 우울증에 마음을 쓰신다

타락 이후에도 하느님은 인류를 죄와 그 결과 속에 방치하지 않으셨다. 원죄 이후 하느님은 즉시 구원을 약속하신다(창세 3,15). 그분은 죄와 악과 죽음이 창조의 끝이 아닐 것을 약속하신다. 구원의 역사가 하느님께 선택받은 백성인 이스라엘을 통해 구체화된 관계 속에 펼쳐지면서, 즉 하느님과 인간의 관계 속에 펼쳐지면서, 하느님은 슬픔을 겪고 있는 사람들, 심지어 우리가 우울증이라 부르는 짙은 어둠 속에 잠겨 있는 사람들에 대해 마음을 쓰신다. 또한 하느님은 이 슬픔과 이 어둠을 극복하고 구원하기 위한 당신의 신적 계획을 드러내신다.

슬픔과 어둠에 빠져 있는 사람들에 대한 이 신적 마음 쓰심의 좋은 예는 하느님께서 당신 백성의 고통을 외면하지 않으시고, 이집트에서 종살이하는 이스라엘의 울부짖음에 응답하신 사건이다(탈출 3,7). 구약성경은 예언서와 시편에서 슬픔과 고통이라는 주제를 계속해서 언급한다. 한 예로서 예레미야서를 보자. 그 예언자는 실로 어려운 사명을 부여받았는데, 그것을 완수하기 위한 자신의 노력이 처참한 실패로 끝나고 마는 모습을 거듭 목격했다. 예레미야는 전적으로 진실하고 가차 없이 솔직한 기도를 바치면서, 그런 끔찍한 상황에 대해 자신이 느끼고 있는 바를 주님께 숨김없이 말씀드린다. "주님, 당신께서 저를 꾀시어 저는 그 꾐에 넘어갔습니다. … 제가 날마다 놀림감이 되어 모든 이에게 조롱만 받습니다. … 주님의 말씀이 저에게 날마다 치욕과 비웃음거리만 되었습니다"(예레 20,7-8). 하느님께 받은 자신의 사명에 대한 확신에도 불구하고, 그는 자신의 쓰라림을 토로하고 자신의 태어남을 저주하기까지 한다(예레 20,14-18). 또한 그는 악은 언제나 제 길을 거침없이 가고 있는 것처럼 보인다면서 절망하고 비탄한다(예레 12,1).

한편 이스라엘 백성들은 약속의 땅에서 지리적으로 멀리 추방되며 주님과의 내적 거리가 구체화되자, 오랜 유배 생활 속에 희망이 완전히 부서진 것처럼 보인다. 그들의 집단적 슬픔은 이렇게 표현된다. "라마에서 소리가 들린다. 비통한 울음소리와 통곡 소리가 들려온다. 라헬이 자식들을 잃고 운다. 자식들이 없으니 위로도 마다한다"(예레 31,15). 애가는 슬픔과 고통 속에서 이어지는 성찰과 기도의 책이다. 시편은 신적 어휘와 문법을 총동원하여 인간의 슬픔과 정서적 고통을 토로한다. 특히 시편 22편, 55편, 89편, 그리고 102편이 이 고통을 구구절절하게 표현하고 있다.

구약성경을 통해 우리가 알 수 있는 것은 하느님의 뜻에 맞는 슬픔, 죄인을 회개로 이끄는 죄에 대한 슬픔이 있다는 것이다. 누군가는 이것을 사랑의 슬픔이라고 부를 수도 있다. 그런데 구약성경은 파괴적 슬픔에 대해서도 언급한다(잠언 15,13; 17,22; 18,14). 그것은 죄와 관련되어 있는 슬픔이다.

반면에 기쁨은 회개와 구원과 연결되어 있다. 믿음이 있는 사람들은 슬픔에 지나치게 굴복하여, 자칫 원수의 협력자가 되어서는 안 된다(집회 30,21-23; 38,18). 지혜문학에 속하는 책들은 심지어 적당히 술을 마셔 슬픔을 달랠 것을 권장한다(코헬 9,7; 10,19). 이러한 조언은 육체와 영혼의 일치를 강조하고 있으며, 지나친 슬픔이나 파괴적인 고뇌를 달랠 수 있는 의학적 치료 방식의 사용을 지지하는 것으로 보인다.

　슬픔에 대한 구약성경의 이해는 한 사람, 즉 아무 잘못 없이 고통을 당하면서, 믿기 힘들 정도로 격렬한 슬픔과 정신적 고뇌에 시달린 욥이라는 한 의인에게서 절정에 이른다. 욥은 엄청난 손실과 상실을 겪는다. 처음에는 전 재산을 잃고, 다음에는 비극적 사건이 일어나 모든 자식을 잃으며, 결국에는 자신의 건강까지 잃고 만다. 아내와 친구들은 그의 고통을 이해해 주기는커녕, 그의 영적 상태를 제대로 파악하지도 못한다. 지금까지 그를 지탱해 온 관념, 즉 하느님과 고통에 대한 기존의 관념은 현재 그가 처한 곤경에 대해 아무 해답도 줄 수 없다. 친구들은 그의 고통이 분명히 그가 저지른 개인적 죄의 결과라며 부당한 주장을 한다. 욥도 하느님이 단순히 부재하고 계신 것이 아니라고, 실은 하느님이 자신을 끝까지 쫓는 원수라고 느낀다(욥 3,20; 9,15-18). 욥은 예레미야처럼 가차 없이 솔직하게 자신의 슬픔을 호소한다. "이 몸은 입을 다물지 않겠습니다. … 제 영혼의 쓰라림 속에서 탄식하겠습니다"(욥 7,11). 심지어 예레미야보다 더 길게 탄식하며 그는 자신의 출생을 저주하고(욥 3,1-19), 죽기를 바라나 죽지 못하고, 고립과 이해받지 못함을 느끼며(욥 6,13), 육체적 고통에 시달리고(욥 7,3), 가슴이 미어지는 듯한 심정을 토로한다. "나는 내 생명이 메스껍다"(욥 10,1). 하지만 우리는 악의 신비에 대해 전적으로 만족할 만한 해답을 욥기에서 끝내 얻지 못한다. 고통에 대한 욥의 질문에 주님께서 충분한 해답을 주셔야 할 것인데, 이는 오직 하느님의 아들께서 십자가상에서 돌아가실 때 비로소 드러날 것이다. 그럼에도 결국 욥은 살아 계신 하느님과 조우함으로써 자신을 압도하는 엄청난 무언가를 보았음을, 그 신비에 자신을 맡겼음을 고백한다(욥 42,2-6).

구약성경에서 슬픔을 다루는 방식 중 주목할 만한 것은 슬픔을 계약의 맥락에서, 즉 하느님과 맺은 독특한 관계의 맥락에서 다룬다는 점이다. 슬픔은 모호하고 이해하기 힘들다고 하더라도 언제나 신앙과 희망, 사랑을 동반하고 있다. 주님은 이스라엘에게 희망을 견지할 것을 지시하신다. "나는 너희를 위하여 몸소 마련한 계획을 분명히 알고 있다. 주님의 말씀이다. 그것은 평화를 위한 계획이지 재앙을 위한 계획이 아니므로, 나는 너희에게 미래와 희망을 주고자 한다"(예레 29,11). 슬픔과 괴로움, 정신적 고통이 결국에는 극복될 것이다(이사 35,10; 51,11).

지금까지 구약성경을 간략히 살펴보았는데, 이로부터 우리는 몇 가지 고려할 만한 주제를 끌어낼 수 있다. 격렬한 슬픔의 고통은 부정되거나 묵살되어야 할 것이 아니라, 오히려 좋은 것으로 다루어져야 할 것이다. 그것은 실재하는 것이며, 타락한 세상 속에서 타락한 인간 본성을 가지고 살아야 하는 삶의 한 부분으로 인정되어야 한다(잠언 14,13; 코헬 3,4). 충실한 신앙인이라고 그 경험에서 제외되는 게 아니며, 심지어 거룩한 사명을 부여받은 예언자나 아무 죄의식이 없는 사람도 예외가 아니다. 게다가 우리는 우리의 슬픔을 인정하도록, 말로 표현하도록, 하느님과의 관계 속으로, 그리고 그분의 현존과 섭리 속으로 가지고 들어오도록 허락을 받았다. 그래도 우리는 할 수만 있다면 슬픔이나 비탄에 지나치게 굴복하는 일은 피해야 한다. 그것이 자

첫 원수에게 협력하는 일이 될 수도 있기 때문이다.

하느님은 당신 입장에서 우리의 슬픔을 인정하시고 마음을 쓰신다. 심지어 당신이 창조하신 세상의 균열과 흉측히 변형된 모습 앞에서, 그리고 당신 백성들이 끊임없이 저지르는 죄 앞에서 당신만의 슬픔을 내보이신다. 여기서 분명히 드러나는 것은 이 고통이 이미 구약성경에서 구원의 역사로 들어오게 되었다는 것이며, 이는 다시 말해 하느님께서 이 고통에 대해 무언가를 하고 계신다는 것을 의미한다. 즉, 하느님께서 이미 그것을 당신 계획에 담아 두셨으며, 그 계획은 희망으로 가득 찬 미래를 위한 계획이다.

예수님께서 우울증에서 구원하신다

인간의 슬픔과 정신적 고통에 관한 신적 관심은 신약성경에서 비약적으로 발전한다. 그리스도교 계시에는 다른 종교와 결정적으로 구분되는 유일무이한 특징이 있는데, 전지전능하신 하느님께서, 즉 성삼위의 제2위께서 육화를 통해 우리 가운데 하나, 즉 죄를 제외하고 모든 면에서 우리와 똑같은 한 인간이 되셨다는 점이다. 성자 하느님은 신성의 상실 없이 복되신 동정 마리아의 태중에서 온전하고 완전한 인간 본성을 취하셨다. 초기 세계 공의회(특히 칼케돈공의회)를 통한 가톨릭교회의 가르침이 설명하는 바와 같이 예수님은 당신 안에 두 가지 완벽한 본성, 즉 신성과 인성을 결합하신 신인神人이시다.

그러므로 나자렛 예수라는 인물은 우울증을 포함한 모든 인간 고통을 당신 안에 지니고 계신다. 그분은 온전하고 완전한 인간 본성을 영원히 소유하신 분이기에, 인간의 정서적 삶을 모든 차원에 걸쳐 공유하신다. 인간의 지성적·의지적 삶, 그리고 정서적 삶이 성자 하느님의 위격에 결합되었으며, 성부와 성자와 성령의 삼위일체적 삶에 참여하게 되었다.

물론 주님께서 생각하고 의도하고 감각하는 방식이 우리의 방식과 모든 면에서 똑같지는 않다. 즉, 그분의 인성은 죄에 물들지 않았기에 그분의 생각과 의지와 감각은 불명료하지도 무질서하지도 않다. 비록 예수님께서 임상적으로 우울하셨던 적이 결코 없을지라도, 그로 인해 그분이 우울증에 빠진 사람들과 거리가 생긴다고 생각할 필요는 없다. 그분의 질서 있는 내적 상태는 그분을 우리와 달리 덜 인간적으로 보이게 하는 게 아니라, 실은 더 인간적으로 보이게 한다. 사실, 그분은 당신의 완벽한 신성과 인성에 힘입어 다른 누구보다 더욱 깊숙하게 우리 어둠의 심층으로 들어오신다.

주의 깊게 읽지 않더라도 복음서를 읽어 보면, 주님께서 영혼의 깊은 슬픔과 고뇌를 포함하여 온갖 인간 정서를 경험하셨음을 알 수 있다. 이것이 우울증으로 고통을 겪고 있는 사람들에게는 엄청난 위안이 될 수 있다. 하느님은 결코 멀리 떨어져 계신 분이 아니다. 그분은 인간의 삶에 깊이 들어오시며, 인간 본성을 '내부로부터' 구원하신다. 당장, 예수님께서 깊은 슬픔에 직면하신 순간들을 살펴보자. 죽은 아들을 묻기 위해 장례 행렬을 따라가던 나인의 과부와 같이 슬퍼하는 사람들에 대한 그분의 반응을 볼 수 있다. 이 여인의 처지가 육화된 성자의 마음을 깊은 연민으로 이끌어서, 그분이 바로 그 자리에서 죽은 아들을 다시 살려 내신다(루카 7,13-15). 자신의 딸이 죽었다는 소식을 듣고 그 순간 슬픔에 사로잡힌 야이로에게는, 믿음을 가지라고 말씀하시면서 그의 딸도 다시 살려 내신다(루카 8,50-55).

예수님은 슬픔에 빠진 사람들에게 연민을 보이실 뿐 아니라, 당신 자신도 깊은 슬픔을 체험하시고 표현하신다. 또한 바리사이들의 완고한 마음에 분노와 함께 비애를 느끼신다. 예컨대 손이 오그라든 사람을 보셨을 때, 예수님은 안식일에 좋은 일을 하는 것이 합당한지 아닌지 바리사이들에게 물으셨다. 그러나 그들이 입을 열지 않자 예수님은 "노기를 띠고 그들을 둘러보신 다음 그들의 마음이 완고함을 슬퍼하시면서 그 사람에게 '손을 펴시오' 하고 말씀하셨다. 그가 손을 펴자 그 손이 다시 성해졌다"(마르 3,5).

또 주님은 큰 슬픔에 눈물을 보이기도 하신다. "호산나"라는 환호 속에 예루살렘 가까이에 이르셨을 때, 예수님은 그 도성을 굽어보시면서 그 도시가 메시아를 배척하여 곧 멸망하게 되었음에 눈물을 흘리신다(루카 19,41). 주님은 또한 당신께서 사랑하시는 사람들의 슬픔에도 아파하시는데, 예를 들어 마르타와 마리아가 오빠 라자로를 잃고 슬퍼하자 마음이 산란해져 슬피 우신다(요한 11,35). 라자로의 무덤에 다다르자 주님은 다시 슬픔에 속이 북받치신다(요한 11,38). 주위에 서 있던 사람들이 "보시오, 얼마나 그를 사랑하였는가!"(요한 11,36)라고 탄식할 정도로 그분의 슬픔은 컸다. 이후 겟세마니 동산에서 주님은 다시 제자들에게 "내 영혼이 근심에 싸여 죽을 지경입니다. 당신들은 여기 머물러서 깨어 있으시오"(마르 14,34)라고 말씀하시며 그 고뇌의 순간에 당신을 떠나지 말 것을 당부하신다.

슬픔과 고뇌에 대한 구약성경의 주제는 예수님의 삶에서 일어난 이 같은 일련의 사건들을 통해 육화하신 하느님의 슬픔 안에서 확장되고 구체화된다. 예수님은 이 고통을 기꺼이 감수하신다. 이제 슬픔과 정신적 고통은 더 이상 하느님의 삶과 무관한 것이 아니다. 우울증에 빠진 사람의 마음은 예수님의 마음에서 솟아나는 깊은 슬픔과 연결될 수 있다. 인간의 고통이 예수 성심과 조우할 때, 그 결실은 삶과 희망이다. 오그라든 손이 똑바로 펴지고, 외아들과 귀한 딸, 친한 친구가 죽음으로부터 다시 살아난다. 예수님은 우리에게 희망에 찬 미래를 제시하신다.

주님은 슬픔을 직접 겪으실 뿐 아니라, 슬픔에 관해 가르침을 주시기도 한다. 그분은 '참행복'에 관한 두 번째 가르침에서 다음과 같이 엄숙하게 선언하신다. "행복하여라, 슬퍼하는 사람들! 그들은 위로를 받으리니"(마태 5,4). 주님은 슬퍼하는 사람들이 '마카리오스' makarios, 즉 '행복하다', '복되다'라고 역설적으로 말씀하신다. 가톨릭 학자이자 언어학자인 에라스모 리바-메리카키스Erasmo Leiva-Merikakis는 '행복하다'는 의미의 이 그리스어 단어가 인간의 삶의 상태가 선하다는 뜻을 전하고 있다고 분석한다.[24] 이것은 누구나 도달할 수 있는 상태가 아니며, 주관적 감정에 달려 있는 상태도 아니다. 유다인 성경 번역가인 앙드레 슈라키André Chouraqui는 '행복하다'에 해당하는 히브리어 단어인 '아쉬레이'ashrei가 "목표에 곧 도달하는 방랑자의 흥분 … 천상 보금자리의 성스러운 안식처를 향한 여정을 끊임없이 이어 가는 순례자의 기쁨을 암시한다"라고 주장한다. 이와 같이 슈라키는 '마카리오스'('행복하다')의 뜻을 "'진행 중인' 혹은 '~를 향한'으로 번역함으로써, 선한 목표를 향한 움직임과 오직 이 길을 통해 하느님께 도달할 것이라고 확신하는 순례자의 벅찬 기쁨을 강조한다".[25]

어떻게 예수님은 슬퍼하는 사람들이 행복하다고 말씀하실 수 있는가? 예수님의 의도는 무엇인가? 리바-메리카키스의 주장에 따르면, 슬퍼하는 사람들은 슬픔의 궁극적 원인인 죽음을 하느님의 시각으로 바라보고 있기에 행복하다. 슬픔의 여정 중에 있는 사람들은 어떤 의미에서 하느님의 비전과 생명에 참여하기 위해 길을 걷고 있는 셈이다. 슬퍼하는 사람들은 특별한 사랑에 충실하며, 생명이 죽음보다 강하다는 확신, 죽음이 결코 더 강할 수 없다는 확신을 드러낸다. 슬픔 속에서도 죽음을 최종적인 현실로 받아들이지 않고 인내하는 사람들은 마카리오스, 즉 행복하다. 달리 말해 참행복 속에 있는 예수님의 제자들은 절망에의 유혹에 시달릴지라도 슬픔과 비탄 가운데서 희망을 견지한다. 예수님이 그곳에서 그와 함께 계시기에 그는 희망에 차 있다. '위로를 받으리니'라는 구절의 문자 그대로의 의미는 '누군가의 곁에 부름을 받다'이다. 즉, 슬퍼하는 사람들은 예수님 곁에 부르심을 받았다. 그들은 버림받지 않았다. 리바-메리카키스는 이에 대해 "하느님은 우리의 고독을 없애 버림으로써가 아니라 그 안으로 들어오시어 함께 나눔으로써 우리를 위로하신다"[26]라고 했다. 그리스도의 제자는 그분께서 그와 함께 계시기에 희망에 찬 슬픔을 가지고 있다. 이 희망에 찬 슬픔, 이 사랑의 슬픔은 참으로 그리스도인의 덕이다.

예수님의 제자들은 스승의 길에 동행하면서 슬픔과 고뇌를 경험한다. 예수님의 제자가 되고픈 한 부자 청년이 있었지만, 예수님이 가진 것을 모두 팔고 따라오라고 하시자 슬퍼하며 떠나간다(마태 19,16-22). 그의 슬픔은 물질에 대한 무질서한 집착에 뿌리를 두고 있으며,

예수님의 부르심에 충실히 응답하는 데 방해가 된다. 예수님은 또한 최후의 만찬에서 사도들의 슬픔을 알고 이렇게 말씀하신다. "내가 이런 일들을 여러분에게 말했기 때문에 여러분의 마음이 슬픔으로 가득 찼습니다"(요한 16,6). 그래서 제자들은 겟세마니 동산에 있는 동안 슬픔과 혼란과 비탄에 지쳐 깨어 있지 못했다(루카 22,45).

다른 누구보다 우리의 어머니 마리아는 당신의 거룩한 아들의 구원 여정에 동행하시면서 처절한 슬픔과 고뇌의 순간을 맞으신다. 가톨릭 신자들은 마리아의 일곱 가지 고통[성모칠고]을 수 세기에 걸쳐 공경하고 있다. 그 고통들은 성경에 명시되어 있다. 시메온의 예언 속에 아기 예수님이 성전에서 봉헌될 때(루카 2,34-35), 헤로데 왕의 박해를 피해 아기 예수님의 부모가 이집트로 피신하셔야 했을 때(마태 2,14-15), 그분들이 당시 열두 살 난 예수님을 사흘 동안 잃어버리셨을 때(루카 2,45-48), 십자가를 지고 가는 예수님을 길에서 만나셨을 때(루카 23,27), 십자가상에서 죽어 가는 당신 아들을 바라보며 그 아래를 지키셨을 때(요한 19,25-27), 십자가에서 들려 내려온 죽은 아들의 시신을 당신 품에 안으셨을 때와 아리마태아 출신 요셉과 함께 시신을 무덤에 안치하고 그 입구가 커다란 돌로 막히고 봉인되는 것을 보셨을 때(루카 23,55-56) 성모님은 큰 고통을 겪으신다.

예수님의 슬픔은 그분이 십자가상에서 고통스럽고 신비스럽게 "나의 하느님, 나의 하느님, 어찌하여 나를 버리셨습니까?"(마르 15,34)라고 부르짖으실 때 절정에 달한다. 이 고뇌의 부르짖음은 당신을 버리신 것처럼 보이는 분께 오히려 당신 자신을 맡기심으로써 터져 나온다. 이를 통해 낙원의 타락에서 시작하여 세상의 종말에 이르기까지 인간의 모든 슬픔과 우울이 하나의 단일 사건에 모여들게 된다. 세상의 모든 고통이 예수님의 죽음 안에 들어오고, 인간에 대한 그분의 무한하고 조건 없는 사랑의 계시 안에서 그 고통이 변모된다. 하느님으로부터의 분리를 의미했던 슬픔과 고뇌가 이제 역설적으로 인간에 대한 하느님 사랑의 표현이 되며, 이로써 하느님과의 일치를 드러내는 지표가 된다. 십자가와 부활은 슬픔과 슬픔의 의미를 최종적이며 근본적으로 바꾸어 놓는다. 파스카 신비의 시련을 겪어 내면 그 누구도 이전의 그가 아니요, 그의 정신적 고통도 이전의 고통과 같지 않다. 그리스도와 결합된 사람은 이전에는 예견하지 못한 하느님과의 친교를 이루기 때문이다. 이제 그는 그리스도 신비체의 한 지체가 되며, 하느님의 삼위일체적인 삶에 참여하게 된다. 그리스도는 이와 같이 인간을 우울증에서 구원하셨다.

우울증에 대한 그리스도의 구원은 몇 가지 중요한 함축적 의미를 내포하고 있다. 슬픔에 관한 신적 관심의 계시는 구약성경을 거쳐 신약성경에서 확인되고 구체화되며 무한히 확장된다. 이제 정신적 고뇌가 하느님의 삶에 받아들여져 구원되고 변모되었다. 실로 우리의 내적 삶이 예수님의 삶과 죽음, 부활이라는 파스카 신비와 결합하여, 결국 삼위일체적 삶 자체에 받아들여졌다. 하느님은 첫 조상의 타락이후 당신께서 하신 약속에 충실하시어, 슬픔과 고뇌가 인간의 삶에 결정권을 행사하도록 용인하지 않으신다. 모든 고통이 그분의 사랑안에서 상대화된다. 고통이 그리스도 안에서 그분 사랑의 기초 원리가 된다. 어떤 고통과 비참도 하느님보다 더 크지 않다. 하느님과 결합된 사람들은 우울증에 완전히 압도될 이유가 없다. 고통은 하느님으로부터의 분리를 나타내는 표시가 아니라, 하느님과의 깊은 친교로 이끄는 도구가 된다. 인간의 고통은 그리스도의 고통과 결합할 때 성화의 가치를 갖게 된다. 인류는 타락 이래 처음으로 헤어날 수 없는 슬픔에 빠져 허우적댈 필요가 없다. 이제 우리는 절망에 굴복할 필요가 없다.

십자가와 부활의 첫 결실 중 하나는 제자들이 자신들을 짓누르던 슬픔에서 해방된 것이다. 죄와 죽음이 정복되었고, 그것들의 힘도 그리스도에 의해 파괴되었다. 제자들과 부활하신 주님의 만남에 관한 복음서의 기사들을 보면, 실제로 놀라움과 기쁨으로 가득 차 있다. 주님의 부활 소식을 듣자마자 베드로와 요한은 진실을 직접 확인하기 위해 한달음에 무덤으로 달려간다. 그리고 오순절에 성령을 받은 뒤로 제자들의 삶에서 슬픔이 크게 줄어든다. 예수님께서 최후의 만찬에서 "여러분은 슬퍼하겠지만 여러분의 슬픔은 기쁨으로 바뀌게 될 것입니다"(요한 16,20)라고 약속하신 대로, 부활의 현실이 제자들의 내적 삶 속까지 확장되어, 사도 바오로는 심지어 고난을 겪으면서도 기뻐한다고 고백하게 된다(콜로 1,24).

하지만 우리는 사도 바오로의 이 진술이 그리스도인의 삶에서 슬픔이 계속됨을 보여 주기도 한다는 점에 주목해야 한다. 십자가와 부활은 그리스도인의 경험에서 슬픔을 지워 버리지 않는다. 슬픔은 모든 그리스도인의 삶에서 계속 현존할 것이다. 그러나 그 슬픔을 도구로 사용하여 하느님께서는 그리스도인을 당신과의 더 깊은 일치로 이끄신다.

그래서 그리스도인은 필연적으로 슬픔을 경험할 수밖에 없다. 예컨대 베드로는 예수님을 부인한 후 쓰린 눈물을 흘렸고(마태 26,75), 부활하신 예수님이 그에게 당신을 사랑하느냐고 내리 세 번이나 물으시자 크게 슬퍼했다(요한 21,17). 사도 베드로의 이 슬픔은 회개와 치유라는 더 큰 목적의 밑거름이 되었으며, 그로 인해 베드로는 자신이 부여받은 거룩한 사명을 능히 완수하고, 예수님과의 더 깊은 일치로 들어갔다. 주님께서 그의 슬픔 안에서, 그의 슬픔을 통해서 활동하시어, 베드로는 자신의 부인에 대해 평생 슬퍼하거나 우울해하는 처지로 전락하지 않는다. 오히려 우리는 사도행전에서 베드로가 하느님의 은총으로 큰 확신과 기쁨을 가지고서 복음 선포와 치유에 매진하는 모습을 볼 수 있다. 또한 베드로는 자신의 서간에서도 확신과 열망을 잃지 않으면서 초기 그리스도인들의 시련을 인정하고, 그 시련 가운데서도 그들의 기쁨을 격려하고 강조하며, 죄에 맞설 것을 충고하고, 희망과 사랑을 권고한다.

다른 제자들 역시 슬픔에 시달렸다. 마리아 막달레나가 그러했고(요한 20,11), 엠마오로 가던 두 제자도 부활하신 예수님을 길에서 만나기 전까지 그분의 죽음을 슬퍼하며 혼란스러워했다(루카 24,17). 또한 사도 바오로는 유다인들의 불신(로마 9,2)과 코린토 신자들의 적대에 대해 자신의 슬픔(2코린 2,1)을 피력했다. 그는 또한 구약성경의 맥락에서 하느님의 뜻에 맞는 슬픔, 다시 말해 구원의 열매를 맺게 하는 회개의 슬픔을 언급하기도 했다(2코린 7,10).

그리스도의 제자들은 그저 그분을 따른다고 해서 슬픔을 면하지는 못했다. 사실 그리스도의 제자는 정반대의 경험을 할 수도 있다. 13세기 도미니코회 신비주의자 요하네스 타울러Johannes Tauler는 다음과 같이 썼다.

하느님은 어떤 사람들은 기쁨이라는 수단을 통해, 또 어떤 사람들은 슬픔이라는 수단을 통해 그들 모두를 당신께로 이끄신다. 그렇다면 당신 제자들의 경우에는 어떤 수단을 이용해 그들을 당신께로 이끄셨는가? 그 답은 그들의 삶을 잘 들여다보면 드러난다. 그들의 삶은 엄청난 수치와 고통 속에 마무리되면서, 그 많은 고난을 함께하신 우리 구세주 안에서 완수되었다. 그래서 그들은 기쁨보다는 슬픔을 통해 하느님께 더 가까이 다가가게 되었다. 특히 주님의 잔혹한 죽음 후에 그들은 완전히 혼이 다 나갈 정도로 극심한 고통 상태에 놓여 있었다. 그리고 이렇게 그들은 하늘에 계신 아버지의 특별한 배려로 그 고통을 통해 성령을 받기에 합당한 자들이 되었다. 슬픔을 통한 이끄심은 기쁨을 통하는 것보다 더 안전한 방식이다.[27]

그리스도와의 일치는 그분의 십자가를 함께 나누어 지지 않고서는 불가능하다. 그리스도안에 있으면 인간은 삶의 가장 어두운 시간 속에서도 실존적 기쁨을 누린다. 우리의 어머니 마리아의 슬픔이 이를 가장 충만히 드러낸다. 그분은 죄가 없기에 회개할 필요가 없는 분이시다. 사실 우리는 이 죄 없는 상태로 인해 그분이 당신의 거룩한 아들의 슬픔에 특별한 형태로 참여하셨다고 말할 수 있다. 그분의 모든 슬픔은 당신 아들과 관련되어 있다. 그분의 슬픔은 그리스도교적 슬픔의 경험이 유독 어떠한 것인지 보여 준다. 그것은 사랑에서 태어난 슬픔이며, 우리 주님의 슬픔에의 신비적 참여이다. 그것은 슬픔과 기쁨이 상호 배타적이지 않은 상태이다. 그것은 구원적 슬픔이다. 이에 대해서는 뒤에서 더 자세히 다룰 것이다. 언제나 그렇듯이 여기서 성모 마리아는 당신 아들과의 일치에 이르는 길을 보여 주신다. 이것이 그리스도인이 걸어야 할 삶의 역설이다. 그리스도와 함께, 그리스도 안에서 슬픔 속을 걸음으로써 우리는 진정으로 '마카리오스', 즉 행복해진다.

우울증으로 고통을 겪는 사람은 무엇보다 심오한 이 진실, 즉 자신이 혼자가 아님을 알고 이를 상기할 필요가 있다. 그리스도께서는 짙은 어둠 속, 그곳에 계신다. 기쁨 한가운데서도, 고통 한가운데서도 우리는 그리스도와 일치를 이루고 있다. 그러므로 그리스도교 계시는 깊은 절망과 낙담의 슬픔으로부터 우리를 자유로 인도하면서도, 우리를 회개와 그리스도와의 일치로 이끄는 유익한 슬픔의 가치를 인정한다. 실제로 영성생활의 높은 단계에 이르면 우리는 하느님과의 깊은 일치, 다시 말해 모든 시대 모든 인간의 고통을 실로 겪으시는 십자가상 그리스도의 고통에 대한 연대를 시사하는, 신비적이고 참여적이며 구원적인 슬픔을 경험하게 된다.

필자가 여기서 주장하고 싶은 바는 우울증으로 고통받고 있는 사람은 십자가상 고통에 나름대로 참여하고 있을지도 모른다는 것이다. 성경의 가르침에 따르면 우리의 모든 슬픔은 그 원인이 무엇이든 주님과의 관계로 연결되어야 하고, 이로써 우리는 희망의 미래를 위한 주님의 구원 계획에 순종해야 한다. 슬픔에는 두 가지 유형이 있다. 회개라는 영적 열매를 맺지 못하며 치유를 통해 벗어나야 할 고독의 슬픔(우울증)과 이미 회개하여 그리스도와의 깊은 일치 속에 있는 사람이 겪는 유익한 영적 슬픔이 그것이다. 두 슬픔을 구분하는 데 도움이 될 내용은 이 장의 후반부에서 더 자세하게 다룰 것이다.

지금까지 타락과 원죄에 있는 슬픔의 기원을 신학적으로 간략히 살펴보았고, 예수 그리스도를 통한 결정적인 구원과 변화에 관해 설명했다. 이제 우리의 관심을 '슬픔이 영성생활에서 어떻게 작동하는 지'로 돌려 보자. 다음 부분에서 우리는 우울증을 (1)나태라고 하는 영적 장애, (2)감각과 영혼의 어두운 밤, (3)고독이라고 하는 영적 시련과 구분해 볼 것이다.

우울증에 항상 영적 원인이 있는 것은 아니다

우울증은 개인적 죄를 인식한 후 느끼게 되는 죄책감과 너무 단순하게 동일시되어서는 안 되며, 또한 전통적으로 '나태'(*acedia*)라는 용어로 설명해 온 영적 게으름이나 미지근함 같은 영적 상태와 동일시되어서도 안 된다.

우울증으로 괴로워하는 그리스도인들이나 다른 비슷한 종교인들은 자신의 에너지 상실과 의기소침이 전적으로 영적 문제에 기인한 것이라고 그릇된 가정을 할 수 있다. 그들의 가정에 따르면 우울증에 빠진 사람이 성경을 더 많이 읽거나, 기도를 더 많이 하거나, 미사에 열심히 가거나, 고해성사를 더 자주 받는 등 올바른 영적 실천을 행하기만 하면 우울한 기분에서 벗어날 수 있으며 올바른 영적 길로 돌아올 수도 있다. 하지만 자연적으로 발생한 실제 사례의 우울증을 다루고 있다면, 우리는 기계적으로 오직 초자연적 원인이나 치료에 기대려 해서는 안 된다.

예를 들어 당뇨병 환자가 오직 신의 은총에 기대어 혈당을 조절하려 한다면, 이는 분명 비이성적이다. 주님은 이미 자연 질서 속에 이 같은 문제를 다루기 위한 의학적 수단을 마련해 두셨으며, 우리에게는 이 자연적 해결책을 찾을 수 있는 지성을 주셨다. 하느님은 당신께서 자연 속에 심어 놓으신 단서들과 우리에게 주신 지성을 통해 언제나 대비해 놓으신다.

하느님의 통치 영역을 충분히 인식하고 그에 따라 하느님의 섭리를 신뢰하려면, 우리는 하느님이 당신의 지혜로 정해 놓으신 자연의 지성적 질서를 비지성적으로 건너뛰지 말아야 한다. 과학과 의학이 심리적·의학적 고통을 치료하는 데 도움이 된다면, 우리는 이런 도움을 마다하고 그 대신 종교적 실천에 마술적 힘이 있는 양 매달려서는 안 된다. 물론 기도는 우리가 그것을 통해 자연적 개입을 청하든 초자연적 개입을 청하든 언제나 적절한 도구이다. 하느님은 자연과 은총, 둘 다를 통해 활동하시기 때문이다. 여기서 우리는 성령께서는 또한 상식의 영이시라는 영적 금언을 상기하는 게 도움이 될 것이다. 달리 말해 영적 지혜에 도달하기 위해 상식을 무시하는 것은 하느님의 영에 맞지 않다. 창조의 하느님과 구원의 하느님은 한 분이시며 같은 분이시다.

심리적·의학적 문제를 성급하게 영적 문제로 여기려는 경향은 치료를 받으러 오는 가톨릭 신자들 사이에서, 심지어 사제들과 수도자들 사이에서 빈번히 발견되는 문제이다. 대체로 그들은 기분장애로 인한 고통이 성격적 결함이나 도덕적 타락, 영적 손상의 결과일 것이라고 추정한다. "내가 내 삶의 스트레스를 처리할 수 있어야 한다.

내가 너무 약해서 우울한 것이다…"라고 그들은 말한다. 이 같은 추정은 이해할 만하다. 그들은 많은 시간과 관심을 영적 문제에 쏟는 경향을 보이며, 삶의 극적인 영적 사건에 대한 실제 감각을 가지고 있기 때문이다. 우울증에 쉽게 빠지는 사람들은 종종 실재의 심층에 존재하는 것에 대해 놀랄 만한 감각을 보여 준다. 세상의 모든 악과 고통이 궁극적으로 원죄에서 비롯된 것이라고 이해하고 있는 신앙인의 인식은 옳다. 그러나 그런 인식을 중재 과정 없이 마구잡이로 자기 자신에게 적용하면서, 우울증을 오직 개인의 영적·도덕적 결함, 혹은 성격적 결함으로 설명하려 드는 경향이 문제이다. 이 같은 경향도 이해는 가지만, 대부분의 경우 옳지 않다.

죄가 불가피하게 한 사람을 비참과 정서적으로 불행한 삶으로 이끄는 것은 사실이다. 하지만 정서적으로 심각한 불행 상태인 우울증이 항상 개인적 죄나 도덕적 결함에 기인한다고 역으로 추정하는 것은 논리적 오류이다. 앞에서 논의했듯이 모든 질병과 고통의 궁극적 기원이 첫 인간의 원죄에 있다 하더라도, 한 사람의 개인적 죄와 특정 사례의 우울증 사이에 단순하고 직접적인 연결 고리를 만들어 낼 수 없다. 그리스도교 신앙은 개인적 죄와 특정 사례의 질병이나 고통을 필연적으로나 직접적으로 연결 짓는 것을 거부한다. 요한복음서를 보면 눈먼 사람을 본 제자들이 그가 앞을 보지 못하는 게 자기 죄 때문인지, 아니면 그를 저렇게 태어나게 한 부모의 죄 때문인지 예수님께 질문을 던지는 장면이 나온다. 그런데 그것은 그의 죄도 그 부모의 죄도 아니라는 예수님의 대답에 제자들은 놀란다(요한 9,3). 이 질문의 이면에는 잘못된 추정이 있다. 즉, 질병이 그 사람(혹은 그의 부모)의 죄나 도덕적 결함에 기인한 것이 틀림없다는 추정이다.

여기서 주목할 것은, 왜 하느님께서 그 사람이 그런 특별한 고통을 겪도록 허락하시는지에 대해 예수님이 충분히 설명해 주시지 않는다는 점이다. 우리 주님은 거기에는 더 큰 목적이 작용하고 있으며, 그 사람이 눈먼 것은 하느님의 영광이 드러나기 위함이라고 말씀하실 뿐이다. 그리고 그 자리에서 예수님이 그의 눈을 치유해 주심으로써 하느님의 영광과 더 큰 목적이 바로 드러나게 된다. 하지만 주님은 지상의 모든 눈먼 이들을 치유해 주시지는 않았다. 다른 이들은 알 수 없는 이유로 여전히 고통을 겪고 있다. 이것은 최후의 심판 때까지, 즉 하느님께서 이 세상의 긴 역사 속에서 십자가의 권능으로 각각의 고통스러운 사건에서 어떻게 더 큰 선善을 끌어내셨는지 그 신비를 밝히실 때까지 이어질 수도 있다.

마찬가지로, 우울증을 포함하여 정신 질환에 기인한 고통에 대해 고려할 때 우리는 제자들과 똑같은 잘못을 범해서는 안 된다. 한 사람의 고통이 그가 저지른 개인적 죄나 잘못 때문이라고 단정해서는 안 된다. 하느님은 그로부터 더 큰 선을 끌어내실 것이다. 그분은 그 밖의 다른 이유로 고통을 허락하시지 않을 것이다. 그렇지만 그 더 큰 선이 무엇일지는 예수님이 다시 오심으로 역사가 완성되기 전까지 우리가 이해하지 못할 것이다. '왜 나를, 왜 지금?' '하느님은 이 와중에 어디 계시는가?' 고통받고 있는 사람들이 던지는 이런 질문에 단순하고 즉각적인 답은 없다. 인간의 말로 분명히 표현될 수 있는 답이 있다면, 그 답은 사랑 때문에 우리와 함께 우리를 위해 고통을 겪으시는 하느님의 위대한 신비와 어떤 식으로든 관련되어 있다. 하느님의 가장 설득력 있는 답은 깊이를 가늠할 수 없는 신비이신 십자가상 그리스도이다.

다시 말하지만 우울증을 개인적 죄와 혼동해서는 안 된다. 이제 우리의 관심을 자칫 우울증과 잘못 혼동할 수 있는 죄 중 하나로 돌려 보자.

우울증과 나태

교부들, 특히 사막 교부들, 그리고 후대 가톨릭 영성 작가들은 일곱 가지 대죄 중 하나인 '나태'(acedia)라는 영적 상태에 관심을 기울였다. 나태는 하느님 자신이신 영적 선善에 대한 슬픔이다. (현대 영성 작가들이 흔히 사용하는 관련 용어인 '미지근함'은 나태의 경증으로 이해할 수 있으며, 이것을 방치하면 영적 장애로 이어진다.) 앤드루 솔로몬Andrew Solomon[28]과 같은 현대 심리학 작가들은 나태에 관한 초기 교회 문헌의 설명과 임상적 우울증에 관한 현대의 설명 사이에 있는 유사점에 주목했다. 이것을 근거로 일부 현대 심리학자들은 나태라고 불리는 것이 우리가 우울증이라고 부르는 것과 사실 다를 바 없으며, 그리스도교 작가들이 심리학적·임상적 범주를 도덕적·영적 범주로 바꿔 놓은 것이라고 추정했다. 사실 우울증과 나태 사이에는 겹치는 부분이 상당히 있을 수 있고, 또한 어떤 상태가 다른 상태로 이어질 수 있음을 수긍하지만, 그럼에도 두 상태는 서로 구별될 수 있고 구별되어야만 한다.

나태는 하느님으로부터의 도피를 수반하는 하나의 도덕적 장애이다. 나태는 '의지가 자유롭게 작동하고 있는' 장애이다. 거기에는 선택의 문제가 개입되어 있다. 또 나태는 에바그리우스 폰티쿠스 Evagrius Ponticus가 말한 '죽음에 이르는 일곱 가지 생각' 중 하나이며, 이것들은 훗날 대교황 그레고리우스의 저서에서 일곱 가지 대죄들로 발전했다. 대교황 그레고리우스는 나태를 하느님의 선하심에 대해, 그리고 하느님과 관련된 것에 대해 느끼는 슬픔(하느님의 사랑과 선하심에 대한 반작용 속에서 느끼는 슬픔)으로 정의했다. 주로 은수자적·수도승적 맥락에서 글을 쓰는 교부들은 이 상태를 고독한 수도승에게 나타나는 '한낮의 마귀'로 묘사했다. 이 나태에 빠진 수도승은 노동, 영적 독서(lectio divina), 기도, 그리고 그 밖의 다른 중요한 활동에 매진하기보다 자신의 하루 한 끼 식사를 기다리며, 한낮의 태양을 게으르게 바라보는 모습을 보일 수 있다.

우울증처럼 나태도 생각과 정서가 복잡하게 뒤섞인 상태를 수반할 수 있다. 애런 벡과 같은 현대 인지치료 전문가들처럼 교부들도 생각이 정서(격정)로 연결되고, 그 정서가 다시 사고 패턴을 강화한다는 것을 인식했다. 우울증과 나태는 둘 다 그 생각들이 자기 초점적이라는 면에서 인지적으로 유사해 보인다. 그렇지만 나태에 빠진 사람의 자기 초점적 생각들이 오직 하느님에 관한 것들에만 관련되어 있는 반면, 우울증에 빠진 사람의 자기 초점적 생각들은 삶 전체에 스며들어 있다. 정서에 미치는 영향에 대해 말하자면 나태의 상태는 화내려는 욕구(분노)와 탐하려는 욕구(욕망)가 함께 자극을 받는다. 그러므로 나태는 모순적인 징후를 보일 수 있다. 다시 말해 태만과 동시에 과잉 활동을, 마비와 동시에 광란을 수반할 수 있다. 에바그리우스는 나태가 안절부절못하는 상태는 물론이고, 권태에서 비롯된 변화에의 과도한 욕구를 수반한다는 점에 주목했다. 이에 반해 우울증은 1장에서 설명한 대로 활동을 억제한다.

우울증과는 대조적으로, 나태에 빠진 사람은 전형적으로 자신의 건강에 지나치게 관심을 기울인다. 반면에 우울증에 빠진 사람은 보통 자신의 건강과 안녕에 거의 무관심하다. 게다가 나태에 빠진 사람은 방금 먹고도 다음 식사를 기다리지만, 우울증에 빠진 사람은 통상 식욕을 상실한다. 나태에 빠진 사람은 육체노동에서 벗어나고 싶은 욕망을 노골적으로 드러내지만, 우울증에 시달리는 사람은 최선의 노력을 기울여도 노동 능력에서 흔히 장애를 보인다. 나태에 빠진 사람은 종종 애덕의 가면을 쓰고 과도한 활동주의에 빠져든다. 나태한 사람은 자신이 (기도든 다른 정해진 일이든) 당장의 중요한 의무에 충실하지 못하다는 사실을 보상하려고 흔히 몇몇 금욕적 실천에 대해 무분별한 열정을 보인다. 우울증의 경우 그런 활동주의나 열정이 보이지 않는다. 우울증에서는 동기부여 결여가 전반적으로 나타난다. 즉, 좌절감이 하느님에 관한 것에 국한되지 않고, 삶의 전반에 두루 영향을 미친다.

예를 들어 우울증에 빠진 사람은 몇 분 동안 영적 독서를 시도할 수 있다. 최선을 다해 종이 위 글자들을 따라가 보려고 해도, 그는 글자들에 집중할 수 없고 그 의미를 파악할 수 없다. 반면 나태에 빠진 사람은 영적 독서를 처음부터 시도조차 하지 않는다. 그가 할 수 없기 때문이 아니라, 단지 원치 않고 다른 활동을 더 좋아하기 때문이다. 우울증에 빠진 사람은 흔히 자기혐오나 증오 같은 자신에 대한 병적인 생각과 감정에 시달린다. 하지만 나태에 빠진 사람은 일반적으로 자신에게 관대하며, 하느님과 이웃에 대해서는 무관심하다.

우울증이 한 사람의 영성생활에 분명 영향을 미치지만, 우울증의 심리적 상태는 앞에서 말했듯이 도덕적 결함에 기인하지 않는다. 우울증은 한 사람의 기분뿐 아니라, 그의 사고 패턴과 신체적 기능에도 작용한다. 따라서 정서적·인지적 상태만 살펴보는 것으로는 우울증과 나태를 구분하기에 충분하지 않다. 1장에서 언급했듯이 우울증의 두드러진 신체적 징후를 살펴보는 것도 도움이 될 것이다. 우울증의 경우 식욕 변화(흔히 체중 감소), 신체적 에너지 저하, 집중 불능 등이 전형적으로 나타나지만, 반면에 나태의 전형적 특징은 음식에 대한 지나친 집착, 정상 수준이나 과잉 수준의 에너지, 권태나 무관심이다.

이론적으로는 무언가를 뚜렷하게 구분 짓는 것이 비교적 쉽지만, 실제 상황에서는 보통 그렇지 않다. 실제로 신체적·정신적 상태들은 복합적이며, 일반적으로 생리적·심리적·사회적 요소들, 그리고 영적 요소들이 복잡하게 서로 얽혀 있다. 나태는 부지불식간에 경증 우울증으로 변할 수도 있다. 우울증이 영적·도덕적 결함과 무관한 다른 여러 원인으로 발달할 수 있다고 하더라도, 이미 취약성이나 소인이 있는 사람의 경우에는 영적 장애나 도덕적 장애가 발생한 상태가 주요우울삽화의 발달에 일조할 수 있다. 하지만 이 인과관계가 역으로 나타날 수도 있다. 우울증이 나태, 영적 미지근함, 그리고 그 밖의 다른 도덕적 결함의 발생에 영향을 미칠 수 있으며, 그래서 우울증과 나태가 동시에 발견될 수 있다. 그럴 경우 두 상태에 대해 (의학적·심리학적으로, 영적·도덕적으로) 각각 적절한 대응을 하는 것이 중요하다.

우울증과 영혼의 '어두운 밤'

가톨릭 신자들을 비롯하여, 교회의 기도 전통과 신비주의 전통에 익숙한 다른 그리스도인들은 가르멜회의 신비주의자 십자가의 성 요한이 '어두운 밤'으로 묘사한 영적 상태에 대해 알고 있다. 십자가의 성 요한은 이 '어두운 밤'을 영성생활의 진전에 따라 서로 다른 두 단계, 즉 '감각'의 어두운 밤과 '영혼'의 어두운 밤으로 나누어 설명한다. 그런데 간혹 그리스도인들은 이 용어의 정확한 의미에 대한 이해 없이 어떤 영적 시련(기도의 메마름, 의심, 신앙의 어려움, 강한 유혹)이든 대충 영혼의 어두운 밤이라고 부르려고 한다. 필자는 자신의 우울증 증상을 '어두운 밤'으로 여기는 독실한 그리스도인 환자들을 몇몇 평가한 적이 있다. 그들은 자신이 의학적·정신적 질환이 아니라 영적 시련을 겪고 있다고 믿으면서, 약물치료나 심리치료를 받는 것을 종종 주저한다. 그러다가 영적 지도나 기도를 통해 고통에서 벗어나는 데 실패하게 되면, 그들은 절망에 빠질 수 있고 하느님께 버림받았다고 느낄 수도 있다.

십자가의 성 요한이 자신의 저서에서 설명한 감각과 영혼의 어두운 밤은 임상적 우울증과 같은 것이 아니며, 이 두 상태를 구분할 필요가 있다.[29] 두 상태를 적절하게 구분하는 일은 올바른 치료 방법을 찾는 데 도움이 될 것이며, 만약 우울증에 빠진 경우라면 그 환자가 불필요한 고통을 지속할 필요가 없을 것이다.

이제 십자가의 성 요한이 설명한 바에 따라 두 가지 어두운 밤에 대해 간략히 살펴보자. 감각의 어두운 밤은 기도의 메마름, 그리스도의 신비에 대해 상상력을 활용할 수 없는 무능 상태, 영성생활에서 얻는 정서적 만족의 결핍, 기도에의 열정 부족 등으로 특징지어진다. 이 상태에 처해 있는 사람은 그럼에도 하느님과의 일치를 추구하고, 그리스도를 따르는 일에 혼신을 다하며, 영성생활을 포기할 생각을 하지 않는다. 감각의 어두운 밤은 이 점에서 나태나 미지근함 같은 여타 영적·도덕적 문제들과 구분된다. 감각의 어두운 밤은 영성생활의 진전을 시사하는 긍정적이고 정상적인 발달 지표이다. 즉, 이제까지 하느님께 받아 왔던 영적·정서적 위안들이 감각의 어두운 밤을 겪는 동안 모두 철회됨으로써, 쾌락과 자신의 의지에 대한 감각적 집착이 정화 과정을 거치게 되고, 이를 통해 믿음과 희망, 사랑[향주삼덕]이 성장한다. 그리고 이것은 한 영혼이 자신을 조금 더 내려놓고 하느님과 조화를 이루게 되며, 하느님께 사랑으로 헌신하는 데 도움이 된다.

영혼의 어두운 밤은 영성생활의 더 높은 단계에서 일어나며, 깊은 내적 고통과 공허가 엄습한다. 하느님은 이 단계에서 영혼으로 하여금 자신의 내적 혼란과 타락, 그리고 죄에 물든 피조물과 거룩하신 하느님 사이의 무한한 간극을 인식하게 하신다. 이 상태에 들어선 사람은 순수한 신앙 외에는 달리 하느님을 인식할 방법을 갖고 있지 못한데, 심지어 그러한 신앙마저 그에게는 부적절해 보인다. 그러다가 결국 그는 하느님께서 자신을 받아 주시고 용서하실지 의문에 빠질 수 있다. 신학자 케빈 컬리건Kevin Culligan에 따르면 십자가의 성 요한은 이 고통이 바로 "하느님의 자기 소통의 빛, 즉 이제 사람들이 하느님과 자기 자신을 과거에 상상하던 모습이 아니라, 지금 있는 이대로의 모습으로 바라볼 수 있게 해 주는 관상적 지식 때문"이라고 주장한다. 컬리건은 계속해서 "하느님과 자신에 대한 과거의 표상의 상실이 그에게는 분노, 슬픔, 죄책감, 비애 등과 같은 온갖 후속 감정을 수반하는 죽음 체험이다"[30]라고 부연한다.

십자가의 성 요한은 이 두 가지 어두운 밤은 한 영혼에 대한 하느님의 점증하는 자기 소통의 결과이며, 이 소통 안에서 그 영혼이 처음에는 감각적 집착으로부터, 다음에는 영적 집착으로부터 정화되는 과정을 겪는다고 가르친다. 그러한 상태가 그 영혼에게는 어둠처럼 느껴질 수도 있지만, 실은 그 영혼 안에 있는 거룩한 빛이 점점 더 밝아지고 있는 것이다. 실제로 그 영혼은 이제 하느님에게서 더 멀어지는 게 아니라, 더 가까이 다가가게 된다. 마치 어두운 동굴에서 밝은 태양 아래로 나온 사람처럼 최초의 경험은 눈이 부셔 뜰 수 없고 방향 감각을 잃는 것이다.

두 가지 어두운 밤에 대한 설명에는 두 밤 사이에 적어도 하나의 중간 단계가 있음이 은연중에 드러나 있다. 영성생활에서 겪는 이런 단계들을 명확히 설명하고, 우울증과의 관계를 확실히 규명하기 위해서는 두 가지 어두운 밤을 그리스도교 영성 작가들이 흔히 영성생활의 세 가지 '길' 혹은 단계라고 말하는 것들, 즉 정화의 길과 조명의 길, 일치의 길의 맥락에서 살펴보는 게 도움이 될 것이다.[31] 첫 단계인 정화의 길은 그리스도의 제자 됨을 향해 첫발을 내딛는 첫 회개(세례 안에서 성사적으로 이루어진 회개)에서 시작된다. 모든 그리스도인은 세례를 받으며 영성생활을 시작하는데, 이 영성생활의 목표는 다름 아닌 이 지상에서 신앙의 신비에 젖어 드는 관상의 경지에 이르는 것이다. 삼위일체이신 하느님과 충만한 친교를 누리려면, 세속적 물질에 대한 지나친 집착을 떨쳐 버리고 태워 없앰으로써, 하느님 자신이신 무한한 선善을 충만히 즐기고 누릴 만큼 자유로워져야 한다. 이 치유 작업을 기꺼이 받아들이면, 주님은 당신의 선하심과 자비하심으로 그 사람이 믿음과 희망, 사랑, 이 세 가지 덕에서 성장하도록 도우시며, 그 영혼을 이기심과 집착으로부터 정화하신다.

영성생활에서 결정적 순간은 첫 번째 어두운 밤, 즉 감각의 어두운 밤과 함께 찾아오는데, 그것은 영성생활의 두 번째 단계인 조명의 길로 이어진다. 조명의 길은 영혼이 처음으로 하느님에게서 위안을 느끼고, 희망 속에 고양된 느낌을 받는 시기이다. 이 단계에서 그 사람은 기도와 영적 독서, 성사 생활, 그리고 애덕 실천에 강한 열정을 보인다. 또한 하느님의 뜻을 따르면서 거룩한 것들을 소망하고, 죄와 세속적 집착에서 돌아서는 데 거의 어려움을 느끼지 않는다.

이 조명의 시기부터 영혼은 이른바 영혼의 어두운 밤을 겪으며, 세 번째 단계, 즉 일치의 길로 인도된다. 일치의 길은 이 지상에서 그리스도인의 삶이 완성에 이르게 되는 단계이다. 이 시기에 영적 성장은 지속되지만, 성장은 어디까지나 삼위일체적 사랑의 삶과 완벽한 일치를 이룬 안정된 삶에서 일어난다. 신앙의 신비에 젖어 드는 관상은 부족함 없는 사랑, 즉 하느님과 완벽한 일치를 이룬 삶을 낳는다. 이것이 바로 거룩한 삶, 성덕의 삶이다. 모든 그리스도인은 죽음으로 가기 전에 이미 이 완전한 사랑에 이르도록 부르심을 받았다.

일치의 길은 영혼의 어두운 밤을 성공적으로 견뎌 내야 들어설 수 있다. 이 과정에서 영혼은 고독을 겪어 내야 하지만, 그 '고독'(desolation)이 실은 그 영혼을 하느님께 결합한다. 두 가지 어두운 밤을 올바로 이해하려면 두 밤 사이에 나타나는 '위안'(consolation)의 시기,

즉 조명의 길에 주목할 필요가 있다. 여기서 중요한 것은 영성생활의 초기 단계부터 곧장 영혼의 어두운 밤으로 인도되지 않는다는 사실이다. 이 정화 과정으로 인도되기 전에 영혼은 하느님 안에서, 그리고 하느님과 관련된 것들 안에서 먼저 지속적인 깊은 위안을 누린다.

영혼의 어두운 밤을 겪는 동안 영혼이 하느님의 부재를 체험하고, 이로 인해 엄청난 고통을 받는 것은 사실이지만, 감각의 어두운 밤과 영혼의 어두운 밤 사이에는 영적 위안이 존재한다(이에 관해서는 뒤에서 자세히 다룰 것이다). 이 영적 위안의 시기가 우울증과 영혼의 어두운 밤을 구분하는 결정적 요소이다. 우울증에 빠진 사람은 조명의 길에서 주어지는 지속적인 위안을 체험하지 못할 가능성이 크다. 우리는 영성생활의 이런 기본적인 성장 과정을 통해 우울증을 어두운 밤과 구분할 수 있다. 두 가지 어두운 밤은 은총의 역동 속에 있으며, 하느님은 그 역동 속에서 당신과 영혼의 완벽한 일치를 만들어 내신다. 또한 이 전 과정에 걸쳐 사랑이 타오르고 있는데, 그것이 하느님께서 그리스도인을 충만한 삶으로 이끄실 때 나타나는 감각의 어두운 밤과 영혼의 어두운 밤의 표시이기도 하다.

우울증과 어두운 밤의 공통된 요소는 상실감이다. 하지만 그 증상은 서로 다르게 나타난다. 우울증은 정신적·신체적 활동에 대한 정상적인 능력의 상실을 수반하는데, 대인 관계 상실이나 실직 등에 의해 촉발된다. 반면에 감각의 어두운 밤에서 겪는 내적 메마름은 하느님과 관련된 것들과 그 피조물에 대한 기쁨의 상실을 수반하지만, 우울증에서 일반적으로 나타나는 증상인 심란한 기분, 에너지 상실(인지적·운동적 지연), 성욕 감소 등은 수반하지 않는다. 감각의 어두운 밤에 처한 사람들은 기도와 묵상을 위해 자신의 정신적 능력을 발휘하는 데 어려움을 느끼지만, 그 밖의 다른 삶의 분야에서는 집중하거나 결정을 내리는 데 별다른 어려움을 겪지 않는다.[32]

앞서 살펴보았듯이 영혼의 어두운 밤을 겪을 때는 하느님 앞에서 자신의 합당치 못함, 개인적 결함, 도덕적 불완전성, 그리고 자신과 하느님 사이에 가로놓인 깊은 심연 등을 예리하게 의식하게 된다. 그러나 우울증의 전형적 증상인 지나친 죄책감으로 인한 병적 생각, 자기혐오, 극단적인 무가치감, 자살 생각에 시달리지는 않는다. 또한 두 가지 어두운 밤 중 어느 것에서도 식욕 변화, 수면장애, 체중 변화, 그리고 그 밖의 다른 신체적 증상(가령 위장장애, 만성 통증)같이 우울증에서는 흔한 증상이 나타나지 않는다.

케빈 컬리건은 우울증과 어두운 밤의 구분에 관한 논문에서 영적 지도자인 자신의 경험에 근거해 다음과 같이 쓴다.

> 사람들이 자신의 내적 경험에 관해 얘기할 때, 나는 보통 그 얘기에 대한 나 자신의 내적 반응들에 세심한 주의를 기울임으로써 그들이 우울증에 빠져 있는지, 아니면 어두운 밤 속에 있는지 식별할 수 있다. 우울증은 기분 혹은 감정 장애로, 인간관계를 통해 전달된다. 우울증에 빠진 사람은 일반적으로 우울하게 보이고, 우울하게 말하며, 상대를 우울하게 만든다. 우울증에 빠진 사람들이 자신의 고통에 대해 토로하는 것을 듣고 나면, 나는 마치 그 사람의 낙담한 기분에 감염된 것처럼 스스로 무력감과 절망감을 느끼게 된다. 나는 또한 실제로 우울증에 빠진 사람들의 특징인 '자신에 대한 심한 거부와 증오'에 대해 자주 측은

한 마음이 든다. 반면 감각과 영혼의 어두운 밤에서 오는 메마름에 대해 묘사하는 사람들의 얘기를 들을 때는 좀처럼 울적함을 느끼지 않는다. 그 대신 그들이 영적 정화 과정을 거치며 고통스러워하는 것에 연민을 느끼며, 동시에 하느님께서 원하시는 모든 것을 다하기 위한 그들의 헌신에 감탄과 존경을 느낀다. 사실 그런 순간들에 나는 나 자신이 활력으로 충만해지는 듯한 느낌을 받는다. 하느님께서 어둠을 통해 사람들의 영혼을 강하게 단련시키시는 것이 그대로 내게도 이루어지는 것처럼 느껴진다.[33]

지금까지 정화의 길과 조명의 길 사이, 조명의 길과 일치의 길 사이의 전환기에 발생하는 두 가지 어두운 밤에 관해 살펴보았다면, 이제 우리는 또 다른 어두운 밤, 즉 영성생활의 더 높은 단계로 오르기 위해 일시적으로 거치는 밤이 아니라, 영성생활의 지고의 단계에 속하는 어두운 밤을 알아야 한다. 완전한 일치의 삶에서 하느님과 일치를 이루는 방식 중 하나는 십자가의 어둠 속에 계신 예수 그리스도와의 일치이다. 성모 마리아께서 당신 아들의 십자가 발치에서 신비적인 슬픔 속에, 공동 구속적인 슬픔 속에, 그리스도의 슬픔에의 깊디깊은 참여에서 비롯된 슬픔 속에 겪으신 어두운 밤이 바로 이런 일치이다. 이 슬픔의 어두운 밤이야말로 그리스도의 신적 사랑의 표현 외에 다른 것이 아니기에, 이 슬픔에서 하느님의 어머니와 거룩한 아들 사이의 더욱 깊은 일치가 이루어진다.

이러한 어두운 밤에 관한 현시대의 훌륭한 예가 (성인의 지위에 오르기 위해 필요한 어두운 밤과는 대조되는 것으로서) 콜카타의 성

마더 데레사St. Mother Teresa of Calcutta가 겪은 어두운 밤이다. 우리는 그녀가 겪은 것과 우울증이 어떻게 다른지 살펴볼 필요가 있다. 마더 데레사가 세상을 떠난 뒤, 그녀가 40년 가까이 깊은 영적 어둠 속에 있었다는 사실이 알려졌고, 이에 대부분의 사람들이 놀라움을 금치 못했다. 왜 그렇게 많은 사람들이 충격을 받았을까? 그녀는 늘 기뻐했고 유쾌했기 때문이다. 그녀는 열정으로 충만했고, 놀라운 에너지와 카리스마로 가난한 이들 중 가장 가난한 이들을 위한 자신의 기도와 활동에 수많은 사람을 불러 모았다. 그런 그녀가 개인적인 편지에서 자신이 여러 해 동안 어두운 밤을 심각하게 겪었다고 분명히 밝혔다. 그러나 그녀는 우울증과 거리가 한참 멀었다. 그녀를 만난 사람이라면 누구나 그녀가 전염성이 있는 기쁨, 곧 그녀 주위에 있는 사람들에게 하느님의 현존을 전해 주는 기쁨을 늘 발산했다고 증언할 수 있을 것이다. 또 우리는 그녀가 자신의 영혼에서 하느님의 부재를 느끼면서 체험한 슬픔이 바로 십자가에서 비롯된 신비적인 슬픔, 그리스도인 특유의 슬픔이라고 감히 말할 수 있을 것이다. 그것은 그리스도께서 몸소 겪으신 슬픔에 대한 참여이며, 그 슬픔 안에서는 기쁨과 슬픔이 다 함께 십자가상에서 드러난 신적 사랑의 표현이기에, 서로 대척점에 있지 않고 함께 어울리게 된다.

이 책에서 앞서 논의한 다른 모든 영적·심리적 상태와 마찬가지로, 실제 사례에서 건강한 것과 아픈 것 사이, 한 장애와 다른 장애 사이, 온전히 영적인 상태와 온전히 심리적인 상태 사이에 언제나 분명한 경계가 있는 것은 아니다. 인간의 본질적인 통일성으로 인해 우리의 영적·정신적 삶은 서로 뒤얽혀 있으며, 우리의 구체적인 경험도 신학이나 심리학 교과서에서 말하는 범주에 항상 말끔하게 맞아떨어지는 것이 아니다. 한 사람이 영성생활 중에 어두운 밤을 겪을 수도 있고, 동시에 우울삽화를 겪을 수도 있는 것이다. 그럴 때는 영적 투쟁과 의학적·심리적 상태에 모두 다 주의를 기울여야 한다.

요컨대 우울증의 증상들은 단지 영적 쇠약의 징후이거나 하느님께서 주신 시련이라고, 누구의 도움도 없이 혼자 겪어 내야 할 것들이라고 기계적으로 주장하는 것은 그리스도교 신앙의 관점에서 볼 때 잘못된 소리이며, 도움을 청하여 우울증에서 벗어나는 과정을 지연시킬 수 있다. 필자의 경험에 따르면 영성생활은 종종 치료받는 과정에도 성장한다. 의학적·심리적 도움을 구하는 가운데, 한 사람이 겸손의 덕 안에서 성장하고, 자기 인식이 심화되며(이것은 심리치료의 중요한 요소이다), 우울증 증상이 개선되고, 기도 생활도 좋아지는 기회를 맞을 수도 있다.

이 모든 것을 고려할 때 우울증에 빠진 사람에게 전문가의 의학적 도움이 절실히 필요하다는 인식과 더불어 반드시 잊지 말아야 할 것은, 누군가가 아무 잘못 없이 고통을 겪고 있을 때는 그가 예수 그리스도께서 십자가상에서 들어가신 그 어둠에 참여하고 있다는 사실이다. 다시 말해 끝이 안 보이는 우울증의 정신적인 고통에는 그리스도께서 온 세상 고통의 밤으로 들어가셨다는 관점에서만 이해할 수 있는 일종의 어두운 밤이 존재한다. 그러한 우울증에 시달리고 있는 사람의 고통은 지금껏 헛된 것이 아니었다.

영적 고독과 영적 식별

로욜라의 성 이냐시오는 영성생활에서 '위안'(consolation)과 '고독'(desolation)이라고 부르는 두 가지 근본적인 움직임을 인식한다. 이것들을 이해하면 우울증을 탐색하는 데 도움이 될 수 있다. 위안은 삶에 활력과 에너지를 주면서, 기쁨과 평화를 북돋우고 심어 주는 움직임이다. 반면에 고독은 불안을 일으키고, 의욕을 꺾으며, 슬프고, 무겁고, 초조한 움직임이고, 삶의 에너지를 빼앗아 가는 움직임이다. 현대의 한 연구에 따르면 예수회의 설립자이자 『영신수련』*Spiritual Exercises*의 저자인 성 이냐시오는 모든 위안과 고독이 엄밀하게 영적 기원을 가진 것은 아니라는 것을 관찰함으로써, 영적인 것과 비非영적인 것의 차이를 추정했다.[34] 심지어 깊은 고독에도 비영적 원인이 있을 수 있다. 그러나 성 이냐시오는 비영적 고독(예컨대 우울증)이 영적 고독에 일조할 수 있고, 그 반대도 가능함을 인정한다. 앞서 살펴보았듯이 실제 사례에서 깔끔한 구분이 항상 가능한 것은 아니다.

또한 성 이냐시오는 영적 위안과 영적 고독을 유발하는 두 가지 '영', 선한 영과 악한 영을 인식한다. 악한 영은 하느님을 향한 움직임을 약화하거나 좌절시킨다. 그의 가르침에 따르면 악한 영은 이런 일을 불안을 일으키는 '괴롭힘'(biting), 슬픔, 장애물, 그리고 영혼의 안정을 어지럽히는 '거짓 이유'를 통해 벌인다. 반면에 선한 영은 용기와 힘, 위로와 눈물, 영감, 그리고 마음의 '고요'를 통해 하느님을 향한 움직임을 격려하고 강화한다. 영적 식별의 전반적인 목적은 악한 영과 선한 영의 움직임을 인식하고 이해함으로써 악한 영에 대해서는 저항하고 거부하고, 선한 영은 환영하고 수용하기 위함이다.

영적 여정에는 근본적으로 두 가지 방향이 있을 뿐이다. 하나는 하느님을 향한 방향이요, 다른 하나는 하느님에게서 벗어나는 방향이다. 한 사람의 영성생활에서 그 움직임을 살펴보면 선한 영과 악한 영이 서로 다르게 작용하고 있을 것이다. (그리고 언제나 서로 대척점에 있을 것이다). 예를 들어 그가 대죄 상태에서 하느님에게서 벗어나고 있다면, 악한 영의 목표는 거짓 이유를 들어 그를 위로함으로써 그가 그 길로 내달아 지옥에 떨어지게 만드는 것이다. 반면 선한 영은 그의 도덕적 양심을 끊임없이 자극하여 회개하도록, 하느님을 향한 길로 돌아오도록 도와주는 '괴롭히는 영'의 역할을 할 것이다. 이런 식으로 우리는 예수님을 부인한 사도 베드로의 슬픔과 눈물에서 선한 영이 작용하고 있는 것을 볼 수 있다. 사도 베드로의 슬픔은 더없이 선한 것이었고, 값진 회개의 열매를 맺었으며, 또한 그저 잠시뿐이었다.

이런 맥락에서 성 이냐시오는 양심의 가책을 환영하라고, 죄가 만들어 낸 슬픔과 비참을 인식함으로써 그 악한 곳을 떠나 주님께로 향하라고 요청한다. 이런 유형의 고독은 정화 작용을 하는 것이며, 성 이냐시오의 도식에 따르면 이는 '영신수련'의 첫째 주간에 일어난다.

하지만 우리가 주님께로 향할 때는 두 영의 움직임이 바뀌게 된다. 이제 악한 영이 괴롭히기 시작하는데, 슬픔과 자기혐오, 거짓 이유로 우리를 좌절시켜 하느님을 향한 길을 벗어나게 한다. 반면 선한 영은 평화와 기쁨, 격려를 가져다주며 우리가 올바른 길을 계속 걷도록 힘을 준다. '영신수련'의 '둘째 주간'에 해당하는 이 단계에서, 우리는 영적 위안의 시기를 누릴 수 있어야 한다. 우리가 이전에 죄 중에 있을 때, 영적 고독은 하느님께로 돌아서게 하는 자극으로 받아들여져야 했다. 하지만 우리가 돌아서서 하느님을 향해 움직이기 시작할 때, 그때는 주님께서 위안을 보내신다. 그러므로 이 단계에서 영적 고독은 하느님이 아닌 악한 영에서 오는 것이며, 선한 영에서 오는 위안을 방해하거나 무산시키려 한다. 우리는 그 악한 영을 인식하고, 그 정체를 파악하여, 저항해야 한다.

그러니 둘째 주간에 영적 고독은 포용할 대상이 아니라, 우울증처럼 거부해야 할 대상이다. 그 목적이 우리를 좌절시켜 하느님께 이르는 길에서 벗어나게 하는 데 있으므로, 그것은 하느님께서 바라시는 고독이 아니다. 주님은 그 시련을 허락하시어, 우리가 당신의 사랑에 온전히 자신을 맡기고 시련 중에 당신께서 베푸시는 충만한 은총에 협력함으로써 그 고독과 싸워 극복하도록 하신다. 우리가 언제나 제 십자가를 지고 예수님을 따르려고 분투해야 하지만, 모든 고통이 예수님의 십자가와 결합될 수 있고 또 결합되어야 하지만, 그럼에도 우리 그리스도인이 잊지 말아야 할 것은 우리에게 닥친 모든 십자가가 주님께서 일부러 의도하신 것은 아니라는 점이다.

성 이냐시오는 시련이나 고통의 시기가 주의 깊은 식별의 대상이 되어야 한다고 충고한다. 성 이냐시오가 '우리 인간 본성의 적'이라고 부른 악마는 하느님을 찾는 우리를 좌절시키고 하느님에게서 멀어지게 만들 목적으로 자신이 만든 온갖 '십자가'를 우리 위에 쌓아 올리려 할 것이다. 우리가 지고 가야 할 유일한 십자가는 언제나 생명을 주고 언제나 그리스도와의 더 깊은 결합을 가져오는 예수님의 십자가뿐이다. 마더 데레사가 지고 갔던 심오하고도 강렬한 십자가는 그녀 안에 우울증이 아니라 기쁨이 생겨나게 했다. 우리는 여느 고독은 물론, 영적 고독도 매번 예수님이 직접 의도하신 것이라고 기계적으로 추정해서는 안 된다. 그것은 우리 자신의 영적 상태에 따라 악한 영에서 올 수도 있으며, 그때는 저항해야 한다.

우리가 느끼고 있는 어둠이 하느님께서 우리를 사랑의 일치 안에서 당신께로 더 가까이 이끄시기 위해 직접 계획하신 것인지, 혹은 그 어둠이 어디선가 다른 곳에서 온 것인데 (당신과의 일치를 위해) 단지 허락하신 것인지 그 여부를 알기 위해 우리는 유능한 영적 지도자의 도움을 받아 이를 면밀히 식별해야 한다.

그리스도의 십자가에 참여한다는 것은 어쩌면 자신의 우울증을 치유하기 위한 고된 작업을 기꺼이 받아들이는 것과 다를 바 없다. 우울증을 치유한다는 것은 정말 좋은 일이다. 하느님은 선하신 분으로, 우리가 당신의 사랑을 받지 못하게 하거나, 당신과 타인을 사랑하지 못하게 하는 우리 안의 모든 것을 치유해 주기를 원하신다. 이처럼 영성생활의 모든 단계(정화, 조명, 일치)가 사랑과 관련되어 있다.

위안과 고독이 어디에서 온 것인지 더 잘 식별하기 위해 불륜 관계에 빠진 두 사람의 상황을 예로 들어 보자. 그들은 하느님에게서 벗어나게 되는 길에 들어서 있다. 그 죄스러운 관계에 있는 동안 그들은 비영적인 위안과 정서적·육체적 쾌락을 느낄 것이다. 동시에 그들은 불륜을 숨기고, 각자의 배우자에게 거짓말을 하고, 삶의 위선과 공허를 느끼면서 고독을 경험할 것이다. 그들의 양심은 괴로울 것이고, 그들에게 고통과 불안, 죄책감, 그리고 아마도 깊은 슬픔을 안겨 줄 것이다. 악한 영이 그들을 부추기고 유혹하여, 거짓 이유로 자신들의 죄를 합리화하고 불륜을 지속하게 할 것이다. 반면 선한 영은 그들의 양심을 찔러 대며 자극할 것이다.

그들이 불륜 관계를 끝내고 회개 속에 주님께로 돌아서기로 했다고 가정해 보자. 그들은 아마 그 관계의 상실에 대한 슬픔과 비탄을 느끼며 큰 고독을 겪을 것이다. 그들은 [자신들로 인해] 타인들이 겪을 고통을 걱정할 것이다. 그러나 그들의 도덕적 양심은 평화로울 것이다. 동시에 그들은 하느님이 자신들을 용서하실지 의문에 빠지며 영적 고독을 경험할 것이다. 그들은 차라리 불륜으로 돌아가서 자신들이 저지른 일에 대해 절망하며 자기혐오에 젖어 살고 싶은 유혹이나, 주님의 자비하심과 선하심을 의심하고 싶은 유혹을 받을 것이다.

여기서 주목해야 할 것은, 이런 유형의 영적 고독은 그들이 회개하여 주님께로 향하지 못하도록 힘을 빼는 것을 목표하고 있다는 점이다. 아마 성 이냐시오라면 좌절과 자기혐오, 절망을 느끼는 이 고독은 그들이 주님을 향해 나아가지 못하도록 막는 악한 영에서 전적으로 온 것이라고 말할 것이다. 반면 선한 영은 그들을 격려하려 할 것이다. 또한 그들에게 주님의 위대한 사랑과 용서에 관해 일깨우며, 주님께서 그들의 선택에 얼마나 기뻐하고 고마워하실지, 그리고 주님께로 가는 길을 계속 걸으면 어떤 아름다운 것을 받을 것인지 상기시켜 줄 것이다. 요컨대 대죄 중에 있을 때 영혼은 선한 영에서 오는 고독에 귀를 기울여야 하고, 대죄에서 벗어나 주님을 향해 가고 있을 때는 악한 영에서 오는 고독에 저항해야 한다.

영혼이 이와 같은 초기의 정화와 위안을 거쳐 더 큰 완전성에 도달할 때, 주님은 이어서 그 영혼을 '셋째 주간'으로 이끄신다. 이 주간에는 묵상이 주님의 수난에 집중된다. 이냐시오 성인은 여기서 우리에게 어떤 놀랄 만한 일에 착수할 것을 요청하는데, 그것은 바로 주님께서 수난 중에 느끼시고 겪으셨던 바를 함께 느끼고 겪을 수 있는 은총을 청하는 일, 그리고 그리스도의 고통과의 '정서적 공명'(emotional resonance)과 그 고통에의 참여를 원하며 기도하는 일이다. 이에 대해 이냐시오 성인은 다음과 같이 쓴다. "그리스도의 수난 안에서, 슬픔 중에 있는 그리스도와 함께 슬퍼하고, 고뇌에 빠진 그리스도와 함께 고뇌하게 되기를 청하며, 그리스도께서 나를 위해 겪으셔야 했던 엄청난 고통 앞에서 눈물과 깊은 비통함을 청하는 것이 올바른 자세이다."[35]

십자가의 성 요한의 가르침에서 이미 언급했듯이 예수님은 한 영혼이 당신의 슬픔에 신비적으로 참여하기 전에 반드시 먼저 당신의 위로를 베풀어 주신다. 성 이냐시오의 말을 빌리자면 먼저 둘째 주간(영적 위안)을 거치지 않고서는 셋째 주간(그리스도 고통에의 참여)으로 갈 수 없다.

20세기 저명한 신학자 한스 우르스 폰 발타자르는 그리스도인이 십자가에 참여하는 데는 세 가지 기본 '원칙'이 작동한다고 보았다.[36] 그는 세 원칙을 불안에 관해 논증하며 제시했으나, 이는 슬픔에도 적용될 수 있다. 첫째, 예수님의 십자가와 부활은 궁극적으로 슬픔으로부터의 자유를 가져다주는데, 죄와 죽음의 권세는 끝내 정복되기 때문이다. 둘째, 그리스도의 고통에 참여하면 그리스도와 자신 간의 차이를 절실하게 자각하게 된다. 십자가의 성 요한이 묘사한 영혼의 어두운 밤에서 그렇듯이, 이는 오직 한분이신 하느님이 계실 뿐이며, 나는 그분이 아님을 분명히 상기시켜 준다. 셋째, 영혼은 영적 위안의 단계를 거치지 않고서는 신비적 고통으로 인도되지 않는다.

지금까지 살펴보았듯이 우울증은 나태, 어두운 밤, 영적 고독과 구분되어야 한다. 우울증이 다른 영적 상태들과 혼동되어서는 안 되겠지만, 한 사람의 영적·도덕적 삶에 영향을 미치는 것은 분명하다. 이 점이 바로 우리의 다음 주제이다.

영적·도덕적 삶에 미치는 우울증의 영향

한 사람이 우울삽화의 절정에 있을 때는 기도하거나, 하느님의 현존에 대한 의식을 유지하거나, 타인에게 애덕을 실천하거나, 하느님을 깊이 신뢰하는 것이 점점 더 힘들어진다. 우리가 1장에서 논의했듯이 우울증은 한 인간에 대해 전인적 차원에서, 즉 인식, 생각, 감정, 의지, 행동 등의 전반에 걸쳐서 영향을 미친다. 우울증에 빠진 사람은 기도의 실천을 포기하고 싶은 유혹을 받을 수 있으며, 하느님과 관련된 것들에 대해 집중하거나 초점을 맞추지 못하고, 그리스도와 어떤 내적 교감도 유지하지 못하여 좌절할 수 있다. 또한 동기부여 결여와 어떤 활동(전례와 소리기도, 묵상기도 등)에서도 쾌감을 느끼지 못하는 불능 상태가 그런 실천들이 무가치하다는 느낌이나, 하느님께서 자신을 버리셨다는 느낌으로 발전할 수도 있다.

한 사람이 우울증에 빠졌을 때 중요한 것은, 우리의 영혼에 하느님께서 현존하신다는 것은 우리의 주관적 상태나 내적 경험과 무관한 엄연한 객관적 사실임을 기억하는 일이다. 만약 세례를 받은 사람이 자신의 대죄를 고백하고 사함을 받아 은총의 상태에 있다면, 성령께서 그 사람의 영혼에 현존하신다. 그 사람은 자신이 무엇을 느끼고 있든 상관없이 그리스도 신비체의 한 지체로서 그분과 객관적으로 결합되어 있다. 어떤 형태의 내적 고통을 겪고 있든, 그 고통이 얼마나 극심하며 얼마나 괴로운 것이든 상관없이 이 객관적 사실을 없애지는 못한다. 하느님은 우리를 포기하지 않으신다. 의지적이고 고의적인 죄들을 저질러서 하느님을 저버리는 것은 바로 우리이다.

그리스도교 이전의 고대 철학자들만 아니라, 이후의 그리스도교 철학자들도 정서적 삶이 도덕적 삶과 긴밀한 관련성이 있다고 보았다. 또한 그리스도교 교리는 슬픔과 공포, 분노 등과 같은 정서를 경험하는 것은 그 자체로 죄스러운 것이 아니라고 가르친다. 우리의 정서는 (내적·외적 행동을 유도하거나 억제하기 때문에) 도덕적 삶의 '원재료'에 속하지만, 정서 자체는 도덕적으로 중립이다. 예를 들어 공포는 우리를 뒤로 움츠리게 하거나 달아나게 하고, 욕망은 우리를 욕망하는 그 대상으로 다가가게 한다. 그러나 그것은 경향일 뿐이고, 우리는 언제나 그에 반하는 행동을 선택할 수 있다. 여기서 도덕적으로 적절한 질문은 '나는 무엇을 느끼고 있는가?'가 아니라, 오히려 '나는 이 느낌을 가지고서 무엇을 할 것인가?'이다. 우리가 그 정서에 어떻게 반응하느냐에 따라, 선한 도덕적 행동 패턴(미덕)이나 악한 도덕적 행동 패턴(악덕)을 강화하는 계기가 될 수 있다.

그러므로 단순히 우울증이나 그 밖의 다른 신체적·정서적 상태를 경험하고 있다고 해서 죄를 짓고 있는 것은 아니다. 우울증에 빠진 사람이 자신의 우울증적 경향에 저항하는 것을 선택한다면, 예를 들어 가족을 부양하려고 어쨌든 일터에 나가거나 유능한 의사에게 도움을 구한다면 그것은 정말 인정할 만한 도덕적 행동이 된다. 우울삽화를 겪으며 투쟁하는 것은 단지 하루하루를 버텨 내려 노력하는 것만으로도 영웅적인 덕을 실천하는 기회가 될 수 있다. 반면에 악한 행동(약물 남용, 음란물 시청, 자신이나 타인에 대한 위해 행위)을 함으로써 우울한 생각과 감정에 굴복하는 것은 악덕으로 이어질 수 있으며, 분명 우울증도 더 악화될 수 있다.

앞에서 언급한 바와 같이 '우리가 어떻게 행동하는지' 역시 '우리가 어떻게 느끼는지'에 영향을 미친다. 우리가 시간이 흐름에 따라 내린 선택들은 우리의 특징적인 정서적 반응을 형성한다. 곧, 반복되는 덕행은 그 행위자가 어떻게 느끼는지를 시간이 흐름에 따라 변화시킬 수 있다. 문제가 있거나 장애가 생긴 정서에 대항하여 미덕을 개발하는 이런 접근 방식은, 정확히 아리스토텔레스나 성 토마스 아퀴나스 같은 사상가들이 취한 방식이다. 여기서 중요한 것은 도덕적 행위에 대한 한 사람의 책임은 병리적인 정서 상태를 포함한 다양한 요인으로 경감될 수 있음을 언급하는 일이다. 그러나 이것은 악한 행위를 상황에 따라 선한 것이라고 말할 수 있다는 의미가 아니다. 이것은 한 사람의 잘못된 행위도 상황에 따라 책임의 정도가 다를 수 있다는 의미이며, 실제로 책임이 전혀 없을 수도 있다. 우울증의 비극 중 하나는 인간의 자유로운 행위 능력을 옴짝달싹 못 하게 묶는 것이며, 그래서 행위에 대한 책임이 경감될 수 있는 것이다.

7장과 8장에서는 우울증 시기에 영성생활을 어떻게 유지하고 성장시킬 것인지에 대한 추가적인 조언이 제공될 것이고, 구체적으로 우리는 기도, 성사, 금욕적 실천이 한 사람이 우울증에서 회복하는 데 어떻게 도움이 되는지 논의할 것이다. 이 질환은, 현재로서는 우리가 이해할 수 없는 이유로 하느님께서 허락하신 하나의 시련이요 십자가이다. 그리스도교 신앙은 이 고통이 우리 주님의 십자가상 고통과 결합되면 구속적 가치를 얻을 수 있다고 가르친다. 우리 주님은 고통 중에 있는 사람을 포기하신 적이 없고, 또 포기하시지도 않을 것이다. 사실, 인간은 고통을 통해 그리스도와 더 깊이 결합될 수 있으며, 그로써 거룩하게 성장할 수 있다.

· 3 ·

우울증과 관련 장애

사람들이 우울 증상을 겪을 때 정신의학적 도움을 구하는 데는 많은 이유가 있다. 1장에서 살펴보았듯이, 여러 의학적 질환에서 우울증의 전형적인 증상과 겹치는 증상이 나타날 수 있다. 일반적인 의학적 조건과 우울장애 사이에는 종종 복잡한 상호작용이 존재하며, 가장 효과적인 치료와 최상의 결과를 보장하려면 신체적 건강과 정신적 건강을 함께 평가해야 한다. 게다가 우울 증상은 흔히 순수한 형태로 발견되지 않는다. 불안장애와 동시에 발생하기도 하고, 종종 약물 및 알코올 남용 문제와 관련되어 나타나기도 한다. 물론 어떤 다른 증상이나 행동 문제를 수반하지 않는, 순수하게 '교과서적'인 주요우울장애 사례도 분명 존재한다. 그렇지만 대부분의 사례는 더 복잡하기 마련이다.

그뿐 아니라 실은 주요우울장애가 아님에도 우울 증상을 보이는 다른 정신 질환까지 있다. 우울증을 평가할 때 배제해야 할 가장 중요한 정신의학적 조건은 양극성장애라고 하는 또 다른 기분장애이다. 우리는 이 장에서 우선 양극성장애(조울증)와 단극성장애(주요우울장애)를 구분하는 데 주요 관심을 기울일 것이다.

양극성장애

우울증 치료를 시작하기에 앞서 우선 중요한 것은, 복잡한 양상을 보이며 종종 엄청난 손상을 입히는 질환인 양극성장애(bipolar disorder)를 배제하는 일이다. 여기서 '양극성'이란 것은 '단극성' 우울증(unipolar depression) 및 주요우울증과 동일하게 볼 수 있는 우울삽화(depressive episode)와 조증삽화(manic episode, 혹은 조증 증상이 뚜렷하지 않고 장애가 나타나지 않은 상태인 '경조증')라는 두 가지 대조적 특징을 의미한다.

'양극성'이란 용어는 한 사람이 기분의 연속선상에서 언제라도 한쪽 끝이나 다른 한쪽 끝에, 즉 조증 상태나 우울증 상태에 놓이는 경우를 의미한다. 이런 경우는 흔히 있지만, 조증과 우울증 증상이 동시에 발생할 수도, 즉 조증과 우울증 상태가 소위 '혼합되어' 나타날 수도 있다. 이런 이유로 이 장애의 옛 이름인 조울증(manic-depressive illness)이 더 정확한 이름이라고 생각한다. 조증삽화와 우울삽화는 기분안정제를 사용하여 지속적으로 충분히 치료하지 않으면 재발하는 경향이 있다. 증상과 삽화가 나타났다가 사라졌다가 할 수 있으며, 그 사이에 환자는 정상적인 기분과 기능을 유지하는 시기를 경험할 수도 있다.

조울증은 어떤 경고도 없이 보통 십 대 후반이나 이십 대 초반에 시작되어 젊은이의 삶을 가로막는 질병이다. 이 질병은 일반적으로 끈질기고 만성적이며, 폭풍처럼 다가와서 물러나며 많은 잔해를 남길 수 있다. 또한 기분과 정신 에너지를 담당하는 뇌 영역의 조절 장애 같은 생물학적 요인을 수반하며, 이 요인은 다시 이상 반응, 생활 장애 같은 심리적·사회적 요인과 상호작용을 한다. 양극성장애에는 매우 강한 유전적 요인이 관여하고 있는데, 그 관여의 정도가 조현병이나 우울증의 경우보다 훨씬 더 강하다.

우울증과 구분되는 양극성장애의 전형적 특징은 조증이다. 조증은 사람이 비약적 사고, 과대한 망상, 말이 많고 빨라 멈추기 어려운 언어 압박, 과도한 신체적·정신적 에너지, 극단적 초조, 건전한 판단의 상실을 경험하는 혼돈 상태이다. 이런 조증 상태에 빠지면, 몇 시간만 자고도 며칠간 버틸 수 있으며, 그러면서도 피곤을 느끼지 않는다. 조증에 빠진 사람은 일반적으로 다행감(과장된 행복감)을 느끼며 혼란스러운 에너지에 차 있다. 그러나 때로는 다행감이나 고양된 기분에 취해 있기보다, 고조된 과민성을 경험하기도 하고 지나치게 쉽게 화를 내기도 한다. 조증에 빠진 사람은 또한 법적 문제를 일으키기도 하고, 어리석은 일에 가진 돈을 전부 다 써 버리기도 하면서 합리적인 사고 능력에 장애를 보인다. 조증 상태는 보통 일주일이나 그 이상 지속되며, 그러다가 갑작스레 중증 우울증의 나락으로 떨어지고는 한다. 양극성장애에서 자살은 조증과 우울증이 혼합된 상태만 아니라, 우울증 상태에서도 흔히 발생한다. 비극적인 일이지만 양극성장애를 겪고 있는 환자의 절반이 자살을 시도하며, 여섯 명 중 한 명이 결국은 자살로 생을 마감한다.

조증 증상이 완전히 진행되면 그 상황이 극적이며 명백하다. 환자가 너무나 평소답지 않으면서 명백히 비정상적인 방식으로 생각하거나 행동하고 있음을 가족이나 친구들이 즉시 알아챌 수 있다. 완전히 진행된 조증 증상을 처음으로 겪을 때, 환자를 입원시켜 안전히 보호하고 기분안정제로 치료하기 시작하는 것이 합당한 조치이다. 그러나 조증 증상이 뚜렷하지 않으면 기분장애를 평가하고, 양극성장애와 우울증을 구분하는 것이 훨씬 더 어렵다. 정신과 의사들이 '제2형' 양극성장애로 분류하는 것은 정상 기능에 장애를 일으킬 정도로 심각하지는 않은 약한 '경조증' 증상이 그 특징이다. 이런 조증 증상은 더 미묘하고 포착하기 어렵지만, 정확한 진단을 내리는 것이 매우 중요한데, 주요우울증 치료와 양극성장애의 우울삽화 시기를 위한 치료가 다르기 때문이다. 사실 고전적인 항우울제로 양극성장애 환자를 치료하는 것은 일반적으로 효과가 없을 뿐 아니라, 조증 증상이나 혼합 증상을 촉발할 수 있고, 그로써 환자의 상태를 악화할 수도 있다.

필자는 고질적인 중증 우울삽화로 40년간 고통을 받아 온 한 50대 환자를 치료한 적이 있다. 그는 필자와 치료에 들어가기 바로 전해에 몇 차례 병원에 입원한 것을 포함하여, 총 20여 차례 병원에 입원하여 치료를 받았다. 그는 이미 여러 번 자살 시도를 했고, 필자를 처음 찾아왔을 때도 자살 생각이 있었다. 그 환자는 지난 몇 년간 여러 항우울제를 복용해 보았지만 고통에서 벗어나는 데 거의 혹은 전혀 도움이 되지 않았다. 최근에는 전기경련치료(ECT, 이 책 2부에서 논의할 것이다)도 받았지만 역시 아무 소용이 없었다. 그는 전기경련치료의 부작용으로 단기기억 장애를 겪기 시작했고, 그 치료를 중단하기로 했다. 그의 실망감과 절망감이 얼마나 컸을지 겨우 짐작만 할 따름이다. 그는 정신의학적 치료를 마지막으로 한 번 더 시도해 보기로 결심하고, 한 친구의 추천으로 필자를 만나러 왔다. 그는 몇 달 동안 자살을 생각해 왔고, 우울증에서 조만간 해방될 수 없다면 자살을 하리라고 마음먹었다. 첫 회기에 그 신사는 만약 우리가 우울증을 치료할 어떤 돌파구를 찾아낼 수 없다면, 스스로 목숨을 끊을 것이라고 밝혔다.

필자는 그의 복약력을 다시 검토했고, 그가 충분한 처치를 받았으며 잘 알려져 있는 모든 계열과 유형의 표준적인 항우울제를 적절한 양으로 복용해 왔음을 발견했다. 그가 전기경련치료에 실패했으며, 또 심리치료나 입원도 소용없었다는 사실을 고려할 때 그가 아직 시도해 보지 않은 것 중에서 그에게 제공할 수 있는 선택지는 거의 없어 보였다. 그런데 그의 두툼한 의무 기록을 검토하다가 (병원과 외래 의원 모두에서) 정신과 의사들이 그를 하나같이 주요우울장애로 진단했다는 사실이 드러났다. 그렇지만 특히 그가 항우울제로 치료를 받는 동안, 포착하기 힘들지만 경미한 조증을 시사하는 인지적 증상(비약적 사고, 내적 동요 등)을 겪은 시기들이 간헐적으로 짧게 있었다. 이것은, 그 증상과 행동이 극적이며 쉽게 관찰될 수 있는 교과서적 양극성장애와 거리가 멀었다. 그래서 필자는 아마 그가 잘못된 진단을 받아서 항우울제 치료에 실패했을 것이라는 가설을 세웠다. 증세가 미묘하고 분명하지 않았지만, 어쩌면 그는 간헐적이나마 경미한 혼합 증상 혹은 경조증 증상을 보이면서 95%에 달하는 대부분의 시기를 우울 상태로 보내는 양극성장애 환자일 수도 있었다. 필자는 그에게 양극성장애의 치료를 위해 표준적인 기분안정제로 치료를 시작할 것과 항우울제 복용을 중단할 것을 제안했다.

그는 2주 뒤 치료실에 다시 왔다. 여전히 살아 있었고, 다행스럽게도 많이 호전되어 있었다. 그는 자신이 느끼기에 지난 10년간 받은 처방 중 최고라고 말했다. 그 주에 그는 자살 계획을 실행에 옮기지 않기로 결심했고, 그 후 몇 주간 그의 우울 증상은 계속 개선되었다. 그는 지금까지 여러 해 지나도록 그 약물의 도움으로 좋은 기분을 안정되게 유지하고 있고, 그 약물이 자신의 생명을 구하고 있다고 믿고 있다. 이 사례는 정확한 진단과 기분장애 유형의 정확한 구분의 중요성을 잘 보여 준다.

일반적으로 일차진료 의사는 우울증에 비해 양극성장애를 진단하고 치료한 경험이 많지 않다. 그래서 가능하면 내과의나 가정의보다 정신과 의사와 먼저 상담하는 것이 좋다. 물론 지역에 따라 정신과 의사나 그 밖의 다른 전문가가 부족한 경우도 있다. 그런 경우에는 의학적 치료를 전적으로 포기하는 것보다 일차진료 의사에게 치료받는 것이 더 좋은 대안임은 분명하다.

물질 남용

지금까지 우울증을 진단하기 전에 배제해야 할 한 가지 중요한 질환에 대해 간략하게 살펴보았다면, 이제 우울증과 관련된 두 가지 가장 흔한 유형의 장애, 즉 물질 남용과 불안장애를 다시 간략하게나마 살펴보자. 약물 및 알코올 중독에 대한 자세한 설명은 이 책의 범위를 넘어서는 것이며, 앞으로 나올 책의 주제가 될지도 모른다. 과도한 알코올 사용이 어느 시점에 '문제성 음주'가 되고, '알코올 중독'을 정확히 어떻게 정의할지는 의료 전문가와 정신 건강 전문가 사이에서 논쟁거리이다. 문제성 음주는 온갖 형태로 나타날 수 있고, 과도한 알코올 섭취는 (발작과 간경변 같은 의학적 장애에서부터 직업 문제나 대인 관계 문제에 이르기까지) 갖가지 문제를 일으킬 수 있다. 마찬가지로 약물 사용과 관련된 (길거리[불법] 약물의 사용, 처방약의 남용을 포함한) 문제도 무수히 많고 다양한 데다가 널리 알려져 있다. 생활과 행동의 전환 및 '회개'를 촉구하고 격려하는 '익명의 알코올 중독자들'(AA: Alcoholics Anonymous)의 12단계 프로그램이나 그것과 유사한 여타 프로그램같이 영적 지향을 가진 치료가 종종 알코올 중독과 그 밖의 다른 중독을 치료하는 가장 효과적인 방법이 되곤 한다.

이 책의 목적을 고려한다면, 약물 및 알코올 남용이 우울증에 빠진 사람에게 더 빈번히 발생한다는 사실에 주목할 필요가 있다. 어떤 경우에는 약물 및 알코올이 우울증을 유발하거나 그 유발에 일조하고, 또 어떤 경우에는 약물 및 알코올 남용이 우울증 증상의 '자가 치료'를 위한 하나의 방편이 되기도 한다. 그런 경우 물질은 증상을 일시적으로 마비시키거나, 적어도 순간적으로 그 상태에서 벗어나서 고통을 피하기 위해 사용된다. 하지만 그런 남용을 통한 자가 치료는 시간이 흐르며 문제를 악화한다. 기분장애와 약물 및 알코올 남용의 상호작용은 대부분 복잡하다. 우울증은 약물 및 알코올에 대한 중독에 기인할 수도 있고, 그 금단현상(의학적으로 관리되는 해독 프로그램 내에서 다뤄지지 않은 경우)에 기인할 수도 있으며, 약물 및 알코올이 신체에 미친 만성적인 영향에 기인할 수도 있다. 또한 약물 및 알코올 남용의 [부정적인] 심리적·사회적 결과도 우울증 유발에 일조할 수 있으며, 우울증 치료를 더 어렵게 만들 수 있다.

성 토마스 아퀴나스는 기쁨 없이는 아무도 살 수 없다고 하며 인간 본성에 대한 놀라운 통찰을 보여 주었다. 이것이 바로 영적 기쁨을 빼앗긴 사람들이 육체적 쾌락에서 기쁨을 구하는 이유이다. 그리고 사람들은 육체적 쾌락으로 돌아설 때 성적 비행, 약물 및 알코올 남용의 형식을 취하고는 한다. 우울증을 이토록 무서운 질환으로 만들어 버리는 것은, 다름 아닌 기쁨을 느끼지 못하는 불능 상태, 즉 정신과 의사들이 '무쾌감증'이라고 부르는 것이다. 그러나 성적 비행, 약물 및 알코올 남용 같은 가짜 돈으로 참되고 지속적인 기쁨, 즉 영적 기쁨을 사려는 시도는 고통을 악화할 뿐이다. 진정으로 참되고, 선하고, 아름다운 것 안에서 다시금 기쁨을 발견하기 위해서는 영적 기쁨을 느낄 수 있는 능력을 반드시 회복해야 한다.

많은 경우, 우울증과 물질 남용 문제가 어떻게 관련되어 있는지 규명하려면, 약물 의존 및 중독 치료에 대한 풍부한 임상 경험을 갖춘 정신과 의사의 전문적인 정신의학적 평가가 필요하다. 기분장애와 물질 남용은 대부분 함께 다룰 필요가 있다. 두 질환에 대한 종합적인 치료에는 생물학적, 심리학적, 사회적, 그리고 영적 개입이 수반될 것이다. 당사자와 그 가족은 이 엄청난 문제를 자력으로 다루려고 해서는 안 된다. 가족과 친구들은 필요하다면 단호한 사랑으로 약물 및 알코올 문제를 안고 있는 당사자를 격려하여 그에게 도움이 필요함을 깨닫게 하고, 그를 도와 종합적인 평가와 치료를 받을 수 있는 프로그램을 찾아야 한다. 최선의 선택은 '이중진단' 환자(예컨대 중독과 더불어 우울증이나 불안장애 같은 정신과적 문제가 병발한 환자)를 치료한 적 있는 정신과 의사가 의료진에 포함된 프로그램을 찾아 참여하는 것이다.

문제의 특성과 심각성에 따라 입원 재활 프로그램이 타당할 수도 있고, 집중적인 외래 치료나 낮의 대부분은 프로그램에 참여하고 밤이나 주말에는 집에서 머무는 '부분적인 입원 프로그램'으로 충분할 수도 있다. 회복이 충분히 진전되고, 단약 및 단주 기간이 안정적으로 유지되고 있다면, 정신과 의사나 심리치료사에게 외래 치료를 받는 것만으로 충분할 것이다. 익명의 알코올 중독자들 모임도 종종 환자의 회복에 중요한 역할을 하지만, 문제의 특성과 심각성에 따라 권고되는 치료가 달라지기 때문에, 가장 바람직한 출발점은 정신의학적 상담이나 병원 기반 물질 의존 프로그램의 초기 면접일 것이다.

불안장애

정신과 의사들이 사용하고 있는 현행 진단 분류 체계(DSM-IV)에서 우울증, 기분부전증(dysthymia), 양극성장애 같은 기분장애는 불안장애와 서로 다른 범주로 분류되어 있다. 불안장애 범주에는 공포증(phobia: 특정한 대상이나 상황에 대한 공포), 강박장애(OCD), 외상 후 스트레스장애(PTSD), 공황 발작(PA), 그리고 범불안장애(GAD)가 포함되어 있다. 그러나 우울증과 불안증은 흔히 밀접한 관련이 있기 때문에 기분장애와 불안장애의 범주를 너무 명확하게 구분 짓는 것은 다소 오해의 소지가 있다. 대부분의 경우 우울증에는 임상적으로 중요한 불안의 요소가 함께 있다. 그래서 이것은 간혹 강박장애 같은 별개의 불안장애로 진단되기도 하지만, 우울장애는 흔히 '불안의 특성'을 가지고 있다.

뇌 연구에 따르면 우울증과 불안증은 긴밀히 관련되어 있다. 또한 유전학적 소견에 따르면 우울증과 불안증은 동일한 소인성 유전자를 일부 공유하고 있다. 예를 들어 세로토닌 수송체 유전자의 특정 변화는 사람들을 우울증과 불안증 둘 다에 취약하게 만들 수 있다. 우울 증상과 과도한 불안으로 고통을 겪고 있는 사람은 별개의 두 가지

장애를 가지고 있다기보다, 두 가지 증상을 보이는 하나의 장애를 가지고 있을 수 있다. 우울증 시기와 불안증 시기는 교대로 나타날 수도 있고, 동시에 나타날 수도 있다. 어떤 상황에서는, 동일한 환경적 혹은 상황적 요인이 두 가지 유형의 반응을 일으킬 수 있다. 예를 들어 강간 같은 중증 외상은 우울증만 아니라, 외상 후 스트레스 증상도 일으킬 수 있다. 우울증과 불안증은 흔히 동일한 생물학적 취약성과 동일한 심리적 요인, 동일한 사회적 요인을 공유하고 있다.

이와 같은 기저의 잠재적인 생물학적 공통점 때문에, 우울증과 불안증에 대한 약물 치료도 흔히 공통된 부분이 있다. 2부에서 논의하겠지만 뇌 화학물질인 세로토닌과 노르에피네프린에 작용하는 항우울제는 우울증과 불안장애 둘 다에 매우 효과적이다. 우울증과 불안장애가 함께 있을 때, 이따금 단일 약물로 두 증상 모두를 치료할 수 있다.

전문적인 정신의학적 평가는 복잡한 임상적 양상의 수많은 특징을 파악하고 명확히 하는 데 도움이 될 수 있다. 이 모든 문제를 치료하기 위한 가장 효과적인 전략을 수립하려면 종합적이며 구체적인 평가(의학적 상태, 병발한 정신의학적 장애, 그리고 중독 및 기타 관련 문제 같은 행동 문제에 대한 검사)가 필요하다. 우울증을 다룰 때, 우리는 우울 증상만 아니라 다른 관련 상태, 행동, 중독 등도 함께 다루어야 한다. 우울증을 치료하는 데도 그렇지만, 영적 관점은 불안장애와 중독을 치료하는 데도 중요하다.

·4·
우울증과 자살의 비극

필자는 아내의 병실에 앉아 있었다. 아내가 막 둘째 아이를 낳았을 때 전화벨이 울렸다. 필자의 예전 환자 중 한 분이 자살을 했다는 소식이었다. 그녀는 여러 해 동안 고질적인 우울증으로 고통을 받은 70대 환자였다. 그녀는 심리치료에 잘 반응하지 않았고, 다양한 항우울제를 여러 번 시험해 보았지만 아무 소용이 없었다. 필자는 몇 주 전 그녀를 병원에서 잠시 본 적이 있었다. 그녀는 미주신경자극기(VNS)라고 하는 외과적인 삽입 장치의 초기 조절을 위해 담당 의사를 만나러 온 것으로, 그것은 난치성 우울증을 위한 첨단 치료였다. 미주신경자극기 조절을 위해 그녀를 만났던 그 동료 의사가, 지금 전화기 너머로 그녀가 자신의 손목을 긋고 과다 출혈로 죽었다고 알리고 있었다. 막 태어난 필자의 아이, 가능성에 가득 차 막 세상에 나온 한 연약한 생명을 바라보며, 필자는 이 아이가 자신의 삶에서 어떠한 고통을 겪어야만 할지 궁금했다.

이 환자는 필자가 알았던 사람 중에 첫 번째로 자살한 사람이 아니었다. 필자가 의대에 다닐 때 양극성장애 진단을 받은 친한 고등학교 동창이 있었는데, 필자가 레지던트 2년 차로 수련받는 동안 그가 스스로 목숨을 끊었다. 그가 자살하기 불과 몇 주 전에 우리는 전화로 이야기를 나누었다. 필자는 비탄에 잠겨, 정신의학을 수련 중인 사람으로서 당연히 자살의 경고신호를 읽었어야 했다고 자책했다. 그가 전에 세 번이나 자살 시도를 했음에도, 필자는 이런 일이 일어나리라고는 생각지도 못했다. 그는 공군사관학교 졸업자였고, 정신 질환으로 의병제대를 하기 전까지는 대학 대표팀에서 장거리 육상 선수였다. 제대 이후 그는 의미 있는 일을 찾기 위해 애를 썼고, 중증 우울증이 거듭 재발하여 고통을 겪었다. 하지만 우리가 마지막으로 이야기를 나누었을 때 그는 기분이 꽤 좋은 것 같았고 자신의 내적 고통에 대해서도 별다른 말이 없었다. 그로부터 몇 주가 지나고 그는 29살의 나이에 자신에게 총을 쐈다. 이 네 번째 자살 시도가 그의 마지막 시도가 되었다.

자살은 대부분의 사람들이 말하기를 꺼려 하는 어려운 주제이다. 만약 꼭 언급해야 한다면, 자살로 인한 죽음은 그저 가라앉은 목소리로 불편하게 언급하는 것이 보통이다. 필자는 지금껏 자살로 삶을 마감한 젊은이의 장례식에 두 번 참석했다. 그런 상황에서 우리는 자살자의 죽음에 대해 무슨 말을 어떻게 해야 할지 당황스러워한다. 예를 들어 약물 과다 복용처럼 죽음을 둘러싼 상황이 모호할 경우, 우리는 그 죽음을 다른 말(사고, 의학적 문제, 자살을 제외한 여타 다른 것)로 설명하기 위해 무진 애를 쓴다.

이런 어색함과 불편함은 스스로 목숨을 끊는다는 것은 자연을 거스르는 행위라는, 아마 도덕적이지 않은 행위라는 우리의 타고난 직관에서 나온다. 뒤에서 더 논의하겠지만, 분명 자살은 모든 인간의 마음에 새겨져 있는 자연 도덕률에 위배되는 것이다. 우리 그리스도인들은 자살이 하느님께서 우리에게 주신 생명이라는 선물에 정면으로 충돌하는 행위임을 신앙으로 알고 있다. 그런 식으로 죽음의 시기와 상황을 통제하려 시도하는 것은 우리 자신이 아닌 것이 되려 하는, 즉 우리의 삶이라는 이야기의 유일한 저자(author)가 되려 하는 부질없는 노력에 지나지 않는다. 이 최고 권위(authority)는 오직 하느님께만 속할 수 있다.

그렇다면 무엇이 사람들을 절망으로 내몰아서 이 같은 자해적 폭력을 저지르게 만드는가? 무슨 고통을 겪어야 사람들이 심지어 자살을 하나의 선택지로, 즉 고뇌의 '탈출구'나 문제의 해결책으로 간주하게 되는가?

앞선 장에서 설명했듯이 우울증이 유발하는 정신적 상태는 자살에 의한 죽음과 너무나 일반적으로 연관되어 있다. 주요우울증의 자살 사망률은 백 명 중 네 명으로, 이는 일반적인 미국인의 자살 사망률인 십만 명 중 열한 명보다 훨씬 높다. 이런 의미에서, 치료받지 않은 중증 우울증은 잠재적인 치명적 질환이라고 하는 것이 옳다. 이번 장에서 우리는 왜 우울증이 사람들을 자살 위험에 처하게 하는지, 어떻게 이 위험을 낮추고, 바라건대 어떻게 이 비극적 결말을 막을지 논의할 것이다. 같은 맥락에서 우리는 자살을 예방하는 데 도움이 되는 영적 실천의 역할에 대해서도 논의할 것이다. 그리고 끝으로 사랑하는 사람의 자살 이후에 찾아오는 더없이 고통스러운 애도의 과정에 대한 성찰로 이 장을 마무리하려고 한다.

기분장애와 자살 위험

성공회 성직자이자 시인인 존 던John Donne은 우울증을 한바탕 치르며 고통을 겪었다. 이 우울삽화 동안 그는 자살 생각에 휩싸이곤 했다. 그는 "고통이 엄습할 때면 내가 갇힌 감옥의 열쇠는 내 손에 쥐어져 있다는 생각이 들며, 내 칼보다 더 빠르게 떠오르는 해결책도 없다"라고 썼다. 그가 직접 체험한 바와 같이 우울삽화의 나락으로 떨어지면, 곧 몸이 둔화되고 마음이 경직되고 위축되며 정서가 완전히 고갈되면 죽음이 그 고통을 멈출 유일한 방법으로 보일 수도 있다. 자살을 생각하고 있는 사람들은 그 고통의 순간에 자살만이 고통을 끝낼 유일한 수단이라고 진실로 믿는다. 자살을 고통의 해결책으로 여기는 생각은 물론 거짓이며 병든 마음의 농간이지만, 심각한 우울 증상에 시달리고 있을 때는 더 쉽게 믿게 되기 마련이다.

미국에서는 17분마다 한 사람꼴로 자살을 하는데, 이는 매년 무려 33,000명의 자살자가 발생하는 것을 의미한다. 이들 중 대다수는 자살 당시 양극성장애의 우울삽화 시기나 주요우울장애, 약물 및 알코올 유도성 우울 상태 등 어떤 형태로든 우울증에 시달리고 있었다고 추정된다. 일부 연구에 따르면 자살하는 사람들의 95%가 어떤 종류이든 정신장애 진단을 받았다고 한다. 우울증과 양극성장애 같은 기분장애 외에도 자살자의 10%가 조현병과, 5%가 치매나 섬망과 관련되어 있다. 자살은 15세에서 25세 사이 미국 젊은이들의 주요 사망원인 중 3위이다. 젊은이들의 자살률은 지난 몇 년 동안 증가했다. 믿기 힘들지만 지난 1년 동안 대학생 열 명 중 한 명, 고등학생 다섯 명 중 한 명이 자살을 고려했다.

여자들이 남자들보다 세 배 더 많이 자살을 시도하지만, 자살 성공률은 여자들보다 남자들이 두 배 더 높다. 이것은 여자들이 손목을 긋거나 약물을 과다 복용하는 것 같은 덜 치명적인 수단을 사용하는 경향이 있는 반면, 남자들은 총기, 목맴, 투신 같은 더 폭력적이고 치명적인 수단을 사용하는 경향이 있기 때문이다. 자살의 절반 이상이 알코올이 촉매가 되어 발생하는데, 알코올 중독이 사람들을 더 충동적으로 만들고, 추론과 판단에 장애를 일으킨다는 사실을 감안하면 놀라운 일도 아니다. 자살 생각을 하고 있는 사람은 취한 상태에서 그 생각에 더 충동적으로 반응하기 쉽다.

통계만으로 자살의 복잡하고 비극적인 전모를 다 이야기할 수는 없다. 한 사람이 스스로 목숨을 끊을 때마다, 결국 우리에게는 현세에서는 완전히 풀지 못할 난해한 수수께끼가 남겨진다. 자살을 시도하는 사람들은 일반적으로 양가감정을 가지고 있음을 우리는 알고 있다. 즉, 한쪽으로는 죽기를 원하면서 다른 한쪽으로는 살기를 원한다. 그들은 내적으로 분열되어 있다. 이것은 많은 사람이 자살을 시도하다가 도중에 마음을 바꾼다는 사실을 보면 분명해진다. 이 사실이 아마 자살자의 유가족에게는 일말의 위안이 될 수도 있을 것이다. 자살자의 분열된 마음이, 죽기 직전 자기 파괴 행위를 참회하며 하느님께로 돌아서는 순간을 가졌을 수도 있기 때문이다. 우리는 이 장 후반부에서 자살과 관련한 도덕적 문제를 논의할 것이다.

최근까지 세계 1위 자살 장소는 샌프란시스코 금문교였다. 거의 2주에 한 번은 누군가가 그 다리에서 뛰어내렸다. 샌프란시스코에서 마침내 자살 방지막을 설치하기로 결정하기 전까지 무려 1,600명

가량이 거기서 죽었다. 그런 자살 방지막은 많은 생명을 구하는 것으로 입증되었는데, 자살에는 내적 동기도 필요하지만, 또한 자살 수단에 쉽게 접근할 수 있어야 하기 때문이다. 금문교에서 뛰어내린 사람 중 오직 소수만이 살아남았다. 이런 드물지만 운이 좋은 결과가 나오려면 수면에 직각으로 부딪쳐야 하고, 이에 따른 심각한 부상도 이겨내야 한다. 뛰어내리고도 살아남은 소수의 사람들을 한 기자가 인터뷰했다. 다리에서 뛰어내려 수면에 부딪히기까지 약 4초가 걸리는데, 기자는 생존자들에게 이렇게 물었다. "공중에서 떨어지고 있는 그 4초 동안 무슨 생각이 떠올랐습니까?" 그들은 하나같이 뛰어내린 것을 후회했다고 답했다. 그들 중 한 사람은 "나는 그 순간 내 인생에서 해결할 수 없다고 여겼던 모든 문제가 실은 해결할 수 있는 것이었음을 깨달았습니다. 다만 지금 막 뛰어내린 것만 제외하고요"라고 말했다. 이것이 바로 자살을 시도하는 사람들의 모순적인 '분열된 마음'이다. 우리는 자살 위험을 낮추기 위해 그들 마음의 건강한 '쪽'에 호소해야 한다. 그렇다고 물론 모든 자살을 예방할 수 있는 것은 아니지만, 아마 일부는 가능할 것이다.

자살 예방

◆ **안전 계획** 사람들은 자살을 농담으로 얘기하는 경우가 거의 없다. 십 대들을 포함하여 어느 누구든 자살에 대해 얘기한다면 그것을 정상적인 것으로 여겨서는 안 된다. 즉흥적이라도 자살에 대해 언급한 십 대들은 실제로 자살 행동을 할 위험이 더 높다는 연구 결과들이 있다. 그래서 가족이나 친구들은 자살에 대한 어떤 언급도 진지하게 받

아들여야 한다. 자살 시도에 대해 생각하거나 글을 쓰거나 언급하는 사람이 있다면 숙련된 정신과 의사나 심리학자의 임상적 주의가 필요하다. 만약 당신이 최근에 자살을 생각했지만 수치스러워서, 또는 정말로 행동에 옮길 것이라고 믿지는 않아서 아무에게도 이 사실을 털어놓지 않았다면, 필자는 당신이 임상적 도움을 청할 것을 강력히 권고한다. 무엇이든 자살 생각이 있다면 정신과 의사나 심리치료사와 솔직하고 자세하게 논의해야 하고, 그 논의에는 자살 방법에 대한 계획을 세웠는지 여부와 총기 같은 수단에 접근할 수 있는지 여부가 포함되어야 한다.

한 사람의 자살 위험을 증가시키는 요인은 여러 가지가 있다. 미혼자들, 사별자들, 자살 가족력이 있는 사람들은 더 높은 위험에 처해 있다. 동성애 생활을 하는 남자들과 여자들은 자살 위험이 상당히 증가한다. 신체적 학대나 성적 학대 경험처럼 약물 및 알코올 남용 역시 자살 위험을 현저히 증가시킨다. 모든 형태의 사회적 고립도 자살에 유해한 영향을 끼친다. 그러나 대조적으로, 가족이나 친구들과 긴밀한 유대가 있는 사람들은 자살을 시도할 가능성이 더 적다. 예를 들어 결혼은 자살 위험을 낮춘다. 사춘기 이전의 아이들이 자살을 시도하는 경우는 극히 드물지만, 십 대들이나 이십 대 초반의 젊은이들은 다른 연령 집단의 사람들에 비해 더 높은 위험에 처해 있다. 부유하거나 유명하거나 지능이 높다는 것은 사람들을 자살 위험으로부터 보호해 주지 못한다. 사실, 일부 연구에 따르면 높은 사회적 지위는 실제로 더 큰 위험을 야기한다. 매년 아이비리그[Ivy League[미국 북동부의 8개 명문 사립대학]의 총명하고 부유한 새내기들이 자살한다.

우리가 이런 위험 요인을 일부 연구하고 정량화할 수는 있지만, 궁극적으로 자살은 예측하기 매우 어려운 사건이다. 의사들이 자살 위험이 높다고 판단한 많은 환자들이 오랜 기간 생존하는 반면, 다른 환자들은 예기치 못한 자살로 삶을 마감한다. 그럼에도 우리는 위험에 처한 사람들을 안전하게 지키고, 자살 가능성을 줄이기 위해 몇 가지 조치를 취할 수 있다. 자살을 생각하고 있는 많은 사람들은 극심한 고통이나 불안, 물질 중독 상태에서만 그 생각을 실행에 옮긴다. 그런 상태는 일시적인 경향이 있다. 그 시기에 피해를 막기 위한 조치를 취한다면 급박한 자살 위험은 지나갈 수 있다. 어떤 사람들은 심각한 자살 시도에서 생존한 사람들은 머지않아 다시 자살 시도를 할 것이고, 결국은 자살을 하고 말 것이라고 잘못 생각한다. "만약 그들이 자살하려 한다면 당신은 막을 수 없다. 그들은 어쨌든 방법을 찾을 것이다"라는 식으로 그들은 주장한다. 연구 결과에 따르면 이 주장은 대부분의 경우 틀린 것으로 드러났다. 자살 시도에서 생존한 대부분의 사람들은 그 후에도 오랜 기간 잘 지낸다. 대다수가 다시 자살 시도를 하지 않으며, 행여 하더라도 그런 시도는 흔히 치명적이지 않다. 사람들을 자살 행동으로 이끄는 대부분의 요인(우울증, 인간관계 문제, 경제적 문제 등)은 결국 치료할 수 있거나 되돌릴 수 있다.

자살 생각에 사로잡힌 사람들이 그 시기를 안전하게 넘기도록 돕기 위해 우리는 무엇을 할 수 있는가? 당사자의 특정 상황과 위험 수준에 따라 취하는 보호 조치의 특성과 유형이 다르기 때문에, 여기서는 너무 자세하게 설명하지는 않을 것이다. 안전 계획은 자살 생각이 있는 환자와 우울증을 치료해 본 경험이 있는 의사나 심리치료사와 연계해야 가장 잘 작동한다. 종종 심리치료사나 자살 방지 전화상담 센터와의 짧은 통화도 고통의 순간에 있는 사람들에게 도움이 될 수 있다. 그 시기 동안 총기 같은 손쉬운 자살 수단에 대한 접근을 제한해야 하며, 약물은 가족이 관리해야 하고, 과다 복용 위험이 있는 환자에게는 약물에 대한 접근을 차단해야 한다.

자살에 대해 언급하는 일기나 그 밖의 다른 글을 발견한다면 무엇을 해야 하는가? 누군가가 당신에게 자살을 생각하고 있다고 털어놓는다면 무엇을 해야 하는가? 제일 먼저 해야 할 일은 자살 생각을 밝힌 사람과 대화를 나누어야 하며, 즉시 의사나 심리치료사를 찾아가 자살 생각에 대해 상담할 것을 강하게 권유해야 한다. 만약 거부할 경우, 긴급 전화로 관계 기관(경찰)에 연락하여 응급실에 데려가 정신의학적 평가를 받게 해야 한다. 극단적 조치로 보일지도 모르지만, 결국 한 생명을 구할 수도 있다. 고해소에서 고해자에게 자살에 대한 언급이나 "더는 살아야 할 이유가 없다"라는 식의 고해를 듣는다면, 사제는 고해성사의 엄격한 비밀 봉인 규정으로 인해 무척 까다로운 상황에 처한다. 사제는 고해자에게 고해 직후 다시 대화를 이어 갈 것을 권유해야 하며, 그때 자살 생각에 대해 더 깊이 있게 다루어야 한다. 고해소 밖에서, 혹은 영적 지도 중에 자살에 대한 생각을 듣는다면, 사제는 즉시 그 사람에게 의사나 심리치료사와 대화를 나눌 것을 권고할 수 있다. 만약 그가 자살 생각을 실행에 옮길 위험에 처해 있다면, 사제는 그에게 강경하게 요구하여 응급실에 데려가서 정신의학적 평가를 받게 해야 한다.

간혹 그런 상황에서 그 사람의 안전을 위해 병원 입원, 심지어 강제 입원이 필요할 때도 있다. 그러한 조치가 생명을 구하는 것일 수 있음을 거듭 강조한다. 자살 위험에 처한 사람의 가족이나 친구들은 그 위험을 감지하는 즉시 그를 응급실로 데려가서 의학적 평가를 받게 해야 한다. 가지 않으려 한다면, 주저하지 말고 관계 기관에 연락하여 비자발적 입원 절차를 밟아야 한다. 물론 이런 일련의 조치가 그가 꼭 입원을 한다는 의미는 아니다. 하지만 이것은 경험 많은 의사가 입원 여부를 판단하게끔 해 주는 조치임은 틀림없다.

◆ **영적 실천** 다수의 연구에 따르면 자살 문제는 정신의학의 영역이지만 그리스도교 신앙이 거기서 도움이 되며 심지어 생명을 구하는 것으로 입증되었다. 연구 결과들은 종교적 신앙과 영적 실천이 자살 위험을 낮춘다는 것을 일관되게 보여 준다. 기도, 성사 참여, 영적 지도, 덕의 성장 같은 영적 실천에 관해서는 7장과 8장에서 논의할 것이다. 여기서는 종교적 헌신과 영성생활이 자살 예방에 어떻게 도움이 되는지에 대해 간략히 살펴볼 것이다.

연구 결과들에 따르면 다른 모든 조건이 동일할 경우 종교적으로 헌신적이고 독실한 사람일수록 자살 위험이 낮아진다. 19세기 사회학자 에밀 뒤르켐Émile Durkheim의 선구적인 연구로 거슬러 올라가는 대규모 역학 연구들이 이를 일관되게 입증하고 있다. 게다가 뒤르켐에 따르면 개신교 국가보다 가톨릭 국가에서 그리스도인들의 자살률이 더 낮다. 몇몇 사회과학자들은 이런 차이가 개신교의 신학과 그 실천이 개별성을 강조하는 반면, 가톨릭 신앙은 공동체(가령 성인들의 통공 교리, 공동체 차원의 전례 실천)를 강조하기 때문일 것이라고 가설을 세웠다.

여기에는 비종교적 요인들도 기여할 것이다. 즉, 가톨릭 국가는 개신교 국가보다 기후가 더 온화한 편인데, 아마도 이 점이 계절성 정서장애의 위험을 낮출 것이다. (온화한 프렌치 리비에라[프랑스 남동부에 있는 지중해 연안의 피한지]와 삭풍이 부는 노르웨이 빙하 협곡을 비교해 보라.)

어찌 됐든 가톨릭이든 개신교이든 일반적인 그리스도교 신앙과 그 밖의 다른 형태의 종교적 신념은 자살 예방 효과가 있음이 여러 후속 연구에서 드러났다. 종교의 보호막 역할은 세 가지 차원에서 일어난다. 우선 가장 기본적인 차원에서 종교 공동체는 사회적 연결망과 상호 연대 관계를 통해 신앙인을 지지한다. 본당이나 종교 공동체 안팎에서 일반적으로 발달하는 교회 활동 참여, 친교 관계, 소공동체는 자살 위험을 악화하는 일종의 사회적 고립에 대한 효과적인 해결책이다. 뒤르켐은 여러 나라에서 자살률이 사회적 응집성과 공동체 연대성의 정도에 반비례함을 입증했다. 우리 문화에서 날로 목격되고 있는 사회적 분열은 최근 몇 년간 증가한 청년 자살률의 한 기여 요인일 수 있다.

둘째, 도덕적 차원에서 종교적 신념은 자살 예방에 일조하는데, 도덕적 가르침은 그렇지 않았다면 자살을 선택지로 고려했을 사람들을 단념시키기 때문이다. 필자의 환자 중에 우울증과 불안증으로 고통을 겪고 있던 한 젊은이는 노골적으로 이렇게 말했다. "저는 하느님을 믿지 않습니다. 그래서 자살을 전혀 나쁘게 보지 않습니다." 만약 그의 어머니가 우울증 때문에 자살을 결심했다면, 그 자살을 말 그대로 축복하며 허용했을 것이라고 인정했다. 이 환자는 자살을 경제적 곤경에서 벗어날 길이 없을 경우 고를 수 있는 하나의 선택지로 보왔다. 이 환자를 우울증을 겪고 있던 필자의 또 다른 젊은 환자와 비교해 보자. 그 가톨릭 환자는 "저는 진작 스스로 목숨을 끊었을지도 모릅니다. 하지만 지옥에 떨어질까 봐 두렵습니다"라고 인정했다. 심판에 대한 이런 건강한 두려움 때문에 그는 자살 유혹에 사로잡힌 시기를 이겨 냈고, 지금 그는 훨씬 나아졌다. 이 사실에 필자는 기쁘다.

셋째, 그리스도교 신앙이 제공하는 가장 중요한 보호막은 희망이라는 불가결한 향주덕으로, 이 덕은 세례를 통해 부여되고 이후 신앙생활을 통해 발달한다. 그리스도교 신앙은 고통과 곤경 한가운데서 희망을 제시한다. 신앙을 통해 희망을 품고서 우리는 심지어 고통 속에서, 고통을 통해서 구속적 가치를 발견할 수 있다. 정신과 의사이자 인지치료의 개척자인 에런 벡은 어떤 위험 요인들이 자살과 가장 긴밀히 연관되어 있는지를 파악하기 위해 800명에 달하는 환자들을 대상으로 장기 연구를 진행했다. 그들은 이미 자살 시도를 했거나 자살 생각을 하고 있어 병원에 입원한 환자들이었다. 벡은 누가 자살 위험을 극복하고, 누가 결국 자살로 삶을 마감하는지 파악하기 위해 그들을 대상으로 10년에 걸쳐 추적 연구를 진행했다. 자살 위험을 극복한 환자와 그렇지 못한 환자의 중요한 차이를 찾기 위해 벡은 그들이 받은 진단, 정신적·의학적 증상의 개수와 유형, 그들이 느끼는 신체적 고통의 정도, 사회적·경제적 요인 등을 조사했다.

그 연구 결과에 일부 행동주의 과학자들은 깜짝 놀랐다. 자살을 가장 잘 예측할 수 있는 요인은 그 환자가 얼마나 아팠는지, 얼마나 많은 증상을 보였는지, 얼마나 고통받았는지가 아니었다. 가장 위험한 요인은 무망감이었다. 자신이 처한 상황이 전혀 희망이 없다고 믿었던 환자들이 자살할 가능성이 가장 큰 후보군에 속했다. 하지만 어떤 처방이나 어떤 의료적 처치도 희망을 심어 주지는 못한다. 이는 하느님의 자비하심의 계시와 세례의 효능의 영역이다. 상황이 명백히 희망적일 때는 우리는 일종의 자연적인 희망을 가질 수 있다. 그러나 상황이 희망적으로 보이지 않거나, 희망적으로 느껴지지 않을 때 우리를 지탱할 수 있는 유일한 것은 초자연적인 희망의 덕, 즉 오직 하느님의 은총에 의해 스며들 수 있는 희망이라는 향주덕이다.

필자의 환자 중 한 여성 환자는 부모로부터 신체적·성적 학대를 받아 고통을 겪었는데, 언젠가 이렇게 말했다. "예수님과의 관계가 없었다면, 저는 오래전에 벌써 자살했을 것입니다." 필자는 이 말이 진심에서 나온 말이라고 믿어 의심치 않는다. 그리고 그녀는 자신을 사랑해 주시는 하느님에 대한 신앙과 희망으로 오늘도 여전히 살아가고 있다. 그녀는 성인이 되자 가톨릭교회에 들어왔다. 그 끔찍한 고통에도 불구하고 그녀는 희망을, 사람이 되시어 우리와 함께 고통을 겪으시고 돌아가셨으며 우리를 위하여 죽은 이들 가운데서 다시 살아나신 하느님에 대한 희망을 발견했다. 우리는 이 희망의 덕에 대하여 마지막 장에서 다시 논의할 것이다.

자살에 대한 교회의 가르침

교회는 자살에 관해 성경에 근거하고 교회 전통 안에서 발전한 명확한 (그럼에도 미묘하면서 조심스러운) 가르침을 천명한다. 기본 원리는 『가톨릭교회 교리서』*Catechism of the Catholic Church*의 다음 단락들에 명시되어 있다.[37]

사람은 저마다 자기에게 생명을 주신 하느님 앞에서 자기 생명에 책임을 져야 한다. 생명의 최고 주권자는 바로 하느님이시다. 우리는 생명을 감사하는 마음으로 받아 하느님의 영광과 우리 영혼의 구원을 위해 보존할 의무가 있다. 우리는 하느님께서 우리에게 맡기신 생명의 관리자이지 소유주가 아니다. 우리는 우리의 생명을 마음대로 처분할 수 없다.

자살은 자기 생명을 보존하고 영속시키고자 하는 인간의 본성적 경향에 상반되는 것이다. 또 올바른 자기 사랑에도 크게 어긋난다. 그와 동시에 자살은 이웃 사랑도 어기는 것이다. 왜냐하면 자살은 우리가 고맙게 생각해야 하는 가정, 국가, 인류 사회와 맺는 연대 관계를 부당하게 파괴하기 때문이다. 자살은 살아 계신 하느님의 사랑에 어긋나는 것이다.

만일 자살이 시범적으로, 특히 젊은이들에게 본보기로 행해진다면, 이것은 죄로 이끄는 유혹이라는 매우 악한 표양이 되는 것이다. 자살 방조는 도덕률에 어긋난다.

중한 정신장애나 시련, 고통 또는 고문으로 겪는 불안이나 심한 두려움은 자살자의 책임을 경감시킬 수 있다.

스스로 목숨을 끊은 사람들의 영원한 구원에 대해 절망해서는 안 된다. 하느님께서는 당신만이 아시는 길을 통해서 그들에게 구원에 필요한 회개의 기회를 주실 수 있다. 교회는 자기 생명을 끊어 버린 사람들을 위해서도 기도한다.

이 가르침은 주의 깊게 읽고 숙고해 볼 가치가 있다. 필자가 다룬 자살 사례들과 연관하여 이를 숙고해 보면, 구절구절에 담겨 있는 심오한 지혜에 새삼 놀라게 된다. 자살 문제를 신앙과 이성의 빛에 비추어 더 깊게 이해하기 위해서는 이 구절들을 조금 더 자세히 살펴볼 필요가 있다.

이런 교리와 도덕적 가르침을 이해하고 인정하기 위해서는 창조자이자 주관자로서의 하느님에 대한 의식이 필요하다. 교리서는 우선 하느님께 받은 선물인 우리 자신의 삶에 대한 하느님 앞에서의 책임을 재확인하면서 이 단락을 시작한다. 이 책임은 이성적·영적 피조물인 우리에게 주어진 또 다른 선물, 즉 인간의 자유에 기초한다. 우리의 행복과 구원은 이 자유의 올바른 사용에 달려 있다. 우리는 성화의 은총에 호응하고 협력해야 구원을 받고 거룩해진다. 우리는 하느님께서 우리에게 맡기신 생명의 전적인 소유자나 분배자가 아닌 관리자로서 자유롭게 활동해야 한다. 우리 방식대로 이 생명을 처분하려 드는 것은 마치 하느님께서 이 세상을 창조하시지도, 우리를 구원하시지도 않으신 것처럼 무책임하게 잘못 행동하는 것이다.

하느님의 계시에 대한 신앙 안에서 우리는 하느님의 모상으로 창조된 존재임을 알고 있다. 심지어 신앙이라는 초자연적 선물과 별도로, 인간의 이성은 하느님께서 생명의 원천이시며, 우리는 우리의 생명을 보존하고 영속하고자 하는 본성적 경향이 있음을 인식할 수 있다. 이 같은 인간의 보편적 경향은 우리의 생물학적 구조에 각인되어 있다. 근본적인 생존 의지가 인간의 심리와 행동이 가진 여러 특성의 기초가 된다. 중증 우울증이 얼마나 심각하고 건강에 해로울 수 있는지를 알려 주는 한 가지 특징은, 그것이 너무 많은 사람들을 (객관적으로 보면 혼란스럽고, 비정상적이며, 비이성적인 행동인) 자살로 이끈다는 사실이다. 다른 고려 사항들은 차치하고라도, 우울증의 이런 특성은 우울증을 겪고 있는 사람들이 즉각적인 의학적, 심리학적, 그리고 영적 도움을 받아야 할 충분한 이유가 되고도 남는다.

교리서는 자살이 세 가지 측면에서 사랑에 어긋나는 것이라고 설명한다. 첫째, 바로 앞에서 설명한 이유에 따르면 자살은 하느님의 사랑에 어긋나는 것이다. 둘째, 자연 도덕률에 의하면 그것은 올바른 자기 사랑에 어긋나는 것이다. 올바른 자기 사랑은 고통과 고난 한가운데서도 자신의 소중한 생명을 보존하고자 하는 욕망과 의지를 수반한다. 셋째, 자살은 이웃 사랑에 어긋나는 것이다. 우리는 고통 중에 있더라도 우리의 가정과 국가, 사회에 빚을 지고 있으며 의무를 다해야 한다. 한 사람의 자살 이후, 그가 사랑했던 사람들을 위로하려 해 본 사람이라면 누구나 자살이 뒤에 남겨진 사람들에게 가하는 상상할 수 없는 고통을 분명히 볼 수 있다. 이 장 마지막 부분에서 더 논의하겠지만, 자살 이후 남겨진 사람들이 겪어야 할 애도 과정은 견디기 힘들 정도로 굉장히 고통스럽다.

우울증과 성격장애로 병원에 입원했던 한 20대 환자를 필자는 기억한다. 그 안타까운 젊은이는 이미 몇 년 동안 정신병원에 입원했었다. 의사들이 그를 퇴원시킬 때마다, 매번 그는 바깥세상에서 혼자 힘으로 제대로 기능을 하지 못하고 재입원을 위해 병원으로 돌아왔다. 그의 정신의학적 병리 상태는 대부분 그가 고작 8세 때 유발된 것이었다. 그 어린아이는 자신의 머리에 총을 쏴서 자살하는 어머니를 직접 목격했다. 그가 받은 심리적 외상은 거의 형언할 수 없는 것이었다. 그 사건이 그의 정신 구조를 분열시켰고, 그는 그 손상을 회복할 수 없었을 것이다. 입원 이후 그의 분노, 자기혐오, 그리고 관심과 주목에 대한 병리적 욕구가 자신의 손에 잡히는 것(칫솔, 필기구 등)은 무엇이든 끊임없이 삼키는 행위로 표출되었고, 그 물건들은 수술로 제거해야 했다. 필자의 경험에 비추어 보면, 자살은 남겨진 가족이나 친구들이 여느 죽음이나 상실과 같은 방식으로 애도하여 극복해 낼 수 있는 것이 아니다.

교리서는 자살에 대한 방조도 중죄重罪임을 경고한다. 더 나아가 자살을 하나의 본보기, 특히 젊은이들에 대한 본보기로 행한다면 그 행위는 더욱 중차대한 추문이 되는데, 즉 다른 예민한 사람들이 같은 죄를 짓도록 영향을 미치는 것이다. 이 가르침은 [자살은] 내가 나에게 하는 것이기에 다른 누구에게 해를 입히지 않는다는 잘못된 견해에 정면으로 도전한다. 자살자에게 문제를 일으킬 의도가 없었을지라도, 그의 자살행위는 다른 사람들도 따라 할 수 있는 본보기를 세우는 것과 다를 바 없다. 여러 연구에 따르면 자살은 종종 사회적 '전염성'이 있다. 취약한 사람들은 다른 사람들, 특히 유명 인사들이 자살하는 모습을 보면서, 자신도 똑같이 하고 싶은 유혹을 받는다. 방송매체에서 보도되는 최고 유명 인사의 자살이나 세간의 주목을 받는 자살은 '모방' 자살, 심지어 그 방법까지 똑같이 따라 하는 자살을 촉발한다. 이처럼 사회적 영향을 받은 자살은 자살에 의한 전체 사망자를 현저하게 증가시킨다. 이러한 사례 중 대다수는 그렇지 않았다면 스스로 목숨을 끊지 않았을지도 모르는 사람들이다.

교리서는 자살이 완전히 의식하면서 고의로 행한 것이라면 중대하게 비도덕적인 것임을 분명히 밝힌다. 스스로 목숨을 끊은 사람들의 구원에 관해 우리는 절망할 수밖에 없는가? 반드시 그런 것은 아니다. 해당 단락을 주의 깊게 읽어 보면, 그 문제는 더 미묘함을 알 수 있다. 이에 관한 교리서의 가르침은 사랑하는 사람을 자살로 잃은 사람들에게 위로와 위안이 될 수 있다.

현대 의학과 심리학의 발견에 부응하여, 교회는 중한 정신장애(심한 우울이나 심한 고뇌, 고통과 고난에 대한 심한 공포)가 자살자의 책임을 경감시킬 수 있다고 인정한다. 앞에서 언급했듯이 자살에 관한 연구에 따르면 스스로 목숨을 끊는 대부분의 사람들은, 흔히 우울증으로 야기된 정신장애를 어느 정도 겪고 있다. 중증 우울증의 경우 정신병적 특성이 나타날 수 있으며, 그때 그 환자의 합리성과 자유는 심각한 장애가 생기거나 총체적인 불능 상태에 빠지는데, 이것은 다시 합리적이고 자유로운 선택을 할 수 있는 능력을 약화하거나 무력화한다. 객관적으로는 그 행위가 여전히 잘못된 것이고 비도덕적이지만, 그 환자의 주관적인 죄나 책임은 그런 정신적 상태에서 경감되거나, 심지어 면제될 수 있다.

이런 이유로 교회는 스스로 목숨을 끊은 사람들의 영원한 구원에 대해 우리가 절망해서는 안 된다고 가르친다. 그들은 어떻게 구원받을 수 있는가? "하느님께서는 당신만이 아시는 길을 통해서 그들에게 구원에 필요한 회개의 기회를 주실 수 있다"라고 교리서는 가르치며, 이어서 "교회는 자기 생명을 끊어 버린 사람들을 위해서도 기도한다"라고 천명한다. 그리고 우리도 그렇게 해야 한다.

자살 이후

사랑하는 사람을 자살로 잃은 가족이나 친구들이 애도 과정을 잘 겪어 내는 데 도움이 되는 규격화된 방식이나 간단한 방법은 없다. 필자의 임상 경험에 따르면 애도 과정에 있는 사람 중에 어떤 사람들은 자신이 건강하고 정상적인 방식으로 이 과정을 잘 견딜 수 있을지 지나치게 근심한다. 환자들은 종종 자신이 '정상적으로' 애도 과정을 겪고 있는지 필자가 판단해 주기를 원하면서, 이에 관해 묻고는 한다. 물론 비병리적인 애도와 사별을 우리가 1장에서 논의한 임상적 우울증과 구분하는 것은 중요하다. 하지만 임상적으로 우울하지는 않다면, 사별에 대한 의학적·치료적 접근은 그리 큰 도움이 되지는 않을 것이다. 당신을 사랑하고 지지해 주는 가족이나 친구들 곁에 머물 것, 시간이 제 역할을 하도록 기다릴 것, 끊임없이 끈기 있게 기도하며 마음속에 있는 것을 쏟아 낼 것, 이것들이 필자가 유일하게 할 수 있는 실질적 충고이다. 애도의 감정은 파도처럼 밀려왔다 다시 밀려가곤 한다. 그것은 불시에 당신에게 들이닥칠 수도 있다. 그 감정의 파도가 밀려올 것 같으면 그대로 오게 해야 한다. 상실에 따른 감정적 고통은 깊은 상처를 남긴다. 그 상처는 피할 도리가 없으며, 피하려고 해서도 안 된다.

사별을 주제로 한 자기 조력서를 보면 갖가지 충고로 넘쳐 나지만 대부분 그저 그럴싸한 말들일 뿐이다. 게다가 자살 이후 애도 과정에 관해서는 충고가 더 많을 것이다. '애도 과정'에 대한 다양한 도식에는 심리학자들이 관심을 보일지도 모를 일말의 진실이 있기는 하겠지만, 실제로 그 진실이 애도하는 사람에게는 거의 도움이 되지 못한다. 즉, 애도하는 사람은 퀴블러-로스Kübler-Ross의 잘 알려진 애도의 5단계 중 자신이 지금 어느 단계를 감내하고 있는지에 대해 초조해하며 시간을 보낼 필요가 없다. 그럼에도 고통 속에 그 과정을 겪고 있는 사람들에게 참된 위안과 도움이 될 수 있는 책들이 몇 권 있다. 피터 크리프트Peter Kreeft의 사려 깊은 『사랑은 죽음보다 강하다』*Love Is Stronger than Death*와 C. S. 루이스C. S. Lewis의 훌륭한 작품으로, 아내의 죽음에 따른 자신의 고뇌와 영적 투쟁을 진지하고 담담하게 이야기한 『헤아려 본 슬픔』*A Grief Observed*이 그것들이다.

여기서 필자는, 의도는 좋지만 효과는 없는 수많은 자기 조력서처럼 충고를 늘어놓기보다 한 어머니의 경험에 대한 개인적 소회를 그녀의 허락을 받아 들려주는 것으로 이 장을 마무리하고자 한다. 아마 이 소회가 사별의 추상적인 '과정'이나 '방법'에 대해 논의하는 것보다 도움이 될 것이다.

새벽 3시에 울린 전화에 필자는 잠에서 깼다. 정신이 조금 멍했지만, 전화상 목소리가 최근에 필자를 인터뷰한 기자라는 사실에 놀랐다. 크리스틴은 필자가 캘리포니아 대학교 어바인 캠퍼스에서 시작한 '정신의학과 영성 포럼'이라는 프로젝트에 관한 기사를 쓰려고 계획하고 있었고, 몇 주 전 그녀는 포럼의 한 행사, 즉 영성과 자살 예방에 관한 필자의 강연에 참석했다. 필자가 곧 알게 되겠지만, 이 주제에 대한 그녀의 관심은 단지 직업적인 것이나 학문적인 것을 넘어서게 되었다.

"내 아들 가브리엘이 방금 자살했습니다"라고 그녀는 말했다. 그녀의 음성은 충격 속에 얼어붙은 사람의 말처럼 멀리서 속삭이듯 차갑게 들려왔다. 가브리엘은 23세 청년이었다. "누구에게 전화를 걸어야 할지를 모르겠습니다"라고 그녀는 설명했다. 필자는 30분 뒤 그녀의 집에 도착했고, 그녀와 그녀의 남편, 그리고 남아 있는 다른 아들을 돕기 위해 작은 것이라도 하려고 했다. 직업 특성상 필자는 엄청난 고통을 겪고 있는 사람들을 매일 만나지만, 그 세 사람이 그날 밤 겪어야 했던 인간적 고통은 그리 흔한 고통이 아니었다.

크리스틴은 후에 『크리스채너티 투데이』*Christianity Today*[38]라는 잡지에 자살과 관련한 자신의 경험에 관해 글을 기고했다. 그 감동적인 글에서 그녀는 가브리엘이 죽은 이후 몇 달간 그녀가 느낀 죄책감과 애도의 감정에 대해 무엇인가 전하고자 했다.

처음에는 자살이 알아듣지 못할 잔인한 농담처럼 느껴졌다. 그것은 마치 하느님께서, 아니면 악마가, 아니면 욥과 같은 그 어떤 조합이 우리를 조롱하고 농락하는 것 같았다. 내 남편과 나는 완벽하지 않더라도 헌신적인 부모가 아니었던가? 그리고 쾌활한 성격의 우리 애가, 자신의 삶으로 생명 존중의 메시지를 드러냈던 그 아이가 스스로 목숨을 끊었다는 이 지독한 역설은 대체 무엇이란 말인가? 그의 삶의 궤적은 그의 탄생과 죽음으로 도리어 사회적 낙인의 상징으로 추락하고 말아야 하는가? 부모의 노파심으로 나의 관심이 점점 고조되면서, 나는 내

아들이 자살하기 바로 전날 어바인에 있는 캘리포니아 대학교에서 열린 정신의학과 영성 포럼에 관한 기사를 한 지역 방송국에 송고하지 않았던가? 나는 심지어 자살 예방에 관한 포럼의 한 강연에 대해 블로그에 글을 쓰기도 했다. 나는 정말 그 경고신호를 알아차려야 했다.

이 같은 자기 비난과 죄책감은 자살 이후 예외 없이 나타나는 경험이다. "왜 나는 경고신호를 알아채고 개입하지 못했는가?" "그것을 막기 위해 나는 무엇을 할 수 있었을까?" 자살자의 가족이나 친구들은 하나같이 자신에게 이런 질문을 던진다. 크리스틴은 이 글에서 남아 있는 사람들, 그리고 그 이유를 알고 싶어 하는 사람들의 마음속을 맴도는 만성적인 반추 작업을 직접적으로 묘사했다.

우리 생존자들은 마음속에서 죽은 사람과의 마지막 대화를 재현한다. 가브리엘이 죽기 며칠 전 한 친구에게 자신이 사용하려 하는 자살 수단에 대해 슬쩍 언급하고 지나갔던 대화나 그가 그날 저녁 외출하기 전에 나와 나누었던 이런 대화가 그렇다. 나는 이렇게 말했다. "게이브[가브리엘의 애칭], 얘야, 무슨 일이 있니? 눈이 아주 피곤해 보이는구나." 그는 그저 어깨를 으쓱해 보였고, 나는 그런 그를 보내 주었다.

이런 반추는 상실의 고통을 치유하지도 죄책감을 없애 주지도 못한다. 크리스틴의 글은 자신의 고뇌를 감추거나 꾸미려고 하지 않았다. 그녀가 말하듯이 자살 생존자에 관한 대부분의 글은 애도 과정에 아무 도움이 되지 못했다. 그것은 "예컨대 '사랑이 당신의 가족을 구할 수 있었다면, 그는 아직 여기 살아 있을 것입니다'[당신의 사랑이 부족해서 그가 죽은 것이 아닙니다]같이 죄책감을 없애 주는 그럴듯한 말로 꾸민 상투 어구로 가득 차 있었다. 그것은 단기적으로 도움이 되지만 지속적인 위안이 되지 못하는 일회용 반창고 같은 처방이다". 그녀는 자신의 신앙에서 (비록 그 신앙이 정화와 시험의 고통스러운 불길을 통과해야 하는 신앙이었을지라도) 더욱 적절하고 지속적인 도움을 찾았다. 그녀의 글은 시련 한가운데서 신앙과 희망을 잃지 않으려는 자신의 몸부림을 감추려고 하지 않았다. 그리고 그녀는 자살 생존자를 위한 자기 조력서가 미치지 못한 곳에서 치유와 위안을 준 것이 결국 자신의 신앙임을 깨닫게 되었다. 그녀는 이 깨달음을 다음과 같이 설명한다.

가브리엘이 현세의 삶에서 겪었을 모든 고통에 대해 생각해 보면, 나는 이해할 수 있는 것이 없다. 나는 하느님을 신뢰하는 것이나, 내가 한때 누렸던 하느님과의 친교를 맺는 것이 어렵다. 그런데도 나는 매일 은총의 순간을 들이마신다. 난 가브리엘의 어머니라는 특권에 대해 가늠할 수 없는 은총을 느낀다. 신앙으로, 이제 나는 에런 케리아티[필자]와의 뜻하지 않은 만남을 하나의 황당한 농담거리가 아니라, 하느님의 내재성을 드러내는 증거로 이해한다. 가브리엘이 현세의 문을 나설 때, 나는 뒤에서 외쳤다. "나는 너를 사랑한다." 솔로몬은 '사랑은 죽음만큼 강하다'라고 썼다. 그러나 하느님의 사랑은 그보다 더 강하다.

이 같은 견해에는 영웅적 신앙이 필요하다. 우리의 종교는 자살처럼 비극적이며 불가해한 사건에 대해 쉬운 해답이나 빠른 해법을 알려 주는 종교가 아니다. 고통을 몰아내는 마술적 주문은 그리스도인의 삶과 무관한 것이다. 오히려 그 고통 한가운데서 우리는 십자가상 그리스도, 즉 실제 고통과 실제 죽음을 다 감내하신 육화하신 하느님을 만난다. 바로 여기서 우리는 희망을 찾는데, 이것은 달콤한 위안이나 기적의 묘약이 아니라, 달리 어떤 수단이 없을 때 정작 우리에게 도움이 될 수 있는 희망이다.

가브리엘이 세상을 떠나고 며칠 후에 크리스틴은 필자에게 장례식에서 몇 마디 해 달라고 부탁했다. 그녀는 가브리엘의 우울증에 관해 언급해 주기를 원했는데, 그녀 입장에서 용기를 낸 것이라는 인상을 받았다. 그런 자리에서 무슨 말을 해야 할지 아무것도 떠오르지 않았지만, 그 요청을 거절할 수는 없었다. 장례식 전날 밤, 이 민감한 주제를 어떻게 다뤄야 할지 여전히 막막하여 필자는 기도 속에 성령께 도움을 청했고, 어떻게든 몇 마디를 적어 내려갔다. 장례식에서 내가 남긴 짧은 말을 여기 옮기는 것으로 이 장을 마무리하겠다.

우리의 이해력으로는 감당할 수 없는 이유로, 하느님은 가브리엘이 무서운 질환으로 고통을 겪게 하셨습니다. 우리는 이 무서운 질환을 설명해 줄 만한 말을 알지 못합니다. 이 정신 질환을 지칭하는 통상적인 말이 '우울증'인데, 이는 이 끔찍한 고통을 설명하기에는 빈약하기 짝이 없는 말이기 때문입니다. 이 고통은 끔찍하지만 남아 있는 우리에게는 대부분 감추어져 있는 질병입니다. 당사자는 단지 질환의 증상이 드러나는 외적 측면이 아니라, 우리에게 감추어진 내적 측면에서 고통받습니다.

우울증은 당사자의 기분과 정서에만 영향을 미치는 것이 아니라, 사고를 위축시킵니다. 종종 자신이 완전히 덫에 걸려 있고, 이 정신적 고통에서 도저히 빠져나갈 수 없다고 느끼게 될 정도입니다. 우울증은 명확하게 추론하는 능력을 파괴합니다. 그것은 건전한 판단에 심각한 장애를 초래할 수 있는데, 그래서 우울 증상이 없었다면 생각하지도 않았을 것들에 취약해질 수 있습니다. 가브리엘의 죽음은 치명적인 장애에 시달린 불안정한 마음에서 유발된 것입니다.

가브리엘을 잘 알고 있는 여러분 모두는 그가 여러분에게 고통과 슬픔을 안겨 주려고 어떤 일을 의도적으로 하지는 않았을 것을 의심의 여지 없이 알고 있을 것입니다. 그러나 덜 감추어진 다른 질환과 마찬가지로 가브리엘의 병은 너무 흔하게 치명적인 것으로 판명되는 질환입니다. 저는 여기에서 조심하고 싶습니다. 만약 여러분 중에 누군가가, 혹은 여러분이 알고 있는 누군가가 우울증이나 관련 질환을 앓고 있다면, 전 여러분이 그 상황이 그저 절망적인 것은 아님을 아시기 바랍니다. 여러분은 도움을 받을 수 있습니다. 여러분에게는 여러 선택지가 있으며, 이 끔찍한 형태의 고통을 완화할 수 있는 치료법이 있습니다. 여러분에게 호소합니다. 만일 여러분이 이와 똑같은 고통으로 힘들어하고 있다면, 유능한 정신과 의사에게 도움을 청하십시오. 부끄러워할 일이 결코 아닙니다.

가브리엘은 자신의 잘못 없이 이 질환을 앓아야 했습니다. 그 자신만 아니라 여기 있는 누구도 비난받을 이유가 없습니다. 우리 주님께서 왜 그런 고통을 허락하시는지 우리는 알지 못합니다. 그러나 우리는 하느님께서 우리가 홀로 고통을 겪도록 내버려 두지 않으신다는 것은 알고 있습니다. 그분은 우리와 같은 처지로 내려오시고, 고통과 질병, 괴로움 속에서 우리를 만나시는 하느님이기 때문입니다. 이것이 하느님께서 당신의 천사 가브리엘을 통해 마리아에게 전해 주신 메시지, 즉 하느님께서 우리 안에 우리의 일원으로 들어오시어, 우리 인간의 고통을 우리와 함께 끝까지 견뎌 내실 것이라는 메시지였습니다.

우리의 주님은 십자가 위에서, 그리고 수난 중에 우리의 육체적 고통만 아니라, 정신적 고통까지 겪으셨습니다. 우리는 고통의 저 심연으로부터 그분께 울부짖습니다. 그리고 그분은 당신과 함께 우리를 다시 일으켜 세우시려고 우리 심연으로 내려오십니다. 하느님은 우리 고통의 심연을 아십니다. 또한 우리의 부서지기 쉬운 마음도 아십니다. 그리고 그리스도 그분의 마음, 곧 그분 육신의 마음, 인성과 신성을 모두 가진 그 마음은 측량할 수 없이 자비롭습니다. 이 자비에 우리의 희망이 있습니다. 우리는 가브리엘을 십자가 위에서 사랑의 몸짓으로 쭉 펼쳐진 이 두 손에 맡기는 것입니다.

수호천사가 가브리엘을 맞아 주기를, 그리고 모든 천사가 그의 슬픔이 사라지고 더는 고통을 겪지 않아도 될 곳으로 가브리엘을 인도해 주기를 바라며 빕니다. 우리는 그가 우리의 모든 이해를 뛰어넘는 평화 속에서, 하느님의 평화 속에서 안식을 누리게 되기를 기도합니다.

2부

OVERCOMING
DEPRESSION

우울증의 극복

· 5 ·

약물치료와 기타 생물학적 치료

"그때 제우스의 딸 헬레네는 다른 생각을 했다.
그들이 마시는 포도주에 슬며시 약을 탔다.
분노를 녹이는 삼색제비꽃을,
우리 모두에게 고통을 잊게 만드는 마법을…."

호메로스, 『오디세이아』Homeros, *Odysseia*

호메로스의 이 구절에서 독자들은 놀랄 만큼 현대적인 것을 찾아낼 것이다. 제우스의 딸 헬레네에 의해 슬그머니 소개된 그 약은 신속하게 작용하고 매우 효과적인 항우울제와 다를 바 없다는 인상을 우리에게 줄 것이다. 호메로스 시대의 그리스인들에게 그런 환상적인 혼합물은 오직 신의 자녀들이 행하는 마법을 통해 나올 수 있었다. '트로이의 헬레네의 삼색제비꽃'은 현대의 항우울제보다 분명히 효능이 우수하다. 우리가 처방하는 어떤 것도 그런 신속하고 극적인 효과를 발휘하지는 못한다. 하지만 우리는 '프로작[항우울제]의 시대'를 살아가며, 뇌 화학작용의 조작을 통해 기분 상태를 변화시키는 우리의 능력을 당연한 것으로 여긴다.

오늘날 항우울제는 어떤 이들에게는 축하해야 할 일이지만, 반면에 다른 이들에게는 걱정거리이다. 사람들은 종종 필자에게 항우울제가 과잉 처방된 것 같은지 물어본다. 필자의 대답은 긍정과 부정, 둘 다이다. 어떤 사람들은 필요하지 않은데도 항우울제를 처방받고, 반면 어떤 사람들은 필요한데도 치료를 받으려 하지 않거나 약물 복용을 거부한다. 이번 장에서는 우리의 기분을 고양하기 위해 약물을 사용하는 것의 효과와 위험에 대해 균형 잡힌 설명을 시도해 볼 것이다. 우선 항우울제에 대해 논의하고, 우울증에 대처하는 기타 방법(식이요법, 운동, 다른 보완적·대안적 접근)에 대해서도 논의할 것이다. 그리고 중증 우울증의 치료를 위해 개발되고 있는 몇 가지 의학적 처치에 대해 간략히 살펴보며 결론을 지을 것이다.

항우울제

고대 그리스의 히포크라테스 학파 의사들이 체내 '흑담즙'의 과잉 분비를 우울증의 원인으로 가정한 이래, 의학은 이 장애의 생물학적 토대를 인식하여 신체적 치료를 추구했다. 의학의 발전에 힘입어, 이제 우리는 과잉 체액을 제거하여 우울증을 치료하기 위해 (고대부터 르네상스 시대까지 유행했던) 사혈이나 설사제에 의존하지 않는다. 오늘날 우리는 '흑담즙' 수치를 낮추려고 하기보다, 뇌 화학작용을 바꾸는 것을 목표로 한다. 우울증에 도움이 되는 것으로 입증된 약물들은 뇌 화학물질의 수치, 특히 노르에피네프린, 세로토닌, 도파민 같은 모노아민 신경전달물질의 수치를 높인다. 모노아민은 한 뉴런(뇌세포)과 다른 뉴런 사이의 신호 전달을 담당하는 뇌 화학물질 중 하나이다.

항우울제의 성공은 종종 우울증 자체가 '뇌의 화학적 불균형'에 지나지 않는다는 지나치게 단순화한 설명으로 이어졌다. 이런 설명을 널리 알리려는 노력에는 충분히 좋은 의도가 있었다. 그런 환원주의적인 생물학적 설명의 한 가지 목표는 우울증 진단이라는 낙인을 지우는 것인데, 이는 칭찬할 만하며 가치 있는 목표이다. 그러나 우울증이 화학적 불균형에 불과하다면, 당뇨병 같은 다른 의학적 질환과 근본적으로 다를 바 없을 것이다.

그렇지만 앞선 1부에서 분명해졌듯이 우울증이라는 질환은, '화학적 불균형'이란 지나치게 단순화한 설명이 시사하는 것보다 더 복잡한 실체이다. 물론 우울증이 뇌 화학작용의 이상을 수반하기는 하지만, 일반적으로 신경 화학작용과 정신은 불가분의 관계에 있다. 분명 우리 뇌의 변화는 우리가 무엇을 생각하고, 어떻게 느끼는지에 영향을 미칠 수 있다. 그러나 화살은 반대 방향으로도 움직인다. 곧, 우리가 무엇을 생각하고, 어떻게 느끼는지가 우리의 뇌에 큰 영향을 끼치기도 하는 것이다. 이는 우울증에도 그대로 적용된다. 예를 들어 심리치료는 우울증에 대해 항우울제와 유사한 뇌 변화를 일으키는 것으로 나타났다. 그래서 우울증이 뇌의 화학적 변화를 수반하기는 하지만 화학적 불균형이란 말로 단순하게 축소될 수는 없는 것이다. 뇌에서 일어나고 있는 것은 비록 중요한 것이지만, 그저 전체의 일부에 지나지 않는다. 마찬가지로 치료 방법을 고려할 때, 우리는 약물을 해결책의 일부로 여겨야 한다. 종종 필수불가결하고 심지어 생명을 구하는 것이지만 해결책의 전부는 아니다.

통상 처방하는 항우울제에 대한 세세한 설명은 이 책의 범위를 넘어서는 것이다. 특정 약물의 효과와 위험에 대한 세부 사항은 철저한 의학적 평가 후에 의사와 논의하는 것이 가장 바람직하다. 여기서는 몇 가지 일반적인 원칙에 대해서만 다룰 것이다. 우선 우리는 항우울제가 중독성이나 습관성이 있다는 근거 없는 믿음을 버릴 필요가 있다. 그것은 그렇지 않다. 다만 바리움이나 아티반 같은 벤조디아제핀 계열 약물[신경안정제]처럼 즉각적인 불안 완화를 위해 단기적으로 처방되는 일부 약물은 남용 가능성이 있어 숙련된 의사의 감독하에 신중하게 사용해야 한다.

새로운 항우울제 중에 두 가지 주요 계열로는 선택적 세로토닌 재흡수 억제제(SSRI)와 세로토닌-노르에피네프린 재흡수 억제제(SNRI)가 있다. 이 약물들은 일반적으로 내약성이 좋고 안전하며, 심지어 과다 복용 시에도 마찬가지이다. 통상적인 부작용은 메스꺼움 같은 위장의 가벼운 불편감이나 처음 며칠 동안 나타나는 가벼운 두통이다. 가장 흔한 부작용은 성욕 감퇴이지만, 이것은 우울증 자체의 흔한 증상이며 우울증이 치료되면 개선될 수 있다. 이런 성적 부작용을 피하기 위해 부프로피온(웰부트린)이나 미르타자핀(레메론)을 사용할 수 있지만, 각각의 약물에도 고유한 잠재적 부작용이 있다. 부프로피온은 금연에도 도움이 되는 것으로 알려져 있기에 금연을 시도하는 우울증 환자에게 유용한 항우울제가 될 수 있다.

어떤 사람들은 약물과 관련해서 새로운 것이 언제나 더 좋다는 잘못된 생각을 가지고 있다. 새로운 약물은 흔히 부작용이 적고 과다 복용 시에도 더 안전하지만, 구세대 항우울제(삼환계 항우울제와 모노아민 산화효소 억제제)가 중증 우울증이나 난치성 우울증에 때로는 더 효과적인 것으로 나타났다. 삼환계 항우울제는 구강 건조나 진정 작용을 일으킬 수 있어 심장 문제가 있다면 신중하게 사용해야 한다. 모노아민 산화효소 억제제는 일반적으로 내약성이 좋지만, 아미노산 티라민이 함유된 음식(숙성된 치즈, 발효된 채소, 기타 흔히 소비되지 않는 식품)을 피하는 등의 식이 제한이 필요하며 다른 약물들과 잠재적인 약물 간 상호작용이 있다.

다시 말하지만 이런 약물들에 대한 세세한 설명은 우리를 세부 사항의 수렁에 빠지게 할 것이다. 더구나 의학 분야에서는 언제나 발전이 이루어지고 있기에 여러분이 이 책을 읽을 때쯤이면 새로운 항우울제가 나와 있을지도 모른다. 이 책을 읽거나 인터넷을 검색하여 약물치료가 적절한지, 어떤 약물을 복용해야 하는지 파악하려 하기보다, 유능한 정신과 의사와 상담하는 것이 가장 좋은 정보 취득 방법이다. 약물의 발전은 빠른 속도로 이루어지며, 약물 포장 속지에 써 있는 부작용 목록은 너무 길어 그 목록을 읽는 대부분의 사람들을 겁먹게 만든다. 여러분의 의사만이 어떤 부작용이 어느 정도의 빈도로 발생하는지 설명하고 잠재적인 부작용을 최소화하는 법에 대해 충고할 수 있다.

불행히도 즉각적인 효과가 있는 우울증 치료제는 없다. 모든 항우울제는 완전한 효과를 발휘하기까지 약 4주에서 6주가 걸린다. 때로는 치료 후 2주나 3주가 지나면 빠르게 효과가 나타날 수도 있다. 그러나 일반적으로는 약물이 효과가 있는지 알려면, 적어도 한 달 동안 적절한 양의 항우울제를 복용할 필요가 있다. 필자는 한 가지 이상의 항우울제를 시도했지만 '실패'했다고 말하는 환자들을 많이 보는데, 곧 그들이 효과가 있는지 확인할 수 있는 만큼 오래 복용하지 않았음을 알게 된다. 만약 항우울제 복용 이후 며칠이나 몇 주 만에 즉각적인 효과를 본다면, 이는 종종 그 효과가 실제 약물보다 위약효과 때문임을 시사한다. 필자가 임상 현장에서 빈번하게 직면하는 문제는 가정의나 내과의가 환자에게 부분적인 증상 완화만 가져오는 저용량으로 약물치료를 시작한다는 사실이다. 약물치료에서 충분한 효과를 얻으려면 때로 고용량 복용이 필요하다. 내약성이 허락하는 한 허가된 복용 범위에서 증량하는 것이 첫 번째 약물을 보완하기 위해 두 번째 약물을 추가하는 것보다 일반적으로 더 바람직하다.

약물치료에서 처음으로 개선되는 증상들은 흔히 에너지, 집중력, 동기부여와 관련한 문제이다. 마지막에 개선되는 증상들은 기분 저하와 무망감이다. 어떤 사람들은 약물을 복용한 처음 몇 주 동안 에너지와 동기부여가 개선되었음을 알 수 있지만, 기분이 고양되기까지는 몇 주가 더 걸릴 수도 있다. 이러한 이유로 항우울제를 복용한 처음 한두 달은 취약한 시기가 될 수 있다. 의사는 자살 위험을 주의 깊게 관찰하고 평가해야 하며, 기분은 다른 증상보다 완화되기까지 더 오랜 시간이 걸릴 수 있음을 약물을 복용하는 환자에게 분명히 알리고, 이를 주기적으로 상기시켜야 한다. 자살 생각을 하고 있는 우울증 환자는 자살 계획을 세우고 실행에 옮길 만한 에너지, 집중력, 동기를 갖고 있지 못할 수 있다. 그러나 만약 [약물 복용으로] 이런 증상들이 우울한 기분이나 무망감보다 먼저 개선된다면, 그 환자는 자살 계획을 실행할 에너지와 인지 능력을 갖게 될 수도 있다.

비록 데이터가 혼합되어 있고 결정적이지 않지만, 일부 연구에 따르면 이 같은 초기 자살 위험은 특히 항우울제를 복용하기 시작한 청소년 환자들에게 나타날 수 있다. 항우울제 복용 이후 자살 위험을 증가시킬 수 있는 다른 요인은 3장에 언급되어 있다. 즉, 미진단된 양극성장애 환자의 경우, 항우울제가 환자를 우울증 상태에서 조증 상태나 혼합 상태로 바꾸어 놓을 수 있으며, 이로써 환자가 자살 생각을 충동적으로 실행할 위험에 처할 수 있다. 그래서 항우울제 치료를 시작할 때는 정신과 의사의 주의 깊은 관찰이 중요하다. 또한 환자와 가족도 치료받지 않은 우울증은 환자를 자살 위험에 빠지게 할 수 있음을 명심해야 한다. 일부 사례 보고가 첫 번째 달이 취약한 시기일 수 있음을 시사하는 반면, 최근 연구는 항우울제 치료가 자살 행동의 빈도를 전반적으로 감소시킨다는 결과를 보여 주고 있다. 곧, 항우울제는 생명을 구할 수 있다.

항우울제는 얼마나 효과가 있을까? 연구는 '삼분의 일 법칙'을 지지한다. 즉, 환자의 삼분의 일에서 항우울제는 증상의 완전한 관해寬解(완화)를 가져오고, 삼분의 일에서 모든 증상을 치료하지는 않지만 임상적으로 유의한 효과를 나타내며, 그리고 삼분의 일에서는 측정 가능한 효과가 거의 혹은 전혀 없다. 이 같은 결과가 대단해 보이지는 않겠지만, '삼분의 일 법칙'은 고혈압 치료에 사용되는 항고혈압제처럼 일반적으로 사용되는 다른 약물에도 적용된다. 만약 한 환자가 첫 번째 항우울제에 반응하지 않는 삼분의 일에 속한다면 어떻게 될까? 연구에 따르면 첫 번째 항우울제와 같은 계열이든 다른 계열이든 두 번째 항우울제를 시도할 경우, '삼분의 일 법칙'이 반복된다. 다시 말해 삼분의 일은 관해, 삼분의 일은 유의한 효과가 나타나며, 삼분의 일은 아무 효과가 없다. 시간을 두고 인내 있게 기다린다면, 대부분의 우울증 환자에게 적어도 일정 부분 효과가 있는 약물 치료법이 마련될 수 있다. 여러 약물을 시도해도 전혀 반응하지 않는 것 같은 난치성 사례의 경우, 다른 치료법을 쓸 수 있다. 이에 대해서는 뒤에 논의할 것이다.

왜 어떤 환자들은 특정 약물에 반응하지만 다른 환자들은 그렇지 않은지에 대해서는 과학적으로 아직 불분명하다. '우울증'이나 '주요 우울장애'라는 일반적인 분류는 사실 한 가지 이상의 장애를 포함할 수 있다. 즉, 우리가 우울증이라 부르는 것은 다소 다른 생물학적 원인이나 기여 요인을 가진 관련 질환들의 집합일 수 있다. 신경생물학에 대한 우리의 지식이 계속 축적됨에 따라, 우리가 우울 장애를 분류하는 방식들이 더 정교해질 것이고, 미래에는 치료법에 달리 반응하는 우울증의 서로 다른 하위 유형들도 포함할 수 있을 것이다. 게다가 우리는 약물들을 흡수하고 대사작용하는 방식들이 개인마다 상당히 다양하다는 것을 알고 있다. 또한 약물들이 치료 효과를 발휘하는 뇌 생물학 수준에서도 개인차가 존재한다.

정신약리학은 이 같은 개인적 다양성에 대한 이해를 발전시키고 있다. 예를 들어 일부 실험실 검사는 한 사람의 유전적 특성이 몇몇 항우울제에 대한 대사작용 방식에 어떻게 영향을 미치는지 보여 줄 수 있다. 뇌파검사 및 기타 뇌 기능 검사가 약물에 대한 반응을 예측하기 위해 일부 환경에서 사용되기 시작했고, 그런 검사는 현재 제한적이지만 임상적 유용성을 보여 주고 있다. 정신약리학이 발전함에 따라 정신과 의사들은 초기 치료를 환자 개인의 고유한 생물학적 특성에 맞춰 조정할 수 있기를 바라고 있다. 그러나 약물의 대사작용과 반응은 상당히 복잡한데, 그것이 유전 요인만 아니라, 식이, 흡연, 기타 약물 등의 환경 요인의 영향도 받기 때문이다. 그래서 약물의 관리는 하나의 '예술'이며, 이를 위해서는 임상 경험, 세심한 평가와 관찰, 그리고 의사와 환자 간의 원활한 의사소통이 필수적이다. 약물치료에 만족하지 못하는 환자들은 2차 소견이나 다른 숙련된 정신과 의사와의 상담을 통해 도움을 받을 수도 있다.

미용 목적의 약품

최근의 의학적 발전은 항우울제를 그 어느 때보다 감내할 만하고, 안전하며, 용이하게 처방할 수 있게 만들었다. 약리학을 통해 기분을 전환하는 우리의 기술적 능력은 잘 알려져 있는데, 이것은 부분적으로는 항우울제에 대해 '소비자에게 직접 알려 준' 텔레비전 광고 덕이다. 오늘날 일부 항우울제를 포함하여 많은 처방약이 누구나 다 아는 이름이 되었다. '프로작'이란 이름은 '비아그라'만큼이나 일반 대중에게 익숙하다. 온라인에서 검색해 보면 제목에 프로작이라는 말이 들어간 신간 책이 62종이나 된다. ('비아그라'는 35종에 불과했다.)

의약품 시장의 공격적인 확장과 더불어, 항우울제가 실제로는 필요하지 않는 사람들에게 간혹 처방되고 있는 것은 아닌지 문제가 제기되고 있다. 여기서는 몇 가지만 간략히 언급하는 것으로 충분하다. 정신 질환을 치료하기 위한 것만 아니라, 정신적으로 문제가 없는 사람들에게도 약물을 사용해야 한다는 주장이 제기되었다. 새로운 항우울제들은 우울증 환자들의 기분을 좋아지게 하는 것을 넘어서, 건강한 사람들의 성격 특성을 바꿔 놓는 것으로 보인다. 일부 비평가들은 이것을 '미용수술'과 비슷하게 '미용약리학'이라고 부른다. 이른바 미용 약물의 이면에는 이런 약물이 실제 장애를 겪고 있지 않은 사람들에게도 유용하다는 생각이 있다. 건강하지 않은 사람들의 상태를 개선하기 위해 그들의 뇌 화학작용을 어설프게나마 바꿀 힘을 가지고 있다면, 건강한 사람들에게도 똑같이 해서 그들의 수행 능력이나 정신 기능을 '증진하지' 않을 이유가 어디 있겠는가? 치료라는 의학적 목표를 넘어서서, '증진'이라는 유토피아적 이상으로 옮겨 가는 것은 단지 병든 사람을 건강하게 하는 것만 아니라, 건강한 사람이 '건강 그 이상의 것'을 느끼게 하는 것이다. 필자는, 히포크라테스 전통에 근거를 두고 있고 『멋진 신세계』*brave new world*의 유토피아적 각본을 경계하는 의사로서 이 같은 제안에 회의적이다.

정신의학에서 성격 특성은 일반적으로 생각과 기분의 부침과 변화를 견뎌 내는 개인의 고유한 성향이나 경향으로 이해한다. 우리는 특정 물질이 성격 특성을 바꿀 수 있다는 것을 오래전부터 알고 있다. 예를 들어 알코올은 일시적으로 사람들을 더 외향적이거나 충동적으로 만든다. 그렇지만 기존에 우리가 사용한 약물은 그저 일시적으로만 영향을 미쳐 변화를 일으켰다. 술에 취하면 성격이 달라 보일 수 있지만 취기가 빠지면 이전의 자기로 결국 돌아간다. 반면 미용 약물은 영구적인 성격 변화의 가능성을 제공한다. 이제 생명공학은 인간 본성의 이런 근본적 특징을 이미 바꿀 수 있거나, 곧 바꿀 수 있을 것으로 보인다.

많은 철학적·신학적 성찰의 핵심에는 인간 본성에 관한 질문이 있다. 인간존재의 본질은 무엇이며, 인간의 행복과 성장은 무엇에 있는가? 참된 '자기 개선'은 가능한가? 그렇다면 어떻게 가능한가? 덕은 수년에 걸친 고된 도덕적 훈련을 통해서만 배울 수 있는가? 아니면 이제는 약물처럼 더 빠르고 쉬운 기술적 수단으로 얻을 수 있는 것인가? 이전에는 금욕적인 노력과 투쟁을 통해서만 얻을 수 있던 것이 아마 언젠가는 알약을 삼킴으로써 얻을 수 있을 것이다. 미용 약물을 기꺼이 쓸 것인가, 멀리할 것인가? 이에 대한 우리의 태도는 궁극적인 목적이나 목표에 대한 확신에 달려 있다. 즉, 인간이란 자신이 처한 환경에 잘 적응하거나 적응하지 못하는 유기체에 불과한가? 아니면 인간은 또한 그리스도교 전통이 이해하는 바와 같이, 하느님을 닮은 모습으로 만들어진 사랑받는 존재, 나그네이자 순례자, 이 세상에서는 결코 온전히 안식할 수 없는 존재, 이 유한한 삶에서는 결국 완전히 만족할 수 없는 존재인가?

가톨릭의 가르침에 따르면 인간존재는 하느님 자신을 닮은 모습으로 만들어진 영혼과 육신의 총체적 통일체, 곧 '육화肉化된 영혼'이며 '영화靈化된 육신'이다. 영혼과 육신은 완전한 통일을 이루고 있으며, 오직 죽음에 이르러 분리된다. 그리고 그 분리는 영원히 지속될 수 없으며, 역사가 완성될 때 하느님께서 우리 개개 육신의 부활을 이루실 것이다. 인간은 천사처럼 순수한 영혼도 아니고, 다른 동물처럼 단순히 물질적인 생물학적 유기체도 아니다. 그 둘 사이에서 길을 걷고 있는 피조물이다. 인간은 '성사聖事적'이다. 즉, 비가시적인 영적 세계의 가시화, 서로 알고 사랑하는 세계의 가시화이다. 인간은 세계의 영적 차원과 물질적 차원을 연결한다. 이와 같이 영혼과 육신을 서로 분리될 수 없는 전체로 이해할 때, 비로소 우리는 건강한 개인의 육체적 자질에서 그 가치를 식별해 낼 수 있다. 인간존재에 대한 이 같은 견해는 능력과 한계를 함께 지닌 개인의 고유한 생물학적 구성을 포함하여, 개개 인간에게 주어진 모든 것에 대해 우리가 더욱 겸손하고 존중하는 자세로 접근하게 해 준다. 동시에 이 견해는 인간존재의 위대한 존엄성을 드러내면서, 인간이라는 동물에 대해 더욱 숭고한 견해를 제시한다. 하느님의 모상으로 창조된 인간은 자신의 영혼과 육신을 뛰어넘어 창조주 하느님을 지향하기 때문이다. 또한 그리스도교 신앙은 모든 인간은 그리스도의 십자가상 희생으로 구원되었으며, 영혼과 육신을 통해 하느님과 함께 영원한 생명을 누리도록 부르심을 받았음을 계시한다.

우리를 영원히 행복하게 하시려는 선하신 하느님으로부터 우리가 생명을 받는다는 맥락에서 볼 때, 선천적인 기질 특성이나 후천적인 성격 특성을 전적으로 변경할 수 없고 건드릴 수 없는 것으로 여겨서는 안 되며, 철저히 변형하고 조작할 수 있는 것으로 여겨서도 안 된다. 육신은 자기(self)의 전부가 아니며, 제멋대로 변경할 수 있는 이질적인 도구가 아니다. 한 인간의 타고난 생물학적 구성은 감사와 경의의 대상이지, 프로메테우스[하늘에서 불을 훔쳐 인간에게 내준 죄로 바위에 묶여 독수리에게 끊임없이 간을 파 먹히고 다시금 재생되는 벌을 받는 그리스신화의 신]적 교만에서 비롯된 고압적인 통제의 대상이 아니다. 심지어 타고난 약점들도 항상 나쁜 것은 아니며, 그런 약점들과 씨름하는 것이 결국 한 인간의 덕을 발달시킬 수도 있다. 하느님으로부터 받은 우리의 고유한 자질에 대해 이 같은 경외의 태도를 기르는 것은 의사들과 환자들이 우리 인생의 순례 길에서 직면하게 되는 모든 문제에 대해 손쉬운 해결책, 말 그대로 알약 같은 해결책을 찾고 싶은 유혹을 물리치는 데 도움이 될 것이다. 그리고 그것은 '개선'이 아니라 '치유'가 의학의 바람직한 목표임을 명심하는 데 도움이 될 것이며, 또한 인간 육체를 조작하여 상품화하는 것을 비롯해서, 유토피아적 사회를 추구하는 것을 피하는 데도 도움이 될 것이다.

아빌라의 성 데레사St. Teresa of Avila는 우리가 희망하고 있는 영원한 삶을 고대하면서, 이 지상의 삶을 "나쁜 여인숙에서의 잠 못 이루는 밤"으로 묘사했다. 이것은 염세주의가 아니라 우리 인간의 곤경에 대한 현실적 평가이다. 어떤 약물도 우리를 이 세상에서 완벽히 편히 쉬게 할 수 없다. 또한 어떤 기술적인 해결책도 우리의 모든 불만족을 없앨 수 없으며, 우리가 그것을 원해서도 안 된다. 우리는 저마다 마음 깊은 곳에서 이 세상이 (그 아름다움과 선함에도 불구하고) 우리의 최종적인 집이 아님을 느끼고 있다.

다시 우리의 중심 주제로 돌아가서, 우울증은 실제적이고 심각한 질환이며 그로부터 벗어나서 안식하는 것은 분명히 큰 축복이라고 할 수 있다. 우울증에 시달리는 사람들에게 항우울제는 그 고통으로부터 놀라운 안식을 제공했다. 불필요한 항우울제 처방이 현재의 혹은 미래의 문제가 될지도 모르지만 우리는 목욕물을 버리려다가 아기까지 버릴 필요가 없다. 어떤 것의 오용이 그것의 올바른 사용을 부정해서는 안 된다. 과연 항우울제는 전반적으로 과잉 처방되고 있는가? 간혹 엉뚱한 사람들이 처방을 받을 수도 있다고 필자는 생각한다. 최근에 나온 한 국가 차원의 주요 연구에 따르면, 우울증 환자의 절반만이 전년도에 (어떤 종류이든) 건강보험 치료를 받았고, 치료를 받은 절반 중 다시 절반만이 (곧 전체 우울증 환자의 사분의 일만) '적절한' 치료를 받았다고 한다.[39] 주요우울장애의 부적절한 치료는 재발로 이어질 수 있기에 이것은 큰 문제이다. 실제로 이 연구에서 우울증을 앓은 대다수 환자가 그에 따른 상당한 기능 손상을 보고했다.

식이요법과 식이 보충제

아무 서점이나 가서 대충 둘러봐도 수십 종의 식이요법(다이어트) 책을 찾아볼 수 있다. 그 책에서 추천하는 바를 하나로 합쳐 보면 이쪽과 저쪽, 양쪽에서 모순점을 발견할 것이다. 미국에서 급속히 일어난 비만 확산과 질 좋은 음식을 먹고 더 나은 삶을 살고자 하는 갈망은, 최근 거세게 불고 있는 식이요법 열풍을 보완해 줄 다이어트 책과 요리책에 대한 끝없는 욕망을 부추기고 있는 것처럼 보인다. 체중 감소, 활력 증가, 장수, 그리고 질병 예방을 약속하며 물밀 듯이 밀려오는 새로운 책들(많은 책이 의사들이 직접 쓴 것이다)로 인해 사람들은 어찌할 바를 몰라 두 손 두 발 다 들고 피자 한 조각에 달려들기 십상이다. 영양과 정신 건강의 연관성에 관한 과학적으로 일치된 어떤 의견이라도 있는 것일까?

최고 수준의 연구에 따르면 우리가 자신 있게 추천할 수 있는 것은 지중해식 식단이다. 간단히 설명하자면 이 식단은 기본적으로 (1) 녹황색 채소, (2) 생선, (3) 올리브 기름 및 기타 식물성 기름에 중점을 둔 식단이라고 할 수 있다. 이 식단은 (1) 고기, (2) 복합 탄수화물(밥, 파

스타, 빵)은 적당히 포함하나, (1)단순 탄수화물(당류), (2)가공식품은 배제한다.

　식이 보충제는 보통 그것들이 제공할 수 있는 것보다 많은 것을 약속하지만, 우울증에 사용할 만한 보충제도 일부 있을 수 있다. 가공되지 않은 연어와 참치처럼 지방이 많은 생선이나 몇몇 채소에서 추출되는 오메가-3 지방산이 우울증과 그 밖의 다른 기분장애와 관련하여 광범위하게 연구되었다. 전반적인 연구에 따르면 오메가-3를 함유한 음식의 비중이 높은 식단이나 생선 기름 혹은 오메가-3가 추가된 식단이 우울증을 예방하고 양극성장애 환자의 기분을 안정시키는 데 도움이 될 수 있다. 역학 연구에 따르면 생선을 많이 먹는 일본처럼 오메가-3 함량이 높은 식습관을 가진 나라들은 다른 나라들에 비해 양극성장애 유병률이 더 낮다. 중등증 및 중증 우울증의 경우 오메가-3 보충제만으로 강한 치료 효과나 치유 효과를 기대할 수는 없으며, 그것이 약물치료와 심리치료, 또는 다른 치료 수단을 대체할 수도 없다. 그러나 보충제가 그런 치료들이 더 효과적이도록 도울 수는 있으며, 지속적으로 복용한다면 우울증이 발달할 위험성을 낮추는 데도 도움이 될 수 있다. 많은 연구들이 오메가-3가 효과가 있으려면 상당히 고용량이 필요하다고 보고한다. (특정 용량에 대한 권장 사항은 의사에게 문의해야 한다.) 여기서 한 가지 잠재적 문제는 치료 효과를 얻기 위한 고용량의 보충제를 견뎌 내는 데 많은 사람이 어려움을 겪는다는 것이다.

　이 분야에서 증가하고 있는 다수의 연구에 근거하여, 일반적으로 필자는 기분장애 병력이 있는 환자에게 생선 기름이나 오메가-3 보충제를 제안한다. 또한 미국인의 식습관은 비타민 B와 D가 부족한 경향이 있으며, 비타민 D는 계절성 정서장애 치료에 중요할 수 있다. 실험실 검사에서 비타민 B와 D 수치가 비정상적으로 낮게 나타나면 보충제가 권고된다. 종합 비타민제와 미네랄 보충제는 일반적으로 모든 환자에게 추천되는 건강에 좋은 조치이지만, 값비싼 보충제에 열광할 필요는 없다.

약초 보충제는 비타민제나 식이 보충제보다 약물에 더 가까운 것으로 봐야 한다. 많은 약초 치료제가 약리적 성질을 가지고 있어, 약물과 유사한 방식으로 뇌 및 신체에 작용한다. 일부 약초 보충제는 약물과 마찬가지로 잠재적 효과가 있을 수 있지만, 고유의 위험성과 잠재적 부작용 또한 가지고 있다. 그것이 그저 자연 발생한 것이라는 이유만으로 당연히 더 안전하고 '자연스럽다'는, 곧 '이치에 맞다'는 인식은 분명 잘못된 것이다. 실과 득을 저울질해야 하며, 연구 데이터를 주의 깊게 검토하여 그 화합물의 효능성과 안전성을 검증해야 한다.[40]

예를 들어 우울증과 불안증에 가장 흔히 사용되는 약초 보충제인 서양고추나물St-John's-Wort은 선택적 세로토닌 재흡수 억제제와 유사한 방식으로 작용한다는 일부 증거가 있다. 또한 증거에 따르면 서양고추나물은 경증 및 중등증 우울증에 효과적일 수 있지만 중증 우울증에 대한 실험 결과는 더 제한적이다. 서양고추나물은 그 자체로 잠재적 부작용을 가지고 있는 것만 아니라, 다른 약물과 상호작용하여 잠재적으로 심각한 부작용을 일으킬 수도 있다. 이러한 이유로 환자가 의사에게 현재 복용 중인 약물에 대해 질문을 받으면 약초 보충제든 식이 보충제든 항상 솔직하게 얘기해야 한다. 많은 환자가 이를 주저하는데, 의사가 대체 의학을 인정하지 않을 것이라는 두려움 탓이다. 하지만 이것은 환자의 안전을 보장하고 가장 효과적인 치료법을 찾기 위해 의사가 알아야 할 중요한 정보이다.

약초 및 식이 보충제와 관련한 잠재적 문제 중 하나는 품질 관리의 부족이다. 약품의 품질은, 복제 약품에 대해서도 미국 식품의약국(FDA)에 의해 면밀히 관리 감독되고 있다. 그래서 우리가 약품 라벨 위에 적혀 있는 것이 실제로 그 통 안에 들어 있다고 합리적으로 확신할 수 있는 것이다. 그러나 보충제에 관한 연구에 따르면 해당 화합물의 양과 질, 순도가 제품마다 상당히 다를 수 있다. 당신이 보충제를 복용하려 한다면 품질 보장을 위해 약간의 시장조사를 할 필요가 있다. 한 가지 예를 들자면 생선 기름(오메가-3) 보충제가 있는데, 일부 제품에 납이나 수은 등이 들어 있다고 보고되었기에 철저한 검사를 거쳐 중금속 오염이 없는 것으로 확인된 제품을 고르는 게 중요하다.

신체 운동

규칙적인 유산소운동은 경증 및 중등증 우울증에 유익하며, 특히 노인에게 그렇다고 여러 연구들이 일관되게 입증하고 있다. 반면 증거에 따르면 중증 우울증이나 우울병적 우울증에는 덜 효과적이며, 그런 상태에 있는 사람이 규칙적인 운동 루틴을 유지하기 위한 동기부여를 하기가 어렵다는 사실은 말할 것도 없다. 경증 및 중등증 우울증의 경우, 여러 연구에 따르면 운동은 항우울제와 유사한 생리학적 효과를 보일 수 있다. 예를 들어 운동은 스트레스 호르몬인 코르티솔과 노르에피네프린 수치를 낮추고, 혈소판 응집을 줄이며, 소위 '러너스

하이'runner's high[중간 강도의 운동을 30분 이상 지속할 때 느끼는 도취감]를 유발하는 신체 화학물질인 엔도르핀의 분비를 촉진한다. 대부분의 연구에 따르면 운동이 효과적이기 위해서는 상당히 엄격해야 한다. 권장되는 유산소운동요법은 일주일에 다섯 번 25분에서 30분씩, 혹은 일주일에 세 번 45분씩이다. 우울증에 대한 효과는 두 루틴이 동일하다.

유산소 운동에는 조깅, 수영, 자전거 타기 등 여러 형태가 있고, 러닝머신, 스테어매스터(계단 오르기 기구), 실내 자전거를 이용할 수도 있다. 테니스나 역도처럼 움직이다 멈추다를 반복하는 운동, 곧 힘을 쓰는 순간 사이에 잠시 쉬는 순간이 있는 운동은 덜 효과적일 것이다. 경험에 근거한 기본적 규칙은 심박수가 상승한 상태(전력 질주 후에 측정되는 최대 심박수의 75-80%)를 일정하게 유지해야 한다는 것이다. 걷기 같은 가벼운 운동도 아무것도 안 하는 것보다는 나을 것이다. 운동은 부상의 위험 외에는 부작용이 없다는 것이 장점이며, 저렴한 비용으로 할 수 있다. 전문 체육관에 가입할 필요도, 고급 개인 트레이너를 고용할 필요도 없다.

우울증을 겪고 있는 동안 운동을 하기에 어려움이 있는 것은 분명하다. 우울증 증상(저 에너지, 동기부여 결여, 어떤 활동에서도 쾌감을 느끼지 못하는 불능 상태)에 시달리면 운동을 한다는 것이, 아무리 좋게 봐 줘도 매력이 없고, 최악의 경우 그저 혐오스럽게 보일 뿐이다. 그러나 운동에 동기부여를 하기가 가장 어려울 때 스스로 운동을 할 수만 있다면, 바로 그때 운동이 신체적·정신적 건강에 무엇보다 이로움을 깨달을 것이다. 대부분의 사람들은 규칙적인 시간 계획과 루틴이 운동요법을 지속하는 데 필요하다는 것을 알고 있다. 또한 대부분의 경우 친구와 함께, 혹은 체육관에서 강습에 참여하여 하는 운동이 혼자 운동하는 것보다 효과적이며, 동기부여의 지속에도 도움이 될 수 있다. 운동하는 동안 사회적 상호작용을 하며 얻는 심리적 효과는, 운동 자체의 신체적 효과에 덤으로 주어지는 것이다.

우울증에 대한 운동의 효과가 종종 전적으로 치료적이지는 않더라도, 적어도 증상의 부분적 완화와 기능의 개선 측면에서는 중요하다. 경증 우울증에 걸렸으며 항우울제 복용을 피하고 싶은 사람들에게 유산소운동은 효과적인 시작점이 될 수 있다. 이미 항우울제를 복용하고 있는 사람들에게 운동이 추가되면 약물이 더 잘 작용하고 회복 기간이 단축될 수 있다. 이러한 이유로 필자는 모든 우울증 환자에게 규칙적으로 운동할 것을 권고한다.

수면위생과 사회적 상호작용

우울증을 겪게 되면 종종 수면에 장애가 생긴다는 사실을 우리는 알고 있다. 우울삽화에서 회복된 사람의 경우, 수면 패턴 분열은 우울증의 재발 증상 중 하나일 수도 있다. 잠을 자지 못하는 것과 새벽에 지나치게 일찍 깨는 것은 우울증의 전형적인 증상이다. 반면에 소위 비전형적 우울증의 특징은 과다 수면이다. 이런 상황에서 과다 수면이나 각성 시간 동안의 활동 부족은 우울삽화를 지속시키거나 그 치료를 더 어렵게 만든다. 양극성 장애에서 너무 적은 수면은 조증삽화를 촉발할 수 있고, 너무 많은 수면은 우울증에 기여할 수 있다.

그래서 우울증의 예방과 치료를 위해서는 좋은 '수면위생'을 유지하는 것이 중요하다. 수면위생이란 말은 건강한 수면 패턴과 행동을 의미하는데, 매일 거의 같은 시간(한 시간 내외로)에 잠자리에 들고 깨어나는 것, 낮 동안 (깨어 있든 자고 있든) 지나치게 잠자리에 누워 있지 않는 것, 잠자리에 들기 전 저녁에 카페인과 알코올을 피하는 것, 그리고 문제가 된 불면증을 치료받는 것 등이 있다. 좋은 수면위생 습관과 더불어, 불면증 치료에는 행동치료, 인지치료, 약물치료가 포함될 수 있다. 불면증이 기저에 있는 기분장애나 불안장애로 야기된 것이라면, 단지 수면 증상만 치료하는 것보다 기저 장애를 해결하는 것이 최상의 치료이다.

17세기의 권위 있는 저서이자, 우울증에 관해 쓴 책 중에서 아마 가장 두꺼운 책일 『우울병의 해부』에서 로버트 버턴은 모든 형태의 우울증에 대해 다음과 같이 현명하게 충고했다. "고독과 나태에 굴복하지 마라. 고독하게 홀로 있지 말고 나태하지 마라."[41] 기분장애에 관한 현대의 연구도 이 현명한 충고가 사실임을 보여 주고 있다. 양극성 장애와 우울증의 기분 안정화를 조사한 연구는 식사, 노동, 타인과의 상호작용 같은 일상 루틴의 역할에 주목한다. '대인관계 및 사회적 리듬 치료'라고 불리는 것은, 사실 일상 루틴이 기분장애에 좋다는 사실을 고급스럽게 표현한 것이다. 우리의 기분은 휴식과 여가, 노동과 공부, 식사, 가족이나 친구들과 함께하는 시간이 적절히 균형을 이룰 때 가장 좋아진다. 이에 관한 연구는 일정한 시간에 일어나고 잠자리에 드는 것만 아니라, 식사하고, 타인과 함께 있고, 활동하고, 휴식을 취하는 등의 시간에 대해서도 일관성과 균형을 유지할 것을 권고한다.

우울증의 증상은 사람들을 사회적 고립으로 내모는 경향이 있다. 우울증에 빠진 사람들은 자신이 타인과 의미 있게 교류할 에너지도 능력도 없다고 느낀다. 우울증을 겪는 사람들이 아침에 잠자리에서 일어나거나 약간의 운동을 하기 위해 (때로는 영웅적인 의지를 발휘하여) 힘겹게 싸워야 하는 것처럼, 사회적 고립에 취약한 사람들은 그 경향에 맞서 싸워야 한다. 타인과 (적어도 적절한 사람과) 함께 있는 것은 행여 그 순간에는 좋게 느껴지지 않더라도 우울증에 걸린 사람들의 기분에는 좋은 활동이다. 아침에 타인을 만나기 전에 너무 오래 혼자 있는 것은 정신 건강에 좋지 않다. 가족이나 친구들이 낮 동안 곁에 없거나, 직업상 고립되어 혼자 일을 해야 한다면 식사는 타인과 함께할 방법을 찾아야 하고, 매일 저녁 혼자 텔레비전을 보는 것보다 타인과 어울릴 수 있는 문화적·사회적 활동을 찾아야 한다.

'신경조절'

필자는 이 장을 '신경조절'이라는 범주 아래 한데 모인 네 가지 치료법에 대해 논의하며 결론을 지을 것이다. 신경조절은 뇌 및 신체에 퍼져 있는 신경의 전기 전도에 직접 영향을 미치는 시술이나 기술을 고상하게 설명한 용어이다. 앞에서 언급한 바와 같이 항우울제는 '신경전달물질'(한 신경세포에서 다른 신경세포로 이동하며 신경세포들이 서로 소통하게 하는 화학물질)에 작용한다. 그런데 신경세포가 발화하면 그 아래로 전기가 전도된다. 그러니 전기는 말하자면 뇌의 통화通貨이고, 화학물질은 세포 사이에서 소통 역할을 하며 전기 전도에 간접적으로 영향을 미친다. 약물은 뇌 화학작용에 작용하지만, 신경조절 기술은 신경세포에 직접적으로 작용하여 전기 전도를 즉각적으로 변경한다. 신경조절 기술은 때로 외과적 수술이 필요하고 일반적으로 비용이 많이 들며 병원에서 시행해야 하기 때문에, 단독적인 약물치료나 심리치료를 병행한 약물치료에 반응하지 않는 중증 우울증에 주로 적용된다. 미국 식품의약국에서 난치성 우울증의 치료를 위해 승인한 신경조절 시술로는 네 가지가 있다. 전기경련치료(ECT), 미주신경자극술(VNS), 경두개자기자극술(TMS), 그리고 뇌심부자극술(DBS)이다. 전기경련치료가 적어도 어느 정도 큰 도시 병원에서는 사용되고 있는 것에 반해, 다른 세 가지는 상대적으로 새로운 기술이며 많이 사용되고 있지 않다. 또한 세 기술은 관련된 비용이 더 비싸서 때때로 보험 처리가 만만치 않을 수 있다.

◆ **전기경련치료** 네 가지 치료법 중에서 전기경련치료는 가장 오래되었으며, 또 가장 효과적이다. 전기경련치료에 대한 대중의 인식은 흔히 부정적인데, 영화 「뻐꾸기 둥지 위로 날아간 새」One Flew Over the Cuckoo's Nest에서 가학적인 의사들이 잭 니콜슨의 뇌에 전기자극을 가하는 동안 그가 테이블 위에서 펄떡펄떡 뛰던 모습처럼 할리우드식으로 과장되어 있기도 하다. 이 치료법은 많은 생명을 구했지만, 과거에는 시행 방법이 거칠고 적절한 마취가 부족하여 아무래도 불편했다. 오늘날 전기경련치료의 시행을 관찰한다면 겨우 몇 분밖에 걸리지 않는 편안한 시술 모습을 확인할 것이다. 즉, 환자는 마취된 채 누워 있고, 근육 경련도 거의 없이 잠들어 있다. 이 치료법은 마취제와 근육이완제를 투여하기 위한 정맥주사 삽입 외에는 비침습적이며, 수술이 포함되지 않는다.

전기경련치료는 충분한 전류를 뇌에 흘려보내 경련을 일으키는 방법이다. 이상하게 들릴지도 모르지만, 이 방법은 우울증에 치료 효과가 있는 것으로 밝혀졌다. 필자는 이것을 제세동기가 심장을 자극하는 것과 비슷하게 뇌의 '리셋' 버튼을 누르는 것이라고 생각한다. 제세동 시행 후 모든 것이 순조롭게 진행되면 심장이 다시 정상적으로 뛰는 것과 같이, 전기경련치료 후에 뇌가 다시 '부팅되면' 더 정상적으로 기능하게 된다. 이것은 지나치게 단순화한 설명이지만, 오랜 연구와 여러 가설에도 불구하고 사실 과학자들은 여전히 전기경련치료가 정확히 어떻게 작용하는지 알고 있지 못하다. 그러나 이 치료법이 효과가 있으며 놀랍도록 안전하다는 것은 연구로 확실히 입증되었다. 주요 부작용은 시행 전후 몇 시간 동안에 대한 단기기억의 손실이다. 전기경련치료가 장기간 반복되면 점차 더 뚜렷한 기억 손상이 유발될 수 있다. 여러 약물과 달리 전기경련치료는 임신 중에도 효과가 있고 안전하기 때문에 태아에게 잠재적으로 해가 될 수 있는 약물을 피하려고 하는 중등증 및 중증 우울증 임산부 환자에게 좋은 선택지가 될 수 있다.

중등증 및 중증 우울증의 경우 시행은 보통 6~12회기 정도면 충분하다. 때로는 재발 방지를 위해 시행 빈도를 줄여 유지치료를 한다. 또한 전기경련치료는 양극성장애의 조증삽화와 정신병에도 효과적일 수 있다. 전기경련치료는 전반적으로 약물치료보다 치료 효과가 더 빠르게 나타나는 경향이 있으며, 심지어 첫 번째 치료 후에 눈에 띄는 효과를 보는 사람들도 있다. 현재 다른 치료법을 새로 개발하려는 시도들이 있는데, 여기에는 인지 기능이나 기억에 대한 부작용 없이 전기경련치료와 같은 효과가 기대되고 있는 자기경련치료(MST),

국소적전기경련치료(FEAST)가 있다. 그러나 이것들은 임상에 적용하기에는 아직 충분히 개발되고 연구되지 않았다.

◆ **미주신경자극술** 미주신경자극술은 본래 뇌전증 치료를 위해 개발되었는데, 후에 우울증에도 효과적인 것으로 밝혀졌다. 2005년 이 치료법은 약물치료에 반응하지 않는 만성 및 재발성 우울증의 치료를 위해 미국 식품의약국의 승인을 받은 최초의 피하 삽입 장치가 되었다. 미주신경은 신체와 뇌 사이의 의사소통을 돕고, 심장박동수와 소화 같은 신체의 자율 과정을 조절하는 데 관여한다. 심장박동기와 비슷한 크기로 큰 동전 모양을 한 장치가 피하에 외과적으로 삽입되며, 신체에서 뇌로 신호를 보내는 좌측 미주신경 쪽에 전극선이 부착된다. 그 장치는 일정 간격으로 미주신경에 미세한 전기신호를 보낸다. 신호의 '용량'은 정신과 의사가 미주신경자극기와 근거리에서 통신할 수 있는 손바닥 크기의 비침습적 장치로 조정한다. 부작용은 아주 미미한데, (미주신경이 후두를 제어하는 신경과 가까이 있어) 보통 기침이나 목소리의 경미한 변화 정도이다. 이러한 부작용은 전기 자극 용량을 조정하면 흔히 개선된다.

불행히도 미주신경자극술은 전기경련치료만큼 빠르게 작용하지는 않아서, 효과가 나타나는 데 세 달까지 걸릴 수 있다. 환자가 약물치료에 부분적으로 반응을 보인다면, 미주신경자극술로 치료하는 동안에 약물치료를 유지하는 것이 권장된다. 치료받은 환자들의 약 절반만이 눈에 띄는 효과를 보며, 약 삼분의 일만이 완전한 관해에 이른다. 이런 결과가 그리 인상적으로 보이지 않을 수 있지만, 이 장치가 가장 중증이며 난치성인 사례에만, 곧 여러 약물치료와 그 밖의 다른 치료를 시도했지만 반응에 실패한 환자들에게만 시험되고 시행되었다는 점을 상기해야 한다. 그러한 범주에 있는 환자들의 절반에게 효과가 있다는 것은 결코 작은 성과가 아니다. 이 치료법이 승인되기 위해서는 네 가지 이상의 약물치료나 전기경련치료를 시도했지만 실패했어야 한다. 미주신경자극술은 보험 승인이 어려운 관계로 우울증 치료에 필요한 만큼 자주 사용되지는 못할 것이다.

◆ **경두개자기자극술** 경두개자기자극술은 2008년 가장 최근에 미국 식품의약국의 승인을 받은 우울증 치료를 위한 신경조절 기술이다. 적용 지침에 따르면 경두개자기자극술 치료를 받기 전에 적어도 한 번은 항우울제 치료를 적절히 시도했지만 반응에 실패했어야 한다. 이 기술은 물리학의 전자기 법칙에 기초하여 작동한다. 즉, 한 구리 코일을 통과하는 강한 전하電荷가 자기장을 생성하고, 다시 그 자기장이 거리를 두고 떨어져 있는 다른 한 코일에 전류를 생성하는 법칙이다. 그런데 경두개자극기는 다른 한 코일에 전류를 생성하는 대신, (두개골을 통과하여 비침습적으로) 뇌 신경의 전류를 조절할 수 있다. 이 장치로 만들어진 자기장은 자기공명영상(MRI) 기기로 만들어진 자기장과 강도가 비슷하다. 이 기술은 자기장이 작용하는 거리가 짧아 제한적이기 때문에, 뇌의 심층 구조가 아닌 표면(혹은 피질)에만 영향을 미칠 수 있다.

경두개자기자극술은 비침습적이기 때문에, 다시 말해 장치의 외과적 삽입이나 마취가 필요하지 않기 때문에 외래 환자들에게 시행

할 수 있는 장점이 있다. 표준적인 치료 과정은 한 주에 5회기씩 4주에서 8주 동안 진행되며, 한 회기에 30분 정도 치료한다. 가장 흔한 부작용은 시행 중에 느끼는 두통이나 불편감인데, 이는 장치가 꺼지면 이내 사라진다. 환자들은 대체로 그 과정을 잘 견뎌 내어 중단율이 낮다. 경두개자기자극술은 일반적으로 전기경련치료만큼 뚜렷한 치료 반응이 있지는 않지만 저렴하고 안전하며 시행이 더 간편하다.

◆ **뇌심부자극술** 뇌심부자극술은 원래 파킨슨병 치료를 위해 개발된 것인데 후에 우울증 치료에도 효과적인 것으로 밝혀졌다. 이 기술은 뇌의 특정 부위에 작은 전극을 심는 신경외과적 수술을 포함하고 있다. 이 전극이 인접한 뇌 구조에 미세한 전하를 전달하여 영향을 미치는 것이다. 다른 형태의 신경외과 수술과 달리 뇌심부자극술은 전극을 조절할 수 있고 가역적이다. 곧, 전극을 끌 수 있다. 미주신경자극술과 같이 전극과 연결된 심박조율기 크기의 작은 전지가 흉곽 피하에 삽입된다. 최근 미국 식품의약국은 뇌심부자극술을 '인도주의적 의료기기 면제'(HDE) 프로그램으로 승인했다. 다시 말해 난치성 및 중증 강박장애에 대한 제한된 임상 상황에서 실험적으로 사용할 수 있다는 것이다. 연구에 따르면 강박장애 환자에게 뇌심부자극술을 쓰면 항우울제 같은 효과가 나타난다. 머지않아 이 기술은 난치성 및 중증 우울증에 사용하기 위해 연구되고, 아마 승인될 것이다. 물론 뇌심부자극술은 침습적이며 잠재적 위험이 있는 신경외과적 수술이다. 그렇지만 중증 우울증은 그 자체로 자살로 인한 사망 위험을 포함하여, 건강상의 심각한 위험 요소를 내포하고 있음을 명심해야 한다.

· 6 ·

심리치료: 그 효과와 한계

"우리 중 누가 그렇게 지독하게 외롭지 않아서
자신의 외로움을 가장 잘 치료해 줄 수 있는 것이
고작 낯선 사람과의 냉정한 임상적 접촉이란 말인가?"

워커 퍼시

∽

이 장의 목표 중 하나는 심리치료의 과정을 쉽게 설명하는 것이다. 정신과 의사 제롬 프랭크Jerome Frank는 '심리치료'(psychotherapy)에 대해 다음과 같이 명확히 정의했다. "치료에는 일반적으로 치료자와 고통받는 사람 사이의 개인적 관계가 포함되어 있다. 특정 유형의 치료는, 심리학적 수단을 통해 고통받는 사람 자신의 치유력을 끌어내는 치료자의 역량에 주로 의존한다. 이런 형태의 치료를 총칭하여 심리치료라고 할 수 있다."42 어떤 방법들이 사용되든 간에 모든 좋은 치료의 핵심 요소는 치료 관계의 질이다. 숙련된 치료사는 소크라테스처럼 산파와 비슷하다. 외적 치유를 강요하지 않고, 치유와 성장을 위해 환자 자신의 내적 자원을 결집하는 데 도움을 준다. 좋은 치료사는 환자가 자신의 동기를 이해하고, 아마도 환자가 전에는 인식하지 못했을 연결 고리를 파악하도록 돕는다. 좋은 치료는 환자의 생각과 감정, 행동을 개선할 수 있으며, 환자가 악덕을 극복하고 미덕을 성장시키도록 도울 수 있다. 그 과정은 환자 자신의 성격적 강점에 크게 의존하는데, 행여 그것이 다양한 장애로 약화되어 있더라도 그렇다.

'대화치료'(talking cure)가 정확히 어떻게 작동하는가에 대한 문제는 끊임없는 연구와 논쟁의 주제이다. 그것이 실제로 많은 사람에게 효과가 있다는 것, 그리고 그것이 숙련되게 사용되면 상당히 강력한 심리학적 치료 수단이 된다는 것은 연구 결과로 잘 드러나 있고, 널리 받아들여지고 있는 사실이다. 그러나 약물치료에 효과만 아니라 위험이 내재하는 것처럼 심리치료도 마찬가지다. 잘될 수도 있고 잘못될 수도 있으며, 그리고 잘못될 경우에는 도움이 되기보다 해를 끼칠 수 있다. 심리치료의 모든 방법과 양식을 이 장에서 철저히 다룰 수는 없다. 여기서는 우울증과 관련한 심리치료의 몇 가지 방법과 잠재적 효과를 소개하는 것으로 충분하다고 본다. 언뜻 보기에는 다소 기이하고 신비할지 모르지만, 치유가 말을 통해 일어날 수 있다는 것은 그리스도인들에게 전혀 놀라운 일이 아니다. 결국, 이 세상은 하느님의 말씀이신 성자聖子를 통해, 또 성자를 위해 창조되었고, 그분은 육화된 말씀으로서 우리를 구원하시고 치유하신다.

사도 바오로가 말하듯이 "믿음은 들음에서 비롯한다"(로마 10,17). 초기 교부 중에서 가장 중요한 인물인 아우구스티누스는 듣는 자의 영혼에 치유를 일으키는 말의 힘을 인정했다. 거룩한 목자이자 저명한 수사학자였던 그는 자신의 설교를 "영혼의 치유"[43]로 이해했다. 마찬가지로 심리적 효과를 일으키는 주의 깊은 경청의 힘은 그리스도교 사상가들에 의해 그 가치를 오랫동안 인정받아 왔고, 영적 지도와 고해성사라는 사목적 실천에 통합되었다.

　여기서 독자는 한 사람의 문제를 들어 준다는 것이 그리 특이한 일도 아니고 특별히 어려운 일도 아니라고 이의를 제기할 수도 있다. 같은 일을 좋은 친구도 해 줄 수 있고, 맥주 한 잔 값이면 친절한 바텐더도 해 줄 수 있는데, 왜 전문적인 심리치료사에게 비용을 지불해야 하는가? 우선, 좋은 심리치료에는 그저 주의 깊은 경청이 아닌 그 이상의 것이 분명히 있다. 게다가 경청 자체에 관해서도 우리는 이렇게 의문을 던질 수 있다. 누군가(좋은 친구나 바텐더)가 내리 한 시간을 당신에게 내주면서 다른 아무것도 하지 않고 오직 온전히 주의를 기울여 당신의 말을 경청해 준 적, 곧 당신이 말하는 모든 것에 정말로 귀를 기울이며, 더 깊이 이해하기 위해 세심히 살펴 준 적이 마지막으로 언제였는가? 대부분의 사람에게 경청이란 것은 거의 언제나 피상적이고 부수적인 일이 되기 십상이다. 좋은 경청자라도 타인의 말을 듣고 있으면서 자신이 다음에 해야 할 말을 생각하고 있을지 모르며, 그의 문제에 대해 어떻게 적절히 답변해야 할지 고민하고 있을지 모른다. 심리치료의 경청은 더 깊이 있고 더 집중적인 것이어야 한다. 심리치료사는 치료 현장 밖에서는 만날 필요도 마주할 필요도 없는 사람이며, 이 사실은 실제 도움이 된다. 이런 유형의 관계에서는 어려운 문제를 더 솔직하게 털어놓을 수 있는 특유의 환경, 안전하게 '안아 주는' 환경이 조성된다.

　여러 유형의 정신 건강 전문가가 심리치료를 하고 있어서 '심리치료사'라는 용어에는 약간의 설명이 필요하다. 정신과 의사는 대학 졸업 후에 4년간의 의과대학 과정을 이수하고, 다시 4년간의 정신과 전공의 수련 과정을 마친 의사(MD)이다. 이 수련 과정이 엄격하고 균형 있게 이행되었다면 정신과 의사는 앞 장에서 설명한 약물 처방이나 여타 생물학적 치료만 아니라, 심리치료에도 숙련되어 있을 것이다. 하지만 오늘날 많은 정신과 의사가 자신의 전문성을 그저 진단을 내리고 약물치료를 하는 것에 국한하고, 심리치료는 다른 정신 건강 전문가에게 의뢰하는 경향을 보인다. 심리학자는 대학졸업 후에 심리학 분야에서 박사 학위를 취득한 사람이며 일반적으로 두 유형, 연구 지향 심리학자(PhD)와 임상 지향 심리학자(PsyD)로 나뉜다. 다른 자격증을 소유한 치료사로는 정신 건강 상담이나 사회복지 분야(LCSW: 공인 임상 사회복지사, MFT: 부부 및 가족치료사)의 석사 학위(MA) 소지자가 있다. 따라서 당신을 치료하는 전문가가 정신의학의 경우에는 정신과 의사 자격이 있는지, 다른 치료사의 경우에는 임상심리학이나 상담에 대한 자격이 있는지 파악하는 것이 중요하다.

누구나 합법적으로 자신을 '심리치료사'라고 홍보할 수 있다. 하지만 이 용어 자체가 어떤 자격을 부여하는 기관에 의해 규정된 전문적인 직함은 아니다. 우선 심리치료사가 어떤 유형에 속하는지, 어떤 훈련을 받았는지, 그리고 관련 기관에서 공인 자격을 받았는지 확인하는 것이 바른 순서이다. 정신분석가는 지그문트 프로이트와 그 추종자들이 개발한 정신분석의 방법에 따라 훈련받고 공인 자격을 받은 심리치료사이다. 이 형태의 심리치료는 대체로 시대에 뒤떨어진 것으로 간주되며, 이제 충분하게 훈련받은 정신분석가는 전에 비해 현저히 줄었다. 하지만 좋은 정신분석가는 장기간에 걸친 심층치료 또는 정신역동치료에 전문성이 있다.

이 장에서 다루는 다양한 심리치료 양식과 관련하여 유의해야 할 것은 대부분의 심리치료사가 치료적 접근에 대해 '절충적'인 경향이 있다는 사실이다. 그들은 자신의 치료를 오직 한 가지 접근이나 기법에만 국한하는 것을 피하려 한다. 물론 인지행동치료 전문가와 같이 한두 가지 접근만 활용하려 하는 치료사도 있다. 그러나 대부분의 숙련된 치료사는 환자의 증상과 상황에 따라 기법과 방법을 조정하면서, 접근 방식을 환자의 특정한 필요에 맞추려고 한다.

우울증에 시달리는 그리스도인은 자신과 종교적 신념을 공유하는 심리치료사를 자연스럽게 선호한다. 어떤 환자는 자신의 신념을 반박하거나 노골적으로 폄하하는 치료사나 자신의 도덕적 신념을 무시하는 치료사를 만나게 되는 고통스럽고 비생산적인 경험을 한다. 환자는 치료사의 조언이 치료사 자신의 세계관에 의해 윤색되거나 치료사 자신의 편견에 의해 왜곡될 수 있음을 알고 있어야 한다. 중요한 것은 신뢰할 수 있는 치료사를 찾는 일이다. 무엇보다 신뢰라는 요소가 들어 있는 치료 관계의 질이 성공적인 심리치료의 핵심이며, 취약한 상태에 있는 사람이 잘못된 치료적 조언을 따를 경우 해를 입기 쉽기 때문이다. 자신과 잘 맞는 치료사를 찾는 것은 효과적인 치료의 기반이 된다.

앞에서 언급했듯이, 종교적·도덕적 신념을 공유하는 것만으로 신뢰할 수 있는 치료사가 보장되는 것은 아니다. 치료사는 제대로 훈련되어 있고 유능하며 공감적이어야 하고, 까다롭고 어려운 심리치료 기법에 숙련되어 있어야 한다. 치료가 필요한데 유능한 그리스도인 치료사가 없는 경우, 환자의 종교적·도덕적 신념을 존중해 주는 유능한 치료사가 있다면, 치료를 포기하는 것보다 그 치료사가 더 좋은 선택이라고 필자는 생각한다. 여기서 영적 지도에 관한 아빌라의 성 데레사의 견해를 인용할 가치가 있다. 데레사는 말하기를, 만약 거룩한 영적 지도자와 지적인 영적 지도자 중 하나를 선택해야 한다면 지적인 영적 지도자를 선택할 것이라고 했다.

일반적인 심리치료 방법을 몇 가지 소개하는 동안, 들어가는 말에서 언급한 인간존재에 대한 철학적·신학적 관점을 상기해 보는 것이 도움이 될 것이다. 철학적 차원에서 인간존재는 이성적이고(진리를 파악할 수 있다), 의지적이고 자유로우며(진리에 따라 살려고 하는 욕망과 의지가 있다), 관계적인(다른 인간존재 및 하느님과 사랑의 관계를 맺을 수 있다) 존재이다. 이 장에서는 인간의 이성적 측면(인지치료)과 의지적 측면(행동치료)에 초점을 맞춘 치료 전략을 우선 논의할 것이다. 그런 다음 관계적 측면에 초점을 맞춘 대인관계치료와 부부 및 가족치료에 관해 살펴볼 것이다. 그리고 끝으로 인간의 사고와 의지, 감정의 의식적·무의식적 뿌리에 가닿으려 하는 심층치료 또는 정신역동치료에 관해서도 간략하게 살펴볼 것이다. 인지치료는 우리의 사고에, 행동치료는 우리의 의지와 선택에, 대인관계치료는 우리의 관계에 집중한다. 그리고 심층치료는 그 모든 측면에 집중하면서 우리의 감정적·정서적 삶에 관심을 기울인다. 철학과 신학에 대해 어느 정도 지식이 있는 독자라면 인간의 사고와 의지, 감정과 관계를 다루는 두 학문과 심리치료 사이에 많은 연관성이 있음을 이해하게 될 것이다. 심리치료는 자연과학에 근거하더라도, 본질적으로 생화학 같은 경험과학이나 자연과학은 아니다. 폴 비츠Paul Vitz의 말을 빌리자면 그것은 오히려 "삶에 관한 응용 철학"⁴⁴이다.

인지적 전략: 습관적 사고 패턴의 변화(이성적 측면)

우리의 사고를 변화시켜서 우리의 정서와 행동을 변화시키는 치료 전략은 고대 그리스 철학자 소크라테스까지 거슬러 올라가는 서양 문화의 한 전통이다. 이 흐름은 요한 카시아누스 성인St. Ioannes Cassianus과 그리스도교 철학자 보에티우스 성인St. Boethius 같은 사막 교부들의 저서를 통해 계속되었고, '미국 정신의학의 아버지'로 불리는 의사 벤저민 러시Benjamin Rush의 저서를 통해 현대의학에서도 계승되었다. (러시는 미국 독립 선언서 서명자이자 미국 정신의학회의 창립자이다.) 아마도 20세기에 이 같은 접근을 대표하는 주자들은 정신과 의사인 알프레트 아들러Alfred Adler와 에런 벡일 것이다. '인지치료'(cognitive therapy)라는 새로운 개념을 만들고, 그 치료를 통한 우울증 치료에 관해 매우 영향력 있는 책을 쓴 인물이 바로 에런 벡이다.

벡은 우리의 정서 상태가 우리의 사고에 영향을 미칠 수 있음을 인식했다. 우울할 때 우리의 사고는 무망감과 관련된 주제들을 곱씹으며 부정적이고 병적인 것에 초점을 맞추는 경향이 있다. 그런데 그는 우리의 사고가 우리의 정서 상태에 영향을 줄 수 있음을 주장하기도 했다. (그것은 오랜 철학적 전통을 활용한 중요한 통찰이었다.) 달리 말하자면 이는 화살표가 반대 방향으로도 움직인다는 것인데, 이 통찰이 인지치료의 근거가 된다. 부정적 사고 패턴은 우리의 정서에 영향을 미쳐 우울한 기분을 유발하거나 유지시킨다. 그래서 벡은 기분이나 정서 상태를 직접적으로 겨냥하여 치료적 조치를 취하기보다, 부정적 사고의 비현실적 패턴에 도전하여 그것을 변화시키는 데 도움이 되는 치료 기법들을 고안했다. 다시 말해 우리의 습관적인 사고 패턴을 바꾸면 우리의 기분이 바뀔 것이며, 그 효과가 더 오래갈 것이다. 그가 주목한 사고 패턴, 혹은 '도식'(schema)은 흔히 자동적으로 작동한다. 즉, 습관적인 사고 패턴은 우리 마음 뒤편에서 카세트 플레이어처럼 돌아간다. 이 같은 사고 패턴은 우리 마음 깊은 곳에 배어들어 있어, 가끔 그 존재와 영향을 그저 희미하게나마 의식할 수 있을 뿐이다.

예를 들어 우울증의 경향을 보이는 사람은 '나는 오늘 시험에 떨어지게 되어 있어'라는 부정적인 자동적 사고를 할 수 있다. 이 사고는 '내가 무엇인가 도전적인 일을 시도하면 반드시 실패할 거야'라는 더 깊은 곳에 있는 가정에서 비롯될 수 있다. 또한 이 가정은 더 깊은 인지적 수준에서 '나는 아무것도 성공할 수 없어' 같은 전반적이며 대개 검증받지 않은 '핵심 신념'에 깊이 뿌리내려 있을 수도 있다. 우울증에 빠진 사람들은 선택적인 지각과 주의를 하는 경향이 있다. 그들은 자동적으로 사람과 상황, 환경의 부정적 측면에만 초점을 맞춘다. 이것을 벡은 자신이 '인지삼제'認知三濟라고 명명한 것, 즉 '자기 자신', '세계 혹은 자신이 처한 환경', 그리고 '미래'에 대한 부정적 사고로 설명한다. 우울증을 겪다가 회복한 사람들은 이 인지삼제를 설명할 수 있고, 그 왜곡된 사고가 우울삽화 동안 얼마나 만연해 있었으며 습관적이었는지 상기할 수 있다.

인지치료는 이런 강한 부정적 사고를 확인하고, 그것에 도전하며, 그리고 결국 그런 부정적이며 비현실적인 사고를 만들어 낸 기저의 가정과 핵심 신념을 밝혀내고 다시 그것에 도전한다. 이 작업은 단순히 '긍정적 사고'를 하는 것이나 기분을 좋아지게 하는 주문을 외는 것 이상을 요구하는 작업이다. 그런 식의 얄팍한 자조自助 요법은 '토요일 밤 라이브'[SNL: 미국 NBC TV 코미디 프로그램]에서 풍자된 적이 있는데, 스튜어트 스몰리라는 심리 상담 구루guru 캐릭터가 등장하여 "나는 충분히 괜찮아. 나는 충분히 똑똑해. 아이고, 이런! 사람들이 나를 좋아해!" 같은 진부한 말을 끊임없이 반복했다. 누가 봐도 어리석고 터무니없어 우스꽝스러웠다. 좋은 인지치료는 우리가 듣고 싶어 하는 말을 우리 자신에게 하는 것과 무관하다. 그런 말을 아무리 반복하더라도 정작 우리는 확실한 증거 없이는 그것을 진정으로 믿지 않을 것이기 때문이다.

그 대신 인지치료사와 환자는 한 사람의 부정적 사고(예를 들어 '나는 이번 시험에 떨어질 거야')가 실제로 사실일 수 있지만 반대로 사실이 아닐 수도 있다는 가정에서 시작한다. 이 과정에서 관건은 그런 '긍정적' 사고를 개발하는 것이 아니라, 더 현실적이고 합리적인 사고를 개발하는 것이다. 만약 그 부정적 사고가 거짓일 경우, 환자는 그것이 계속해서 자신의 삶을 지배하고 자신의 기분을 좌우하지 않도록 해야 한다. 인지치료는 나쁜 습관, 특정 생각이 사실이 아니거나 과장되어 있음에도 그것을 고집하는 사고 습관을 변화시키는 과정을 수반한다. 담배를 끊거나 손톱 물어뜯기 같은 습관을 끊는 경우와 마찬가지로, 인지치료는 비합리적 사고를 하는 나쁜 습관을 끊기 위해 거울을 들여다보며 자신에게 미소를 짓거나 듣기 좋은 말만 반복하는 것이 아닌, 그 이상을 요구한다.

인지치료사는 환자가 그런 사고 패턴을 인식하고, 그것이 어떤 상황에서 얼마나 자주 작동하는지 의식하도록 돕는 것으로 치료를 시작한다. 그런 다음 치료사는 일련의 쓰기 과제를 통해 그러한 사고와 가정, 핵심 신념을 실제 증거에 따라 검토하도록 돕는다. 그 사고는 정확한가? 아니면 현실에 비춰 변경하거나 수정할 필요가 있는가? 만약에 그렇다면 환자가 자동적인 비합리적 사고나 비현실적 사고를 더욱 균형 잡힌 정확한 사고로 점차 대체하는 법을 배울 수 있는가? 이런 작업 과정에서 특유의 '인지적 왜곡'이 확인되는데, 이것은 환자의 내적 삶의 여러 측면을 관통하는 경향이 있다. 예컨대 환자는 상황이나 증거가 타당하지 않아도 언제나 파국을 예상하는 경향이 있을 수 있다.

인지치료사는 매일 '사고思考 기록'을 쓰는 특별한 과제를 통해 환자가 자신의 사고 패턴을 확인하도록 돕는다. 그리고 체계적인 논리적 추론과 경험적 검증을 통해 개중에 왜곡되어 있거나, 비현실적이거나, 사실이 아닌 사고를 확인한다. 인지치료 훈련은 환자가 '자신'과 '세상', '미래'에 대한 부정적인 자동적 사고를 교정하기 위해 체계적으로 작업하는 데 도움이 된다. 우울증의 기분이나 정서적 측면은 그것들을 지탱하고 있는 왜곡적 사고가 교정되면 개선되는 경향을 보인다.

인지치료는 환자가 '지금 여기'에 초점을 맞추는 것을 목표로 하며, 과거를 돌아보거나 이전의 경험을 깊이 탐색하려 하지 않는다. 가정과 핵심 신념은 이미 주어진 것으로 간주한다. 환자의 개인사나 과거 경험이 그런 가정과 핵심 신념을 어떻게 만들어 냈는지에 대해서는 일반적으로 조사하지 않는다. 그런 사고 패턴은 그것이 과거에 어떻게 발달했는지와 상관없이, 지금 여기에서 수정될 수 있다는 것이 인지치료의 주장이다. 인지치료는 왜 환자가 그런 식으로 생각하고 느끼는지 탐색하는 작업을 건너뛰고, 그 대신 현재의 정서 상태를 개선하기 위해 실질적 수단을 사용하여 사고를 수정하는 작업을 진행한다.

인지치료는 우울증에 대해 가장 광범위하게 연구되어 있는 치료법 중 하나이다. 연구에 따르면 인지치료는 적어도 경증 및 중등증 우울증에 대해서는 약물치료 못지않은 효과가 있다. (중증 우울증은 인지치료보다 약물치료에 더 효과적인 반응을 보였다). 인지치료는 약물치료보다 부작용이 상대적으로 적으며, 그래서 환자들은 약물치료보다 인지치료를 더 오래 지속하는 경향을 보인다. 또한 일부 연구는 치료 종료 이후 인지치료가 약물치료보다 그 효과가 더 오래 유지된다고 주장한다. 이것은 인지치료가 환자들에게 치료사의 도움 없이도 스스로 계속 연습할 수 있는 기법과 기술을 가르친다는 사실과 관련되어 있을 것이다. 그들은 더 정확한 사고 습관을 새로 개발하며, 그 습관은 '제2의 천성'이 되어 자신만의 긍정적 동력을 발휘하며 자연스레 기능하기 시작한다. 연구에 따르면 인지치료와 약물치료를 조합하는 것이 두 접근 중 하나만 시행하는 것보다 더 잘 작용하는 경향이 있다.

독자는 인지치료가 (그리고 아마도 대인관계치료가) 우울증에 효과가 있다고 입증된 유일한 형태의 심리치료라는 주장을 익히 알고 있을 것이다. 이 주장은 적당히 걸러 들어야 한다. 어떤 유형의 치료는 다른 유형보다 연구에 더 적합하다. 그런 유형의 치료는 그 기법과 기술을 복제할 수 있으며, 치료사를 위해 매뉴얼 형태로 만들어져 연구 목적으로 표준화할 수도 있다. 또한 그것들은 한시적이고 단기적인 경향이 있어 연구 비용의 절감 효과도 있다. 이러한 이유로 최근에는 정신역동치료나 기타 형태의 치료보다 인지치료에 관한 연구가 훨씬 더 많이 시행되었다. 이것은 다른 치료들이 효과가 없거나 덜 효과적이라는 의미가 아니다. 단지 다른 치료들이 연구하기가 더 어렵기 때문에 그 치료 결과가 그만큼 광범위하게 연구되지 못했다는 의미이다.

행동적 전략: 습관적 행동의 변화(의지적 측면)

인지치료가 사고를 변화시켜 기분을 변화시키는 것처럼 '행동치료'(behavioral therapy)는 습관적인 행동 패턴을 변화시켜 기분을 변화시킨다. 인지치료가 이성에서 시작한다면, 행동치료는 의지에서 시작한다. 행동치료 기법들은 우울증 같은 기분장애보다 공포증 같은 불안장애의 치료에 주로 적용된다. 그런데 여기서 행동치료는 놀랍게도 '인지행동치료'(cognitive behavioral therapy)라는 이름으로 인지치료와 결합될 수 있다. 인지치료와 마찬가지로 행동치료도 환자의 과거를 깊게 파고들지 않고 '지금 여기'를 고수하는 경향이 있다. [문제가 된] 행동 패턴이 어디서부터 어떻게 왜 발달했는지 묻지 않는다. 그 대신 그런 행동 패턴을 출발점으로 삼아서, 그것을 환자의 자유와 성장을 촉진하는 방식으로 수정하려 시도한다.

행동치료는 여러 문제를 일으키거나 스트레스를 유발하기 쉬운 습관적인 회피 패턴을 점차 극복하도록 돕는 데 특히 효과적이다. 예를 들어 우울증 환자는 직면해야 할 상황을 습관적으로 회피하는 경향이 있다. 여기서 숙련된 행동치료사는 환자가 우선 그 패턴을 인식하도록 도우며, 그런 다음 그것이 어떻게 스트레스에 이어 우울증에 일조하는지 더 명확히 이해하도록 돕는다. 예컨대 그런 상황을 회피하는 것은 대인 관계 문제에 부적절하게 대처하는 결과를 초래할 수 있으며, 그것이 다시 우울한 기분에 기여하면서 과도한 스트레스를 유발할 수 있다. 그리고 그런 행동은 계속 반복되어 그저 희미하게 의식할 수 있는 거의 자동적인 습관으로 굳어질 수 있다. 그런데 환자가 일단 자신의 패턴을 인식하고 인정하면 회피 상황과 연관된 불안을 견디도록 가르치고, 그 상황에 다가가서 직면하도록 점차 훈련하는 기법들을 사용할 수 있다. 이 작업은 '홍수법'이라고 하는 일단 물에 뛰어드는 식의 기법이나, 더 일반적으로 쓰는 점진적 노출법으로 수행될 수 있다.

행동치료는 종종 우울증과 함께 나타나는 약물 및 알코올 남용, 섭식장애, 자살 생각 등과 같은 행동 관련 장애를 다루는 데 매우 중요하고 효과적인 접근 방식이다. 필자는 다음 장의 소위 '긍정심리학'에 관한 부분에서 일반적인 정신 건강과 우울증에서의 회복을 위한 덕(선하고 건강한 사고와 행동의 패턴)의 발달의 역할에 대해 간략히 논의할 것이다. 긍정심리학의 목표는 덕성 개발에 대한 고대와 중세의 접근 방식을 되살리는 것이다. 용기, 인내, 관대, 관용 같은 성격적 강점과 덕성의 성장은 우울삽화에서 흔히 발견되는 무망감을 상쇄한다.

대인관계치료와 부부 및 가족치료(관계적 측면)

'대인관계치료'(interpersonal therapy)는 인간존재가 본질적으로 관계적이라는 사실에 초점을 맞춘다. 이 치료는 인간이 '사회적 동물'이며 오직 사랑과 신뢰의 관계 안에서 성장할 수 있음을 적어도 암묵적으로 인정한다. 대인관계치료는 광범위한 연구를 거쳐 우울증 치료에 효과적인 것으로 밝혀진 개인 치료의 한 형태이다. 이 치료는 우울증을 상실, 특히 중요한 관계의 상실이나 손상과 밀접한 관련이 있는 것으로 이해하며 시작한다.

앞에서 살펴본 두 접근과 마찬가지로 대인관계치료도 환자의 과거를 파헤치는 것보다 현재의 관계에 주로 관심을 기울인다. 대인관계치료는 초기 애착 패턴, 특히 부모와의 초기 관계가 현재 관계에 부정적인 영향을 미치는 불안정한 애착으로 이어질 수 있음을 인식한다. 예컨대 환자는 불안정한 회피 애착을 발달시켰을 수 있는데, 이 유형은 친밀한 관계에서 정서적 상처를 받은 이전의 경험 때문에 다시 상처를 받을지도 모른다는 무의식적 두려움을 느끼며 타인과 정서적으로 거리를 두는 경향이 있다. 이런 회피 애착은 지금 여기에서 가깝고 친밀한 관계를 형성하는 것을 어렵게 만들며, 가족이나 친구, 배우자를 소외시키고, 자기 자신을 고립시킨다. 대인관계치료와 심층치료에서 다루는 여타 불안정한 애착에는 불안 애착이나 양가 애착이 있으며, 이것들은 상실에 대한 과도한 두려움, 그 결과 타인이 겪는 정서적 질식, 비판에 대한 과민, 문제적 관계 패턴을 초래하는 성향을 수반한다.

타인과의 이런 관계 패턴은 우울증의 발병 위험을 더 높인다. 대인관계치료는 건강하지 않은 현재의 관계 패턴을 수정하고, 대인 관계의 상실 이후 경험하는 슬픔을 극복하며, 현재의 관계에서 겪는 갈등이나 기타 문제를 해결하거나 완화하는 데 중점을 둔다.

부부 및 가족치료는 현재의 관계에서 겪는 어려움을 해결하는 데 중점을 둔다는 점에서 대인관계치료와 비슷하다. 하지만 접근 방식은 다른데, 이것은 치료사가 치료 회기 중에 환자 개인만 아니라 배우자와 함께(부부치료), 혹은 배우자 및 자녀들과 함께(가족치료) 작업한다는 사실에서 특히 그렇다. 이런 접근 방식을 통해 치료사는 가족 구성원의 관계에 대한 환자 개인의 (아마도 편향된) 진술에 의존하기보다, 가족 구성원 간의 상호작용을 직접 관찰할 수 있다. 부부 및 가족치료에서 '환자'(치료의 대상)는 어떤 의미에서 개인이 아니라, '부부 관계' 자체나 '가족 체계' 자체이다.

우울삽화로 이어지는 사회적인 스트레스가 주로 문제적인 결혼생활이나 가족 간의 불화에 기인한 것이라면, 두 접근이 우울증을 치료하는 데 효과적인 방법이 될 수 있다. 그것들은 또한 약물치료나 개인치료와 함께 조합하여 시행할 수 있다. 개인치료와 조합할 경우, 일반적으로 개인치료사와 부부 및 가족치료사가 동일인이 아닌 것이 바람직하다. 역할을 서로 분리하는 것이 환자의 비밀 보호라는 민감한 문제를 피하고, 치료사가 부부 또는 가족의 맥락에서 더 객관성을 유지하며 편견을 피하는 데 도움이 될 수 있다.

정신역동치료 혹은 심층치료(정서적 측면)

인지치료가 이성을 중시하고 행동치료가 의지를 중시한다면, '정신역동치료'(psychodynamic therapy) 혹은 '심층치료'(depth therapy)라는 이름 아래 모인 접근들은 성경이 '마음'이라고 부르고 있는 인간의 측면을 더욱 깊이 탐색하려 한다. 성서 인간학에 따르면 마음은 단지 영혼의 정서적이거나 감정적인 부분이 아니라, 인간의 모든 생각, 기억, 욕망, 행동, 열정, 그리고 정서가 솟아나는 자리요, 뿌리요, 심층이다. 한 환자가 영혼의 이 깊은 곳을 탐색하도록 허락한다면 그 치료사는 아주 윤리적이고, 신뢰할 만하며, 숙련되고, 능숙하고, 공감적이고, 온정적인 사람이어야 한다. 이런 종류의 치료 작업은 환자의 현재 생각과 감정을 검진하는 것을 넘어서는 것이며, 종종 정서적으로 고통스러운 기억과 경험을 다시 끄집어내면서 한 사람의 인생 역정을 파고드는 것이다. 이런 치료 작업은 정말로 작업이자 노동이며 때로는 정서적으로 진이 다 빠지는 일이 될 수 있다. 곧, 환자는 기분이 나아지기 전에 일시적으로 기분이 더 나빠질 수 있다. 그래서 길고 고된 심층치료 작업에 참여하기로 결정하려면 식별과 분별이 필요하다.

　정신역동치료의 방법은 다양하고 그 기저에 있는 이론도 다양하다. 그 목록에는 우선 프로이트의 정신분석 이론(psychoanalytic theory)과 기법이 있고, 이후 그의 이론을 수정하여 나온 멜라니 클라인Melanie Klein의 대상관계 이론(object relations theory), 하인츠 코헛Heinz Kohut의 자기심리학(self psychology), 그리고 존 볼비John Bowlby의 애착 이론(attachment theory) 등이 있다. 시간이 흐르며 정신역동치료는 전통적인 치료 방식, 즉 환자가 몇 달, 혹은 몇 년에 걸쳐 한 주에 4~5일씩 하루 1시간 동안 카우치에 누워 자유연상을 하고 치료사는 드물게만 언급하는 정신분석 방식에서 벗어났다. 오늘날 심층치료는 여전히 몇 달, 몇 년 동안 진행될 수 있지만, 일반적으로 한 주에 1~2회기로 시간이 제한되어 있다. 이 이론과 실천에 대해 자세히 설명하는 것은 지면이 허락하지 않는다. 다만 여기서는 단순한 비유를 들어, 우울증과 관련된 정신역동치료의 몇 가지 주요 특징을 확인하려 한다.

당신 팔에 오래된 상처가 있다고 가정해 보자. 감염이 점차 진행되면서 상처는 종기로 발전한다. 단지 시간이 지난다고 항상 저절로 치유되는 것도 아니고, 단순히 그대로 둔다고 호전되는 것도 아니다. 감염은 퍼질 수 있고, 종기는 자라 커질 수 있다. 너무 오래 방치하면 그 감염은 상처를 벗어나 더 넓게 퍼질 것이고, 신체의 다른 부분, 심지어 치명적 기관에 영향을 미치기 시작할 것이다. 환자는 감염을 방치하며, 의학적 개입 없이 저절로 사라지거나 낫게 되기를 희망할 수 있다. 하지만 결국은 희망한 대로 되지 않음을 알게 될 것이고, 내키지 않지만 치료를 받기 위해 의사를 찾아갈 것이다. 그 환자는 아마 둔감해진 종기의 통증에 익숙해졌을 수도 있고, 낫지 않은 종기에 손을 대면 더 심한 통증이 유발되기 때문에 아예 팔을 보호하는 법을 배웠을 수도 있다.

좋은 의사라면 이 상황에서 무엇을 하겠는가? 우선, 의사는 환자를 검사해야 한다. 감염원을 찾기 위해 여기저기 찔러 보며 촉진해야 한다. 이 검사는 아플 수 있으며, 의사가 종기를 찾아내면 환자는 움찔하거나 벌떡 일어설 수 있다. 그 환자가 치료받기를 원한다면, 그 신체가 감염에서 치유되려면 환자는 의사가 메스를 들어 종기를 절개하는 것을 허락해야 할 것이다. 물론 이것은 아플 수 있다. 고름을 짜낼 때 불쾌할 수 있다. 그러나 이것이 상처가 치유될 유일한 방법이다. 흉터가 남아 지워지지 않을지도 모르지만, 그 부분은 더 이상 아프지 않으며 신체의 다른 부분도 더는 혹시 모를 감염의 영향을 받지 않는다. 단기적으로는 메스가 피부를 가르는 그 순간 문제가 더 나빠지는 것만 같이 느껴진다. 그러나 장기적으로 환자는 결국 한결 좋아지는 느낌을 받는다. 궁극적으로, 이런 종류의 문제를 해결하는 데는 다른 방법이 없다. 문제를 회피한다고 문제가 사라지는 것은 아니다.

이 같은 신체적 비유를 우리의 심리적 삶에 적용해 보자. 정신역동치료는 치유되지 않은 오래된 상처를 탐색하고는 한다. 숙련된 치료사는 환자의 자세한 심리적·사회적 개인사를 통해 치유되지 않아 고통스러운 심리적 상처나 정서적 갈등이 어디에 있는지 인식할 수 있다. '상처를 가르는' 과정에는 환자가 특유의 심리적 방어를 사용하여 오래도록 회피하거나 보호해 온 문제와 경험을 다시 회상하고 털어놓는 작업이 포함될 것이다. 치료 작업과 그에 따른 정서적 정화는 단기적으로는 아주 어려울 수 있으며, 치료자는 이 작업이 일어날 수 있는 안전하게 '안아 주는' 환경을 제공해 주는 데 숙련되어 있어야 한다. 그런 치료를 받는 환자는 마치 외과적 수술을 받는 환자처럼 취약한 상태에 놓인다. 많은 사람이 무슨 수를 쓰더라도 이런 취약한 상태를 피하려고 한다. 그러나 그런 치료가 숙련되고 온정적인 치료사의 손을 통해 이루어진다면, 깊은 차원의 영속적인 치유가 일어날 수 있다.

여기서 밥 엔라이트Bob Enright와 리처드 피츠기번스Richard Fitzgibbons의 논문에 요약된 새로운 연구가 주목할 만한데, 그 연구에 따르면 우울증을 유발하는 치유되지 않은 정서적 상처나 갈등의 대부분은 용서의 과정을 촉진함으로써 가장 효과적으로 다루어질 수 있다.[45] 앞에서 필자는 때로 우울증은 내면으로 향한 분노임을 언급한 바 있다. 이것이 물론 모든 우울삽화에 적용되는 것은 아니지만, 많은 경우 핵심 요인이다. 이 같은 분노나 공격성을 선천적 추동으로 보는 프로이트적 관점과 대조적으로, 용서의 개념은 분노를 불의나 실제의 피해에 대한 반응으로 이해한다. 그리고 그런 피해는 신체적, 심리적, 정서적 피해, 또는 도덕적 피해일 수 있다. 이런 관점에서 볼 때, 분노의 감정은 불의에 대한 인간의 자연스러운 반응이며, 불의를 바로잡도록 인간을 움직일 수 있다.

정신분석 이론에 따르면 분노나 공격성은 반드시 어딘가로 '가야 하는' 일차적 추동이다. 즉, 그것은 반드시 풀려나야 한다. 그러나 분노를 과도하게 표출하는 것, 곧 터뜨리는 것은 분노 문제나 우울증을 치료하는 데 그리 효과적이지 않은 것으로 밝혀졌다. 분노의 표출은 더 큰 분노를 낳기 십상이며 우울증을 악화한다. 더 나아가 분노의 과도한 표출은 인간관계에 해를 끼치는 경향이 있다. 그러한 분노를 해결하는 더 효과적인 방법은 용서의 과정을 거치는 것이다. 용서에 관한 연구에 따르면 그 과정에서 우울 증상의 개선, 불안 감소, 희망 증가, 자기 신뢰감의 개선, 가해자에 대한 몰두의 감소 등의 효과가 나타났다. 또한 용서 작업에 대한 임상 경험에 따르면 충동적 행동의 감소, 분노 조절 능력의 개선이 나타났고, 분노의 전치轉置나 분노에 대한 과잉 반응도 감소했다.

용서치료(forgiveness therapy)는 다른 형태의 치료들이 그러는 척하는 것과 달리 '가치중립적'이지 않다. 사실, 모든 심리치료는 근본적으로 응용 철학이기 때문에, 언제나 세계와 인간 존재에 대한 특정 관점을 전제로 하고, 따라서 특정 가치를 전제한다. 용서치료는 환자와 치료사에게 잘못과 불의(환자나 환자가 사랑하는 사람에게 정서적으로 상처가 되거나 위협이 된 작위적·부작위적 행위)를 함께 확인할 것을 요구하며, 자비 같은 다른 행동과 태도가 옳고 좋은 대안일 수 있음을 환자가 인식하도록 돕는다. 이 치료는 상처나 위협을 받은 것에 대한 자연스러운 반응인 해결되지 않은 분노, 쓰라림, 원한을 확인하는 것에서 시작한다. 그런 지속적인 분노는 일반적으로 슬픔과 비탄을 수반하며, 많은 사례에서 우울증의 핵심적 특징이나 기저의 원인일 수 있다. 상처를 입은 사람들에게는 분노, 쓰라림, 원한의 감정만 아니라, 이와 결부된 생각, 곧 불의에 대한 인식, 같은 방식으로 대응할 계획(보복), 상대도 응당한 방식으로 고통을 겪을 것이라는 환상 등이 있을 수 있다. 그들은 흔히 그 원인에 대한 분명한 인식 없이 화를 낸다. 정서는 의식적이지만 그 근원은 무의식적이다. 분노의 원인이 되는 문제를 인식하는 것이 분노에서 벗어나는 첫걸음이다. 회피한다고, 단지 시간이 지난다고 그 정서가 사라지는 것은 아니다. 시간이 모든 상처를 저절로 치유한다는 것은 전혀 사실이 아니다. 해결되지 않은 분노는 종종 다른 사람이나 사물로 전치되며, 부적절한 맥락에서 '쏟아져 나오게' 된다. 왜 어떤 사람들은 화가 나면 주먹으로 벽을 치는가? 그들은 벽이 아니라 사람에게 화가 난 것으로, 그 대상을 생명이 없는 사물로 치환하고 있다. 해결되지 않은 분노는 그 원인이 아닌 다른 대상을 향한 짜증, 역정, 악다구니 같은 패턴으로 이어질 수 있다. 실은 직장 상사에게 화가 나 있는데, 퇴근하고 집에 와서 아이들에게 고함을 지르는 아버지를 상상해 보라.

분노를 인정하고 그 원인을 찾는 것은 어려울 수 있다. 사람들은 분노를 인식하면 그것에 대항하여 강한 방어기제를 보통 무의식적으로 작동시킨다. 그들은 자신이 사랑해야 하는 사람, 가령 부모 같은 사람을 향한 분노를 인정하기를 원하지 않는다. 그러나 여기서 치료의 목적은 분노를 노출하는 데 있으며, 그로써 환자를 더 분노하게 만드는 것이 아니라, 용서를 통해 분노에서 벗어나게 하는 것이다. 이것은 진실을 무시하고 부정하는 것이 아니라, 오직 진실을 직시함으로써 일어나기 시작한다.

용서치료는 네 단계로 구성되어 있다. 첫째, '노출 단계'에서 환자는 타인의 불의로 인해 자신이 정서적으로 고통받고 있음을 자각한다. 자기 자신을 향해 있으며, 그래서 아마 자기 파괴적인 행동을 일으켰을 오랜 분노, 그리고 그 불의를 저지른 사람에게 보복하고 싶은 생각과 동시에 그 사람이 자신이 사랑해야 할 사람이라는 상반된 감정 등에 주목한다. 이 같은 정서적 고통에 대한 인식은 용서를 통한 변화의 동기 요인이 될 수 있다. 둘째, '결정 단계'에서 치료사는 무엇이 용서이고, 무엇이 용서가 아닌지 명확히 하기 위해 환자를 교육한다. 이 단계에서 용서에 대한 결정은 인지적 수준, 즉 생각 수준에 머물러 있으며, 아직 감정이나 행동 수준에 이르지 않았다. 용서에 대한 결정은 시작에 불과하다. 그 용서를 자신의 감정과 행동 수준에까지 확장하는 고된 작업이 남아 있다. 셋째, '작업 단계'에서 환자는 가해자를 그가 저지른 행위만으로 판단하지 않기 시작한다. 여기서 초점이 자신에게서(노출 단계) 가해자에게로 옮겨 가는데, 이것은 다른 여러 형태의 치료들과 초점을 달리하는 것이다. 이때 환자가 가해자를 이해하는 데 도움이 되도록 인지행동치료 훈련이 권장된다. 이것은 가해자의 행위를 용납하는 것을 의미하지 않는다. 용서는 자행된 악을 포함하여, 모든 진실을 인정해야만 일어날 수 있기 때문이다. 그럼에도 진실을 인정한다는 것은 악한 행위를 둘러싼 더 넓은 맥락을 인식한다는 의미이기도 하다. 용서치료에서 가해자에 대한 정서적 변화는 인지행동치료처럼 용서에 대한 인지적 결정에서 비롯될 수 있다. 마지막으로 심화 단계에서는 통찰과 변화가 추가적인 탐색으로 이어질 수 있다. 나는 과거에 타인의 용서가 필요한 적이 있었던가? 내가 용서받았을 때 나는 어땠는가? 내가 겪은 고통에 어떤 의미나 목적이 있었던가? 그로부터 어떤 좋은 것이 나올 수 있는가? 이 같은 질문을 탐색하면 앞선 세 단계를 더 심화된 차원에서 다시 반복할 수 있다.

용서치료는 상당한 시간과 노력이 요구된다. 용서 작업은 불가피하게 도덕적 차원을 포함하고 있으며, 깊은 영적·종교적 차원에도 자주 관여한다. 우리 그리스도인은 친히 주님으로부터 "우리에게 잘못한 이들을 우리가 용서했듯이 우리의 잘못을 용서하소서"(마태 6,12)라고 기도하라는 가르침을 받았다. 여기서 중요한 것은 용서하는 사람이 부당한 취급을 받았으며, 이 불의는 용서의 과정에서 용납되지도 해명되지도 않는다는 사실을 기억하는 것이다. 잘못된 행위는 여전히 잘못된 것으로서 남아 있다. 정의는 용서와 공존할 수 있다. 예컨대 부당한 취급을 받은 사람은 손해에 대한 보상을 요구하는 것과 동시에 가해자를 용서하는 작업을 할 수 있다. 도덕적 덕으로서의 용서는 엄격한 정의가 요구하는 것, 그 이상의 것이다. 그것은 정의에 입각한 것이 아니며, 그러므로 용서에 대한 결정은 자유롭게 내려져야 한다. 곧, 그것은 오직 자유로운 선물, 애덕과 사랑의 행위일 수 있다. 환자는 치료사나 가족 구성원에게 용서에 대한 지나친 압박을 받아서는 안 된다. 용서는 자유로운 자비의 행위로서, 그 중심에는 자신에게 부당하게 상처를 준 사람에게 선을 베풀고자 하는 피해자의 참된 열망이 있다. 자비로운 사람은 받을 만한 자격이 없는 사람에게 선한 것을 베풀고, 자신이 취할 만한 자격이 있는 징벌적 태도를 삼간다. 이런 방식으로 그 사람은 십자가에 못 박히시며 "아버지, 저 사람들을 용서하소서. 사실 그들은 무슨 짓을 하는지 알지 못하옵니다"(루카 23,34)라고 외치신 예수 그리스도처럼 행동한다. 이 자유가 용서치료를 해방과 치유를 일으키는 것으로 만드는 것이다. 환자는 용서가 자신에게 행해진 잘못보다 자신을 더 강하게 만든다는 것을 깨닫는다. 그것이 역설적으로 자신에게 가해진 악을 극복할 힘을 환자에게 부여한다.

요컨대 엔라이트와 피츠기번스는 용서를 이렇게 규정한다.

자신이 부당한 취급을 받았다는 것을 이성적으로 확인한 사람들이 원한과 (자신에게 권리가 있는) 관련 대응을 포기하고, 잘못된 행위를 저지른 사람에게 (상처를 입히는 행동의 성격상 그 사람에게 권리가 없는) 연민, 조건 없는 존중, 아량, 도덕적 사랑을 포함한 자선의 도덕 원리에 근거하여 대응하려 노력할 때, 그들은 용서를 실천하는 것이다.[46]

가톨릭 독자라면 이 같은 영웅적 덕행이 그리스도를 따르는 우리의 도덕적 삶에 얼마나 근본적인 것인지 쉽게 알 수 있다. 이것은 심리적·영적으로 강한 치유 효과를 가지고 있으며, 해결되지 않은 분노나 미움이 한 요인으로 작용하고 있는 여러 우울증의 사례에서 핵심적인 부분으로 활용될 수 있다. 용서는 단순히 '대응 전략'이나 '기술'이 아니라 그것을 넘어서는 것, 곧 덕이다. 이것은 한 사람의 인격에 대해, 한 사람의 정체성과 연결된 어떤 자질에 대해 무언가를 말해준다. 이처럼 용서치료는 단지 치료 기법이나 방법만 아니라, 환자의 인격과 정체성을 변화시키는 과정을 수반한다.

약물치료와 심리치료의 영구적 한계

심리치료는 도움이 되는 만큼, 과학적 진보로 결코 극복할 수 없는 한계를 가지고 있다. 과학과 기술이 인간의 모든 문제에 대한 해결책을 줄 수는 없으므로 이 한계는 영구적이다.

한 사람에 대한 의학적·심리학적 평가와 관련하여, 우선 우리는 다음 사항을 염두에 두어야 한다. 정신과 의사나 심리학자라고 모든 것을 다 알고 있는 것은 아니다. 그가 숙련되고 학식 있고 경험이 많다면, 놀랄 만한 관찰력과 예리한 진단 감각을 소유할 수 있다. 그럼에도 그가 인간 영혼의 저 깊은 곳까지 접근할 수 있는 확실하고 마술적인 방법을 가지고 있는 것은 아니다.

숙련된 치료사는 단일한 관점이 가진 한계는 물론, 자신의 환자에 대해 '총체적'인 혹은 '포괄적'인 의학적·심리학적 이론을 적용하는 것의 무익함을 잊지 않는 겸손을 가질 것이다. [이 책의 들어가는 말에서 인용했듯] 정신과 의사이자 철학자인 카를 야스퍼스는 이렇게 말했다.

정신의학의 대상은 사람이다. … 사람을 안다고 할 때, 우리는 사람 그 자체가 아니라 사람에 관한 어떤 것을 아는 것이다. 사람에 관한 어떠한 총체적 지식도 단 한 사람의 상태에 대해 하나의 관점을, 하나의 보편적 방법에 또 하나의 방법을 제기함으로써 얻어진 하나의 망상임이 판명될 것이다.

요컨대 야스퍼스는 "모든 사람과 같이, 모든 환자는 불가해한 존재이다"[47]라고 말하는 것이다.

교황 비오 12세도 응용 심리학을 주제로 한 연설에서 이와 비슷한 언급을 했다.

최고의 심리학자들은, 기존의 방법들을 아무리 잘 활용해도 성격의 중심을 구성하고 있고 언제나 신비로 남아 있는 정신의 영역을 꿰뚫어 보는 데는 성공하지 못한다는 사실을 알고 있다. 이 점에서 심리학자들은 자신의 가능성의 한계를 겸손하게 인정하고, 자신이 판단을 내려야 하는 사람의 개별성을 존중할 수밖에 없다. 그리고 그들은 모든 사람 안에 있는 신적 계획을 감지하려고 노력해야 하며, 가능한 한 그것을 개발하는 데 도움이 되어야 한다. 고유한 특성을 지닌 인간의 성격은 사실 가장 고귀하고 경이로운 창조 작품이다.[48]

평가를 내리는 의사, 심리학자, 그 밖의 치료사에게 없어서는 안 될 태도는 [환자에 대한] '경외'이다. 필자는 여기서 굳이 신비적이거나 종교적인 경외감을 말하고 있는 것이 아니다. 물론 그런 경외감이 있을지도 모르지만, 필자가 말하는 바는 과학자가 자신의 연구 대상에 대해 갖는 원초적 경이감이다. 치료사가 이런 겸손한 경외의 덕을 가지고 있다면, 그는 환자를 증상이나 성향으로 환원하는 지나친 단순화를 경계할 것이고, 빈곤한 유사 과학의 산물인 불완전한 설명에 불과한 것들에 주의할 것이다.

여기서 치료사에게 몇 가지 윤리적 문제가 제기되는데, 환자는 이 문제를 인식하고 있어야 한다. 평가를 내리는 정신과 의사나 심리학자는 환자의 자유와 인간적 존엄을 존중하는 차원에서 결코 환자의 마음 저 깊은 곳을 함부로 들어가거나 미묘하게 강요하여 파고들어서는 안 된다. 의학적·심리학적 평가와 심리치료가 환자가 자신의 내적 삶의 은밀한 부분을 드러내며 취약한 상태에 놓이는 것을 요구하는 것은 사실이다. 그러나 이것은 언제나 환자의 완전한 자유와 동의 아래 자발적으로 이루어져야 하며, 존중과 신중의 분위기에서 촉진되어야 한다. 비오 12세는 이에 관해 다음과 같이 설명한다.

> 또한 심리학은 개인이 결코 알 수 없고, 심지어 존재 자체도 의심할 정도로 감춰져 있는 은밀한 정신의 영역, 특히 경향과 기질이 존재함을 보여 주고 있다. 그리고 동의를 구하지 않고 타인의 것을 취하거나, 한 사람의 신체적 온전함을 해하려고 시도하는 것이 불법적인 것과 마찬가지로 어떤 기법과 방법을 사용하든 그 사람의 허락 없이 내적 영역

에 들어가는 것도 허용되지 않는다.

최고의 정신과 의사라면 두 가지 방향, 즉 아래로부터는 완전한 인간 생물학으로, 그리고 위로부터는 인간 인격에 관한 건전한 철학에 근거한 심리학으로 환자의 신비에 접근할 것이다. 그러는 가운데 그 의사는 두 접근 방식이 정신과 물질, 영혼과 육체가 만나는 눈에 보이지 않는 지평, 영원히 이르지 못할 그 지평을 향해 있음을 깨달을 것이다. 여기서 그는 신성한 영역에 발을 들인다. 그는 결코 그 깊이를 가늠할 수 없는 사적이고 불가해한 신비를 들여다본다. 그가 마주 보고 있는 그 사람은 이 세상이 창조되기 전에 이미 하느님께서 알고 계신 존재이다.

정신의학과 임상심리학의 치료 언어는 흔히 현대 세계에서 도덕과 종교의 언어를 대체했다. 작가 필립 리프는 이것을 "치료의 승리"[49] 라고 불렀다. 그러나 인간 문제에 대한 치료적 접근은 때로 도움이 되지만 한계가 있다. 약물치료와 심리치료는 우리의 가장 깊은 곳에 자리하고 있는 장애를 치유할 수 없다. 이 장애는 첫째, 죄의 문제이고, 둘째, 죽음의 문제이다. 두 문제에 대해 정신의학이 제공할 수 있는 것은 거의 없으며, 과학과 기술에서 답변을 기대하는 것도 부당할 것이다.

다음 이야기는 단순한 인간 심리학이 (신적 계시의 도움 없이) 죽음과 같은 궁극적 신비에 관해 가질 수 있는 제한된 관점을 보여 준다. 최근 한 대화에서 동료 정신과 의사와 필자는 의과대학 학생들과 자기애에 빠진 한 십 대 사례를 토론했다. 필자가 존경하고 있으며 노련하고 숙련된 정신과 의사인 이 동료는 약간의 현실 부정은 건강한 것이라고 주장했으며, 약간의 망상을 가지는 것을 지지하기까지 했다. 그는 특히 죽음에 대한 부정을 가지는 것이 건강한 자기방어라고 언급했다. 필자는 이견을 제시했다. 자신에게 속거나 자신을 속이는 것은 진리, 진실에 따라 자신의 삶을 이끌어야 하는 이성적 존재로서의 우리 본성에 배치된다.

필자의 동료에 따르면, 때로는 거짓이 진실보다 낫거나 적어도 더 건강하다. 그는 죽음을 생각하며 많은 시간을 보내는 것이 건강하지 않다고 생각했다. 필자는 사람들이 죽음에 대해 병적으로 집착할 수 있다는 사실에 수긍했다. 그러나 죽음에 대한 노골적인 부정을 건강한 자기방어라고 보는 것은 근본적으로 잘못된 것이라고 생각했다. 필자는 '사말'四末(죽음, 심판, 천국, 지옥)에 대해 자주 묵상하는 가톨릭의 전통적인 실천이 떠올랐다. 이 실천은 가톨릭의 영적 전통에서 주된 요소이며, 또한 필자가 보기에도 심리학적으로 건강한 것이다.

죽음에 대한 부정은 의심의 여지 없이 일반적 현상이고, 아마 과거보다 오늘날 더 그러할 것이다. 이것은 하느님에 대한 부정이 널리 퍼져 있기 때문이며, 또한 현대 국가에서 삶과 죽음에 대한 관료적인 행정 처리가 기술적으로 가능해졌기 때문이다. 과거에는 죽음이나 죽어 가는 사람과의 접촉이 사람들의 평범한 삶의 일부였지, 병원과 요양원에서만 일어나는 위생 처리 과정이 아니었다. 죽음에 대한 부정은 평범한 시민의 삶에서도 작동하고 있다. 예컨대 샌프란시스코는 마치 시민들이 자신들이 묻힐 공간을 원치 않는 것처럼, 시 경계 내에 묘지를 금지했다. 그러나 단지 어떤 경향이 널리 퍼져 있다고 해서 그것이 옳거나 건강한 것이라는 의미는 아니다.

필자의 동료는 죽음의 부정이 필요하다고 믿었다. 그가 보기에 '진실'은 도무지 받아들이기가 쉽지 않기 때문이었다. 그는 학생들에게 설명하기를, 우리는 한 점 먼지 위에 올라타서 광대한 우주 속을 떠다니는 물질적 존재일 뿐이라고 했다. 우리는 우주의 시간 중에 짧은 순간 동안 작디작은 공간만 차지하며, 우리의 위대한 업적도 결국 아무 의미가 없다는 것이었다. 그가 제시한 것은 의학이 아니라 이 세상에 대한 자신의 철학적 추정이었다. 필자는 하느님이 없는 세상, 즉 인간존재가 단순히 한 덩어리 분자에 불과한 세상은 죽음에 대한 생각을 견딜 수 없게 만든다는 것을 인정해야 했다. 그러나 다행히도 그러한 세상은 지금 우리가 사는 세상이 아니다.

그는 동의를 바라며 돌아보았으나, 필자는 그와 판이하게 다른 세계관을 가지고 있다고 답했다. 그리고 우리가 광대한 물질적 우주의 극히 작은 부분이라는 것에 관해 체스터턴G. K. Chesterton의 말을 빌려, 우리는 고작 크기 때문에 결코 정신이 위축되게 두어서는 안 된다고 말했다. 우리는 '바람 속 먼지'라는 주장, 삶은 근본적으로 무의미하며 그래서 죽음은 견딜 수 없다는 주장은 그저 그의 잘못된 유물론적 전제에서 나온 것이었다. 그것은 필자가 수용할 수 없는 전제였다. 우리는 이성과 신앙으로 알고 있다. 곧, 하느님께서 존재하시며, 인간은 영원한 삶을 위해 하느님에 의해 창조된 불멸의 영혼을 지니고 있고, 이 영혼은 우주의 모든 물질보다 오래 살아남을 것이다. 그러므로 우리 인간의 행위, 즉 필멸의 육신으로 행하는 일도 다 의미가 있을 수 있고, 영원의 무게를 지닐 수 있다.

그래서 우리는 죽음을 부정해야 할 필연적 이유가 없으며, 그리스도인에게 그러한 부정은 건강한 자기방어라고 할 수도 없다. 우리 가톨릭 신자들은 죽음을 맞이할 때 흔히 성모님께 도움을 청하는 데다가, 묵주기도를 바치는 동안 죽음이라는 말 자체를 50번 이상 반복하여 왼다. 죽음은 우리가 회피해야 할 말이 아니며 부정해야 할 현실도 아니다. 하느님께서 친히 당신의 십자가와 부활로 죽음의 권세를 멸하셨다.

죽음에 대한 부정이나 그 밖의 다른 현실 부정은 실제로 심리학적으로 건강하지 않다. 그것은 일종의 망상적 사고이고, 그것을 환자에게 부추겨서는 안 된다. 모든 좋은 심리치료는 진실이 아무리 어렵거나 고통스럽더라도 거짓보다 낫다는 전제에 기초하고 있다고 필자는 확신한다. 좋은 심리치료는 [죽음에 대한] 부정을 치료하는 데 도움이 될 수 있지만, 죽음의 최종성 문제를 해결해 줄 수는 없으며, 우리는 그것을 기대해서도 안 된다. 그 해답을 찾기 위해 우리는 이성의 과학(철학)과 신앙의 과학(신학)으로 눈길을 돌린다.

게다가 죄에 대한 부정도 오늘날 똑같이 널리 퍼져 있다. 죽음의 부정과 마찬가지로 죄의 부정은 정신 건강과 인간 번영의 관점에서 전혀 도움이 되지 않는다. 토머스 엘리엇T. S. Eliot은 자신의 시극 『칵테일 파티』*The Cocktail Party*에서 이런 죄의 부정을 살펴보았다. 이야기 속에서 주인공인 젊은 여성 실리아 코플스턴은 한 유부남과 불륜 관계를 맺고 있다. 그녀가 갑자기 이 관계의 공허함을 깨닫자 그녀의 삶은 크게 동요한다. 오늘날 여느 사람들처럼 그녀는 피로움 속에서 의사에게 조언을 구한다. 그리고 [자신에게] 뭔가 옳지 않는 게 있다고 털어놓는다.

저는 저에게 뭔가 잘못된 게 있다고 생각하고 싶습니다. ㅡ
만약 저에게 잘못된 게 없다면,
세상 자체에 뭔가 잘못된,
아니면 적어도 보이는 것과는 매우 다른,
어떤 것이 있다는 것이기 때문이지요. ㅡ 그리고 그것은 훨씬 더 무시무시한 것이겠지요!
그것은 끔찍할 겁니다. 그래서 저는 차라리 믿는 편이 좋겠습니다,
저에게 뭔가 바로잡을 수 있을 잘못이 있다고.

그녀는 자신의 장애를 알아내려 애를 쓴다. 그리고 몸부림 끝에 자신의 증상을 설명해 주는 유일한 진단을 내놓는다.

실리아: 그것은 터무니없어 보입니다. ㅡ 그러나 그것을 설명해 주는, 제가 찾아낼 수 있는 유일한 말은 죄책감입니다.
의사: 당신은 죄책감으로 고통을 받고 있군요, 코플스턴 양? 그것은 매우 특이하네요.
실리아: 그것은 제게 비정상적인 것처럼 보입니다….
저의 양육은 매우 관습적이었지요. ㅡ 전 언제나 죄를 믿지 말라고 교육을 받아 왔어요.
오, 그렇다고 그것[죄]이 결코 언급된 적이 없다는 뜻은 아닙니다! 그러나 제 견해로 봤을 때, 잘못된 것은 버릇이 없다든가, 아니면 심리적인

것이었지요. … 그리고 전 아직도 그것을 설명할 수 있는 다른 어떠한 말도 찾을 수가 없어요.

그것은 어떤 종류의 환각임에 틀림없어요.

그러나 동시에 전 그것이 지금껏 제가 믿어 왔던 그 어떤 것보다 더 실제적일지 모른다는 공포심에 떨고 있습니다.

의사: 당신이 믿어 왔던 것보다 더 실제적인 것이 무엇인가요?

실리아: 그것은 제가 여태껏 해 왔던, 그래서 그것으로부터 도망치려고 할지도 모를 어떤 것이나, 혹은 제가 빼내어 없애 버릴 수도 있는, 제 안에 있는 어떤 것에 대한 느낌은 아닙니다. ― 그것은 바로 저 자신 밖의 누군가를 혹은 무언가를 향한 공허함과 낭패감에 관한 느낌입니다. 그리고 저는 제가 반드시 … 속죄해야 한다고 느낍니다. ― 이것 [속죄]이 바로 제가 찾던 그 말인가요? 당신은 그러한 마음 상태에 있는 환자를 치유하실 수 있습니까?

물론 대답은 "아니요"이다. 프로이트도 이런 한계를 인식하고 이렇게 말했다. "내가 환자에게 '당신의 죄를 용서합니다'라고 말한다는 것은 터무니없는 일이다." 심리치료사는 죄를 용서해 줄 권한이 없다. 언젠가 한 사람이 마더 데레사에게 현대 세계의 가장 큰 문제가 무엇인지 물었다. 그녀의 대답은 "죄책감의 상실"이었다. 현대인은 회개 전의 실리아와 같다. 모든 것이 다 좋을 리는 없다는 막연한 감각을 가지고 있지만, 그 같은 장애를 정확하게 진단해 주는 종교적 언어를 가지고 있지 않다.

죄는 영혼의 생명 자체를 공격하기에 최악의 병리, 가장 치명적인 병리이다. 그리고 죽음은 결코 우리가 의학적·심리학적 해결책을 찾지 못할 인간 문제이다. 이 세상의 삶에는 언제나 끝이 있다. 의사는 복잡한 비탄에 빠져 있는 사람을 도울 수는 있을지 모른다. 그러나 죽음의 신비나 죄의 문제를 해결해 줄 수는 없다. 그 문제의 해결책은 의사의 권한 밖에 있다. 오직 그리스도만이 그 열쇠를 쥐고 계신다. 자신을 "죄인들 중 첫째"라고 여긴 사도 바오로도 죽음을 통쾌하게 꾸짖는다. "죽음아, 네 승리가 어디 있느냐? 죽음아, 네 독침이 어디 있느냐?"(1코린 15,55). 이 같은 진술은 그리스도교 신앙 밖에서는 거의 이해할 수 없다.

죄책감의 문제

과도한 죄책감이나 죄의 반추는 우울증의 주된 특징이며 주요 증상 중 하나이다. 그러나 죄책감이나 무엇인가 잘못을 저질렀다는 인식 자체가 비정상적이고 병리적인 것은 아니다. 그와 정반대로, 악행을 저질렀을 때 죄책감을 느끼지 못하는 불능 상태는 이른바 소시오패시(sociopathy: 사회병증)나 반사회적 성격장애(antisocial personality disorder)로 알려진 심각한 병리적 성격의 핵심적 특징이다. 병든 육체의 비유는 이런 상태를 이해하는 데 아주 적합하다. 즉, 사회병증은 최악의 영적 질병 중 하나이다. 요제프 라칭거Joseph Ratzinger(교황 베네딕도 16세)는 죄를 인식하는 능력이 본질적으로 인간의 영적 성질에 속한다고 주장한 정신과 의사 알베르트 괴레스Albert Görres를 인용하여 다음과 같이 설명한다.

(죄책감은) 정상적인 신체 기능의 장애를 의미하는 신체적 통증 못지 않게 인간에게 필요합니다. 더는 죄를 인식하지 못하는 사람은 영적으로 병든 '살아 있는 시체'입니다. … 더는 자신의 죄를 깨닫지 못하는 것, 여러 영역에서 양심이 침묵을 지키는 것은 그 죄 자체보다 훨씬 더 위험한 영혼의 질병입니다. 살인이 죄라는 사실을 더는 알지 못하는 사람은 자신의 행동이 부끄러운 일임을 여전히 인식하는 사람보다 더 타락한 것입니다. 전자가 진실과 회개에서 더 멀리 떨어져 있기 때문입니다.[50]

양심은 적절한 발달이 필요한 기관이다. 다음과 같은 비교가 정상적 죄책감과 병리적 죄책감을 구분하는 데 도움이 될 것이다. 병리적 죄책감의 문제와 신체적 통증의 문제에 대한 비유를 들어 보자. 정상적인 상황에서 통증은 신체에 무엇인가 이상이 있다는 신호이다. 통증에 대한 최선의 치료법은 기저 원인을 바로잡는 것이다. 그러나 일부 신체 질환의 경우, 기저의 기질적 병리 또는 통증을 유발하는 손상이 없음에도 통증을 느끼는 통증 증후군이 발생할 수 있다. 이런 경우에는 통증 자체가 병리적이며, 정상 기능에 문제를 일으킨다.

그런데 다른 한편으로 신체가 손상을 입어도 통증을 느끼지 못한다면 그것 또한 다른 종류의 심각한 문제가 될 것이다. 그리고 실제로 신체적 통증을 느끼지 못하는 신경학적 상태가 드물지만 존재한다. 그런 상태가 그렇게 나쁘게 보이지 않을지도 모르지만, 문제는 그들이 뜨거운 난로에 손이 닿았을 때나 발가락을 찧었을 때, 이를 의식하지 못한다는 것이다. 그 불행한 사람들은 너무 쉽게 심각한 손상을 입거나 감염을 일으켜, 결국은 치명적 상태에 이른다. 신체적 통증은 신체의 온전성을 유지하기 위한 건강하고 정상적인 기제이다. 마찬가지로 죄책감도 영혼의 온전성을 유지하기 위한 건강하고 정상적인 기제이다.

죄책감은 다음과 같은 점에서 신체적 통증과 비슷하다. 정상적인 상황에서 인간은 자신이 무언가를 잘못했을 때 죄책감을 느낀다. 그리고 그런 죄책감이나 죄의식은 인간이 하느님께 용서를 구하고, 가능하면 잘못을 바로잡으며, 자신이 잘못을 저지른 상대에게 보상하도록 하는 자극이 될 수 있다. 교황 비오 12세가 심리치료와 종교에 관한 연설에서 말했듯이, 죄책감이란 자신이 "도덕률을 위반했으며, 그래서 그 책임에서 벗어나지 못함을 인정하는 의식이고, 고통과 정신장애로 표출될 수 있는 의식이다".[51] 이런 종류의 죄책감을 그 자체로 병리적인 것으로 보고 심리치료를 통해 (혹은 죄책감을 무뎌지게 하는 약물치료를 통해) 치료하려 시도하는 것은 잘못된 일이다. 그러한 접근은 죄책감에 빠진 사람에게 오히려 심각한 위해가 될 수 있다. 비오 12세는 계속해서 강조한다.

여기서 심리치료는 자신의 고유한 권한 밖에 있는 한 현상에 접근하는데, 그 현상은 전적으로는 아니더라도 또한 종교성을 가지고 있기 때문입니다. 비합리적이며 심지어 병적인 죄책감이 드물지 않게 있다는 사실은 누구도 부정하지 않을 것입니다. 그러나 인간은 말끔하게 지워지지 않은 진짜 잘못에 대해 의식하고 있을지도 모릅니다.[52]

정상적 죄책감을 병리적 죄책감과 구분하기 위한 그런 노력은 정신과적 장애의 적절한 치료와 영적 지도 작업에 필수적인 부분이다. 정신과 의사들의 그 노력은 르네상스 시대 의사이자 성직자인 티머시 브라이트Timothie Bright까지 거슬러 올라간다. 그는 1586년에 쓴 「우울병에 대한 논고」A Treatise on Melancholie에서 죄의식으로 인한 낙담으로 고통받는 사람들과 우울병과 관련한 병리적인 죄책감으로 고통받는 사람들을 구분하기 위해 여러 장을 할애했다.[53]

비합리적·병리적 죄책감이 흔히 발견된다는 사실을 우리는 인식하고 있어야 한다. 우울증이 인간의 지각, 인지, 정서에 미치는 영향은 아주 커서, 그 환자가 범했을 수 있는 잘못에 비해 종종 지나친 죄책감에 시달리게 한다. 그런 죄책감은 기저 원인과는 무관하게 통제 불능이 된 신체적 통증과 다름없다. 비합리적·병리적 죄책감(예를 들어 "나는 노란불을 무시하고 달려서 중죄를 저질렀다. 나는 완전히 무가치하며, 사랑받지 못할 인간이다")은 죄스러운 행동이나 악덕으로 인한 정상적인 죄책감과 신중히 구분되어야 한다.

다른 한편으로 분명한 것은, 자신이 판단하기에 비도덕적인 행동을 할 때 우리가 일반적으로 (적어도 잘 형성된 양심이 있다면) 부끄러움, 후회 등의 감정을 경험한다는 사실이다. 이런 죄책감은 심리적 장애로 오인되어서는 안 되며 적절한 영적 수단을 통해 다루어져야 한다.

교황 비오 12세는 앞서 인용한 연설에서 이 문제와 해결책에 대해 계속 설명한다.

심리학도 윤리학도 이런 종류의 경우에 대한 완전무결한 기준을 가지고 있지는 못합니다. 이 같은 죄책감을 낳는 양심의 작용은 지극히 사적이고 미묘한 구조를 가지고 있기 때문입니다. 그러나 어떤 경우에도 순수한 심리학적 치료가 진정한 죄책감을 치유하지 못한다는 것은 확실합니다. 심지어 깊은 신앙을 지닌 심리치료사들이 죄책감의 존재에 의문을 제기하더라도, 그것은 여전히 존재합니다. 심지어 죄책감이 의료적 개입, 자기암시, 외부 설득으로 제거된다 하더라도, 잘못은 여전히 남아 있습니다. 만약 심리치료가 죄책감을 없애기 위해 잘못이 더는 존재하지 않는다고 주장한다면, 그것은 자신을 속이면서 타인을 속이는 것입니다. 잘못을 없애 주는 수단은 순수한 심리학적 영역 밖에 있습니다. 모든 그리스도인이 알고 있듯이, 그것은 회개와 사제를 통한 성사적 죄 사함에 달려 있습니다. 여기서 회한, 후회가 계속 느껴지더라도 악의 뿌리, 잘못 그 자체는 제거되는 것입니다. 요즘에는 특정하게 병리적인 경우, 사제가 고해자를 의사에게 보내는 것이 드문 일이 아닙니다. 그러나 지금 이 경우에는 의사가 오히려 환자를 하느님께 보내고, 하느님의 이름으로 잘못 자체를 사해 줄 권한을 가진 사람들에게 보내야 합니다.[54]

앞에서 언급했듯이 그리스어 어원을 가진 '정신과 의사'라는 말은 글자 그대로 '영혼의 의사'라는 의미이다. 그러나 정신과 의사는 모든 정신적인 문제 중에서 가장 큰 문제, 즉 죄의 문제와 그것이 야기한 죄책감에 대한 치유책을 갖고 있지 못하다. 현명한 정신과 의사라면 아마 죄책감에 대해 정의를 내리고, 설명을 해 주며, 환자가 자신의 비합리적·병리적 죄책감을 인식하고 거기에서 벗어나도록 도울 수 있을 것이다. 하지만 결코 죄책감을 치유할 수는 없다. 심리적 방어 전략, 의료적 지원 혹은 치료 기법 등을 동원하여 죄책감을 치유하려 하는 우리의 모든 인간적 시도는 궁극적으로 충분하지 않다.

그래도 절망할 필요는 없다. 우리의 모든 실패가 신앙이 이미 계시한 바를 우리에게 시사하고 있기 때문이다. 결국, 참되고 유능한 영혼의 의사는 오직 단 한 분뿐이라는 것이다. 교부들은 우리의 주님을 '거룩한 의사'라고 불렀다. 이 말이 우리를 다음 장, 즉 우울증과 우리의 영성생활이라는 주제로 이끈다.

· 7 ·

우울증에 대한 영적 도움

"정신 질환을 겪고 있는 사람은 다른 모든 사람과 마찬가지로
항상 자신 안에 하느님의 모상을 지니고 있습니다."

교황 요한 바오로 2세[55]

❦

이미 2장에서 제시한 바와 같이, 우울증을 종합적으로 치료하려면 신체적·심리적 영역만 아니라, 개인의 영성생활도 함께 다루어야 한다. 그러한 치료는 인간의 본성과 은총, 둘 다에 주의를 기울여야 한다. 우울증에 걸린 사람들에게 두루 적용되는 영적 조언을 제공하는 것은 어려운 일이다. 사람들은 저마다 고유한 길을 걷고 있기 때문이다. 지금 이 책을 접한 독자들도 저마다 나름의 개인사, 고유한 문제와 어려움, 개인적이며 반복될 수 없는 소명을 가지고 있을 것이다.

몇 년 전에 한 기자가 교황으로 선출되기 전의 요제프 라칭거 추기경에게 이렇게 질문했다. "하느님께 이르는 길은 얼마나 많이 있습니까?" 오늘날 많은 사람이 이것을 묻고 있으며, 우울증에 시달리는 사람들은 하느님께 이르는 길을 찾는 데 흔히 더 많은 어려움을 겪는

다. 라칭거 추기경의 대답에 우리는 깜짝 놀랄 것이다. "하느님께 이르는 길은 얼마나 많이 있습니까?"라는 질문에 추기경은 간단히 대답했다. "사람들 수만큼 많습니다." 그리고 이어서 설명했다. "같은 신앙 안에서도 각 사람의 길은 전적으로 그 사람만의 것입니다."[56]

라칭거 추기경은 자신의 대답을 이렇게 부연했다. "우리는 '나는 길입니다'(요한 14,6)라고 하신 그리스도의 말씀을 간직하고 있습니다. 이런 점에서 궁극적으로 오직 하나의 길이 있을 따름이며, 그러므로 하느님께 이르는 길 위에 있는 사람은 모두 다 어떤 의미에서 예수 그리스도의 길 위에 있는 것입니다." 그러니 우리는 모든 사람에게 '하느님을 만나려면 예수 그리스도의 얼굴을 찾으라'고 말할 수 있다. 그리고 이것이 모든 사람에게 적용되는 첫 단계이다. 예수 그리스도는 많은 길을 아우르는 오직 하나의 길이다. 그리스도인이 된다는 것은 (그것이 아무리 고귀할지라도) 단지 고상하고 추상적인 이상을 받아들이는 것을 의미하지 않으며, 단지 우리가 취하는 윤리적 선택의 결과도 아니다. 그리스도인이 된다는 것은 한 위격, 그리스도라는 위격을 만나는 것을 의미한다. 라칭거 추기경은 이렇게 결론을 내린다. "이것은 의식과 의지의 측면에서 모든 길이 똑같다는 의미가 아니라, (예수 그리스도라는) 하나의 길이 하도 넓어서 각 사람에게 개인적인 길이 된다는 의미입니다."[57]

우울증의 치료 과정도 이와 비슷하다. 곧, 각자에게 개인적인 길이 있다. 물론 많은 각자의 고유한 길 사이에는 효과적인 것으로 널리 알려진 일반적인 치료 수단들이 공유되고 있다. 그러나 유전적 요인에 기인한 우울증을 겪는 사람들과 생활 경험, 해결되지 않은 대인 관계 갈등, 유아기 학대 및 방치 등과 더 관련이 있는 우울증을 겪는 사람들은 그 회복 과정이 다를 것이다.

우리는 이 장에서 다양한 요인을 인정하면서, 우울증과 관련되어 있는 여러 영적 주제를 다룰 것이다. 필자는 갖가지 상황에서 고통받고 있는 사람들에게 적용될 수 있는 몇 가지 실질적 수단을 제공하기를 희망한다. 여기서 논의되고 추천되는 영적 실천들은 우리 가톨릭 전통에 깊이 뿌리내려 있고 보편적이어서 두루 적용될 수 있다.

긍정심리학과 덕의 성장

좋은 성격이 반드시 우울증 발병을 예방해 주는 것은 아니다. 하지만 성격적 강점과 덕德은 생활 스트레스 요인에 더 효과적으로 대처하고 우울증에서 회복하는 어려운 과정을 인내하는 데 도움이 될 수 있다. 우리 자신을 바꾸고 태도를 바꾸는 것은 쉬운 일이 아니다.

소크라테스, 플라톤, 아리스토텔레스, 스토아학파 같은 고대 그리스 철학자들에 따르면 우리는 덕에 따라 생활함으로써, 즉 좋은 성격적 습관을 발달시킴으로써 행복을 얻는다. 행복은 연이어 일어나는 구체적 상황 속에서 발견되는 실제의 선善에 대해 지적 관심을 기울이고, 우리의 생애에 걸쳐 발달한 덕에 따라 행동함으로써 이루어진다. 위대한 그리스도교 사상가인 성 아우구스티누스와 성 토마스 아퀴나스는 이 주제를 그리스도교 계시에 비추어서 확장했다. 다시 말해 고전적으로 인정된 덕이, 고대인들에게 알려지지 않았고 그들이 알 수도 없었던 가장 중요한 덕, 즉 우리를 하느님께 직접 인도하는 향주덕向主德에 힘입어 어떻게 다시 생생하게 살아나는지 보여 주었다. 우리는 그러한 덕을 우리의 본성을 완전하게 하고, 우리를 더 인간답게, 더 자유롭게 하며, 그래서 우리를 행복과 번영으로 인도하는 성격적 특성이나 습관적 성향으로 이해해야 한다.

그리스 철학자들은 다른 모든 덕의 중심이 되는 네 가지 '추덕'樞德, 혹은 주된 덕을 제시한다. '현명', 혹은 실천적 지혜는 특정한 상태와 복잡한 상황에서 우리가 선하고 올바른 행동을 택하는 데 도움이 된다. '정의'는 사회에서 우리의 관계와 생활을 조절하게 하는 덕이며, 타인에게 속한 것을 으레 타인에게 돌려주게 하는 덕이다. '절제'는 음식, 음료, 성性 등에 대한 욕구를 조절하게 하는 덕이다. '용기'는 상황에 따라 어려움에 과감하게 직면하여 극복하게 하거나, 끈기 있게 감내하게 하는 덕이다. 성 아우구스티누스와 성 토마스 아퀴나스는 이 네 가지 덕을 '자연덕'으로 지지했으며, 사도 바오로의 가르침에 따라 여기에 믿음, 희망, 사랑이라는 세 가지 '초자연덕', 혹은 '향주덕'을 추가했다. 이 세 가지 덕은 자연덕이 제공할 수 있는 것 너머로, 즉 선善 자체로 우리를 인도하기 때문에 필수적이다. 향주덕은 우리로 하여금 우리의 최종 운명이자 성취인 하느님과의 일치를 이루게 해 준다.

몇 년 전에 미국 심리학회 전 의장인 마틴 셀리그먼Martin Seligman이라는 한 연구자가 '긍정심리학'(positive psychology)으로 알려진 새로운 운동을 시작했다. 셀리그먼은 심리학자들과 정신과 의사들이 지나치게 오랫동안 정신적인 질환이나 장애, 병리에만, 즉 정신적으로 잘될 수 있는 것이 아니라 잘못될 수 있는 것에만 초점을 맞췄다고 주장했다. 심리과학은 20세기에 인간의 약점과 취약점에 대해 많은 것을 알게 되었다. 그러나 셀리그먼은 이제 사람들을 행복, 건강, 인간 번영으로 이끄는 긍정적 특성과 습관에 대해 엄격한 과학적 방법으로 연구할 때라고 주장했다.

이 주제에 대한 많은 역사 연구와 사회과학 연구의 결과는 셀리그먼이 크리스토퍼 피터슨Christopher Peterson과 함께 쓴 『성격 강점과 덕목』Character Strengths and Virtues[58]에 요약되어 있다. 긍정심리학 연구자들은 정신 건강과 번영으로 이어지는 성향들을 여섯 가지로 축약했다. 그들에 따르면 정신 건강과 행복으로 이어지는 주요 덕목과 그에 속한 성격 강점은 다음과 같다. 다음의 목록을 보면 덕 윤리 전통에 익숙한 그리스도인들이 연상될 것이다.

(1) 지혜: 창의, 통찰, 탐구
(2) 정의: 사회적 책임, 충성, 공정, 리더십
(3) 절제: 용서와 자비, 겸손, 신중, 자기 통제
(4) 용기: 용감함, 끈기, 진실함, 활력
(5) 인간애: 사랑, 친절, 사회적 지능
(6) 초월성: 유머, 희망, 감사, 심미審美, 영성

연구자들은 그리스도교 전통을 재창조하고자 나선 것이 아니며, 그들의 연구 자료에는 (타 종교 철학자에서부터 힌두교 경전을 거쳐 보이스카우트 규범에 이르기까지) 그리스도교의 것이 아닌 문헌과 전통이 포함되어 있다. 달리 말해 그들의 역사 연구와 과학적 연구는 그리스도교의 오랜 철학 전통과 신학 전통이 발견하고 기술한 것을 다른 관점에서 다른 방법으로 재확인한 것이다. 덕과 좋은 성격적 습관의 성장은 우리의 정신 건강과 영적 건강에 필수적인 요소이다. 앞에서 언급한 바와 같이 한 사람의 성격 발달이 우울증에 면역이 생기게 해 주지는 않는다. 덕이 있고 거룩한 사람들도 우울증으로 고통받았음을 상기해야 한다. 하지만 덕은 우울증을 일으키고 지속시키고 혹은 악화시킬 수 있는 스트레스, 상실, 좌절, 기타 여러 요소를 다루는 우리의 능력을 향상시킬 수 있다.

여기에 관련한 미덕과 악덕에 대해 일일이 설명하려면 별도의 책이 더 필요할 것이다. (미덕에 관한 참고 문헌은 부록 1을 참조하라.) 이에 필자는 우울증과 관련하여 한 가지 고려해야 할 사항만 간략히 언급하고자 한다. 하느님에 대한 우리의 사랑은 이웃에 대한 우리의 사랑과 긴밀히 연결되어 있다. 인간은 타인 없이 생존도 성장도 할 수 없다. 이웃 사랑과 관련하여 이 미덕을 흔히 약화하는 한 가지 악덕에 대해, 아마 우리 시대의 숨겨진 악덕 중 하나일 시기라는 대죄에 대해 생각해 보자. 시기는 슬픔의 한 형태이다. 시기는 우울증 유발에 기여할 수 있으며, 극단적인 경우 우울 증상의 근본 원인이 될 수 있다. 슬픔의 다양한 원인을 여기서 모두 열거하기에는 너무 많으며, 모든 원인을 개선하거나 제거할 수 있는 것도 아니다. 그러나 시기를 포함하여 일부 원인은 그렇게 할 수 있다.

교리서에서는 시기를 "타인의 재산을 볼 때 슬픔을 갖고, 그 재산을 옳지 않은 방법으로라도 자기의 것으로 만들고자 하는 무절제한 욕망"으로 정의를 내린다. 그리고 이 죄와 관련한 문제를 상세히 설명하고 그 해결책을 제시한다. "시기는 슬픔의 한 형태로서 사랑의 거부를 나타낸다. 세례 받은 사람은 자비로써 시기와 싸워야 한다. 시기는 흔히 교만에서 나온다. 세례 받은 사람은 겸손하게 사는 훈련을 쌓아야 할 것이다."⁵⁹ 교리서는 그 주제와 관련하여 계속해서 성 요한 크리소스토무스St. Ioannes Chrysostomus를 인용한다. "여러분은 여러분을 통해서 하느님의 영광이 드러나기를 원하십니까? 그렇다면 여러분 형제의 향상을 기뻐하십시오. 그러면 그 결과로 여러분을 통해서 하느님의 영광이 드러날 것입니다. 당신의 종이 다른 사람들의 공적을 기뻐함으로써 시기를 이길 수 있었으니, 하느님은 찬미를 받으실 것입니다." 우울증과 씨름하고 있는 사람들은, 사실 우리 모두는 시기가 우리 정신 상태를 악화하는 역할을 하는 것은 아닌지 파악하기 위해 양심을 성찰해야 할 것이다. 이 악덕은 다른 악덕과 마찬가지로 이어서 설명할 하느님의 도우심과 은총의 수단으로 뿌리 뽑을 수 있다.

삶의 일치

우리의 덕이 성장함에 따라 우리의 삶은 더 깊은 일치로 특징지어진다. 우리는 성인聖人들에게서 이런 삶의 일치를 본다. 그들은 가면을 쓰지 않으며 인격이 분열되어 있지 않다. [분열되지 않은] 온전한 사람은 일요일 아침 교회에서와 월요일 아침 직장에서가 같은 사람이다. 일부 우울증을 포함하여 많은 정신적인 질환과 장애가 일련의 모순된 생활을 하려는 시도로 인해 유발되거나 지속된다.

다음은 분명히 극단적인 예이지만 문제의 요점을 설명하기 위해 제시한다. 소시오패스와 대량 살인 범죄자를 연구하는 법의학 정신과 의사들이 말하기를, 그런 범죄자들이 자전적인 이야기를 할 때 그들의 사고 과정은 분열되어 있고, 일관되지 않으며, 내적 모순으로 가득 차 있다고 한다. 이것은 악惡과 내적 분열이 어떻게 (타인만 아니라 자기 자신과의) 불일치성과 부정직성으로 특징지어지는지에 대한 극단적 예이다. 이와 대조적으로 선善과 건강, 전체성은 일치성과 온전성으로 특징지어진다.

세속 문화가 종교적 신앙을 완전히 사적 영역으로 밀어 넣으려고 하는 이 시대에, 우리는 일종의 이중생활에 대한 큰 유혹에 직면해 있다. 한편에는 내적 생활, 하느님과 관계 맺은 생활이 있고, 다른 한편에는 일상의 현실과 씨름하는 별개의 직업생활, 사회생활, 가정생활이 있는 것이다. 이런 불일치로 내몰리는 경향은 단지 문화적이거나 사회적인 것이 아니며, 특정 시대와 지역의 산물이 아니다. 더 깊은 차원으로 들어가서 이것은 분열과 균열을 일으키는 죄, 즉 원죄와 우리 자신의 개인적인 죄의 결과이다.

오푸스 데이Opus Dei[1928년 창설되어 모든 사회 영역의 복음화를 목적으로 활동하는 성직 자치단]의 창설자 성 호세마리아 에스크리바St. Josemaría Escrivá는 이 문제를 다음과 같이 설명한다. "우리는 이중적인 삶을 살 수 없습니다. … 육과 영으로 이루어진 단 하나의 삶이 있을 뿐입니다. 그리고 영과 육으로 거룩해지고 하느님으로 충만해져야 하는 것은 바로 이 삶입니다. 우리는 지극히 가시적이고 물질적인 것에서 비가시적인 하느님을 발견합니다."[60] 성숙한 그리스도인들은 인격이 분열되어 있지 않으며 이중생활을 하지 않는다. 우리는 사무실에 들어갈 때 우리의 신앙을 모자처럼 문에 걸어 놓아서는 안 된다. 내가 만약 결혼반지를 빼고 술집에 들어간다면 내 아내는 분명히 상처를 받을 것이다.

우리의 신앙도 마찬가지이다. 즉, 신앙은 우리의 시간 전체가 요구되며, 우리 정체성의 전체를 구성하는 한 부분으로, 우리가 행하는 모든 일에 영향을 미친다. '치유하다'라는 단어의 그리스어 어원을 글자 그대로 옮기면 '온전하게 하다'라는 의미이다. 우리의 외적 생활과 내적 생활이 일치를 이룰수록 우리는 그만큼 더 건강하고 행복해질 것이다. 필자의 희망은 여러분이 이 책을 읽고 몇 가지 제안을 얻어서 덜 분열되고 더 온전해지는 길을 걷게 되는 것이다.

이런 맥락에서 필자는 우리가 피해야 할 두 가지 일반적인 함정에 대해 언급하려 한다. 첫 번째는 '신비적인 희망적 사고'라고 부를 수 있는 함정으로, 이것은 일련의 환상과 '만약에…'라는 가정을 품는 일종의 백일몽이다. '만약에 내 재능을 더 잘 발휘했다면…, 만약에 배우자나 고용주에게 더 인정을 받았다면…, 만약에 돈을 더 벌었다면…, 만약에 다른 직업을 가졌거나, 결혼하지 않았거나, 다른 사람과 결혼했다면… 나는 정말 행복할 수 있었고, 정말 거룩할 수 있었을 텐데.' 이런 식의 희망적 사고는 기껏해야 시간 낭비이며, 최악의 경우 하느님께서 주신 소명을 포기하고 싶은 유혹이 될 수도 있다. 이런 환상을 키우며 시간을 낭비하는 것은 만성적인 불만족감으로 이어질 수 있고, 우울 상태를 지속시키는 데 일조할 수 있다.

연구자들은 많은 사례의 우울증에 일조하는 한 가지 핵심 요인이 우리의 기대치, 즉 우리 자신과 타인, 세계에 대한 기대치를 조정하지 못하는 불능 상태임을 발견했다. 신비적인 희망적 사고는 자신의 삶과 환경을 있는 그대로 받아들이는 것을 방해하고, 또 기대치를 적절히 조정하는 것을 방해한다. 그것은 우리가 있는 바로 여기에서, 하느님께서 우리를 배치하신 바로 이곳에서 우리의 상황을 개선할 기회를 보지 못하게 만들 수 있다. 또한 그것은 우리 자신과 우리 주위의 사람들, 그리고 하느님께서 당신의 섭리와 선하심으로 우리에게 안배하신 상황을 받아들이는 것을 방해할 수도 있다.

우리 모두에게 중요한 영적 과업은 확신이다. 하느님께서 우리를 여기 이 가정에, 이 친구들에게, 이 직업에 안배하신 데는 다 이유가 있음을 확신하는 것이다. 거룩한 것, 아름다운 것은 더 푸른 풀이 돋아 있으리라고 믿는 울타리 너머 저곳이 아니라, 바로 이곳에 숨어 있다. 그리고 그 '거룩한 것'을 우리가 있는 바로 이곳에서, 우리 삶의 일상적인 사건과 상황에서 하느님의 도우심으로 찾아내는 것은 우리에게 달려 있다.

두 번째 함정 또는 두 번째 덫은 일중독자가 되는 경향, 곧 과도한 활동으로 녹초가 되도록 일을 하여 결국에는 소진되고 마는 경향이다. 이는 많은 사례의 우울증에 공통적으로 기여하는 요인이다. 우울증에 대한 최근 연구에 따르면 일과 관련한 스트레스의 증가는 우울증 유병률 증가에 기여하는 주요 요인이다. 역설적이게도 일중독 경향은 때로 일 외적인 게으름과 연결되어 있다. 일중독자는 흔히 일할 때는 '미친 듯이 흥분한' 모습을 보이고, 놀 때는 '빈둥대며 나태한' 모습을 보일 수 있다. 미국인들은 한편으로는 정신없이 바쁘게 활동하는 것과 다른 한편으로는 축 늘어져 시간을 허비하는 것, 양극단 사이를 왔다 갔다 하는 독특한 경향이 있다. 소설가 고故 워커 퍼시는 이 장애를 '천사주의-야수주의'라고 불렀고, 여기에 빠지면 많은 스트레스를 받는 일과 아무 의미 없는 여가에 과도한 시간과 에너지를 소모하게 된다.

이것은 겉으로 보기에는 두 가지 장애지만, 실제로는 한 가지이다. 즉, 두 가지 문제를 동전의 양면으로 이해할 수 있다. 이 두 가지는 사막 교부들이 '나태'(*acedia*)라고 부른 것의 징후이며, 우리는 이를 2장에서 우울증과 관련하여 이미 논의한 바 있다. 나태는 불만 혹은 사기 저하로 이어지는 일종의 영적 게으름임을 여러분은 기억할 것이다. 이 지점에서 일중독에 빠진 사람이 어떻게 게으른 것처럼 보이냐고 반문하는 독자들도 있을 것이다. 그러나 더 깊이 들여다보면 그의 행동주의와 과민한 에너지가 피폐한 내적 생활을 대체하고 있음을 알게 될 것이다. 이것은 자기 자신과 자신이 처한 상황에 관한 숨겨진 진실을 직면하는 데 방해가 될 수 있다. 2장에서 강조했듯이 우울증을 나태와 혼동해서는 안 된다. 하지만 우리는 두 상태를 점점 더 혼동하는 모습을 목격한다.

휴식 장애는 흔히 과도한 음주나 음란물 소비, 혹은 기타 건강하지 않고 도덕적으로 문제가 있는 행동의 형태로 나타난다. 술을 한 잔 더 따르거나 불법 웹사이트를 열 때, 우리는 언제나 자신에게 같은 말을 한다. "나는 이걸 할 자격이 있어." 하지만 사실 우리는 더 좋은 것을 누릴 자격이 있다. 우리의 여가 활동은 참된 휴양(recreation), 글자 그대로 '재창조'(re-creation)이어야 한다. 즉, 안식일 휴식을 반영해야 한다. 이것은 우리를 다시 새롭게 하고, 다시 생기를 찾게 하면서도, 우리를 귀하게 해 주는 활동을 하는 것을 의미한다. 안식일을 거룩하게 지키며 우리의 여가를 현명하게 보내는 것은 우리의 영성생활에 더없이 중요할 뿐 아니라, 우리의 정신 건강에 가장 훌륭하며 가장 널리 적용되는 처방 중의 하나이다. 우울할 때는 조금 더 휴식을 취하고 의사와 상의하여 잠시라도 일상의 스트레스와 긴장에서 스스로 물러나 있을 필요가 있다.

질서의 평온

우리는 평화에 관해, 평화를 이뤄 내고, 평화를 조성하며, 평화를 증진하는 것에 관해 많은 이야기를 듣고 있다. 세계 평화, 가정 평화, 내적 평화 등의 많은 이야기가 있다. 우리는 모두 평화를 원하고 갈망한다. 그러나 곧잘 오해하는데 평화는 단지 갈등이 없는 상태, 전쟁이 없는 상태를 의미하지 않는다. 그것은 그저 부정적인 것이 아니다. 평화는 긍정적인 것이다.

아우구스티누스 성인은 평화에 관한 고전적 정의를 내렸다. 그는 평화를 '질서의 평온'이라고 했다. 평화와 질서의 덕은 서로 관계가 있다. 내적 평화를 위해서는 질서가 필요하다. 만약 평화가 없다면, 자신의 생활에 질서가 있는지 자신에게 스스로 물어야 한다. 외적 무질서는 일반적으로 내적 무질서의 한 원인이 된다. 마찬가지로 내적 생활이나 관계의 무질서는 외적 세계의 무질서로 이어진다. 우리의 외적 활동은 우리의 내적 성향을 비춰 주는 거울이다. 내적 무질서와 외적 무질서, 둘 다 우울증에 일조할 수 있다.

필자는 우리의 생활에서 흔히 발견되는 외적 무질서에 대해 한 가지 예를 들고자 한다. 오늘날 사람들은 100년 전 사람들에 비해 평균 20% 적게 잔다. 그러나 우리가 갑자기 증조부모 세대보다 잠이 덜 필요할 정도로 진화한 것은 아니다. 우리는 수면과 기분장애가 연관되어 있음을 이미 길게 논의했다. 이런 식으로 무한정 몸에 부담을 주면 우리는 결국 기분 문제를 겪을 수밖에 없다. 충분한 수면을 취하려면 알맞은 시간 안배를 위해 일부 활동이나 과제, 심지어 가치 있는 과제라도 포기해야 할지 모른다.

우리가 자신이 처한 환경에 질서를 부여하려 노력해야 하는 만큼 중요한 것, 아니 오히려 더 중요한 것은 우리의 사랑과 헌신을 질서 있게 정렬하는 법을 배우는 일이다. 이에 토마스 아퀴나스 성인은 '사랑의 질서'에 관해 썼다. 여기서 이 말은 우리의 사랑은 적절하게 정렬되어야 한다는 의미이다. 우선은 하느님, 이어서 가족과 친구, 그리고 지인과 낯선 사람 등의 순으로 정렬되어야 한다. 우리는 이 사랑의 질서를 반영하여 우리의 시간을 사용해야 한다. 우리는 자신의 일상 활동과 시간 계획을 살펴보면서, 때때로 자신의 양심을 점검하고, 자신의 생활을 돌아보는 것이 좋다. 그러면 대부분의 시간을 누구와 어떻게 보낼 것인지 우선순위를 다시 정할 필요가 있음을 깨달을 것이다. 여기서 사랑의 질서가 다음과 같이 물으며 우리를 인도할 수 있다. '우리는 자신이 가장 헌신해야 할 대상에게 진정으로 헌신하고 있는가?'

상황을 적절한 시각으로 바라봄으로써 우리의 생활과 사랑을 정리하는 데 도움이 될 만한 한 가지 고려 사항을 제시하며 이 단락을 마치고자 한다. 교황 베네딕도 16세는 교황 선출 직전에 콘클라베 Conclave[교황 선출을 위한 비공개 회의] 강론에서 우리 모두가 일과 삶 전체에서 영속적인 열매, 언제나 남아 있는 열매를 맺기를 원한다고 말했다. 그리고 이렇게 물었다. "하지만 무엇이 언제나 남아 있습니까? 돈은 영속하지 않습니다. 건물이나 책도 영속하지 않습니다. 어느 정도 시간이 지나면 이 모든 것은 사라집니다. 영원히 남아 있는 유일한 것은 인간의 영혼, 영원을 위해 하느님에 의해 창조된 인간뿐입니다. 그러니 언제나 남아 있는 열매는 우리가 인간 영혼에 뿌려 놓은 것입니다. 사랑, 지식, 마음을 움직일 수 있는 몸짓, 주님의 기쁨을 향해 영혼을 여는 말씀이 바로 그것입니다."[61] 이것이 우리의 일상과 일과를 적절한 시각으로 바라보기 위한 위대한 정리, 정렬 원칙으로, 영원히 남아 있는 유일한 것은 인간의 영혼뿐이다.

생활 계획

우울증 치료는 심리치료, 약물치료, 훈련, 사회생활 및 가정생활의 변화 등의 다양한 요소에 우선순위를 정하여 실행에 옮기는 치료 계획을 세우는 것을 수반한다. 이 계획은 우리의 영성생활을 다루어야 한다. 어떤 사람들은 우리 주님께서 영성생활에 같은 식의 접근 방식을 권고하신다는 사실에 놀랄 것이다. 우리는 자신이 가진 자원을 점검하고 구체적인 계획을 세우는 것부터 시작해야 한다.

사실 여러분 가운데 누가 망대를 세우고자 한다면, 완성할 만한 경비가 있는지 먼저 앉아서 계산하지 않겠습니까? 그가 기초만 놓고 일을 끝내지 못한다면 보는 사람마다 모두 그를 비웃기 시작하여 "이 사람이 세우기 시작했을 뿐, 끝내지는 못했구나" 할 것입니다. 혹은 어떤 임금이 다른 임금과 싸우러 나간다면, 이만 명을 거느리고 자기에게 다가오는 그를 만 명으로 당해 낼 수 있을지 앉아서 먼저 곰곰이 생각해 보지 않겠습니까? 만일 당해 낼 수 없다면, 그가 아직 멀찍이 있을 때에 사절을 파견하여 평화를 위한 협약을 요청할 것입니다. 그러므로 여러분 가운데 누구든지 이처럼 자기 소유를 모두 버리지 않는 사람은 내 제자가 될 수 없습니다(루카 14,28-33).

우리의 영성생활 계획은 어떻게 구성되어 있는가? 여기에는 다른 무엇보다 (우리가 이 장의 나머지 부분에서 논의할) 일부 신심 규범이 반드시 포함되어야 한다. 기도, 성사, 영적 독서, 영적 지도 등이 그것이다. 우리는 여기서 쓸데없이 시간을 낭비할 필요가 없다. 교회의 신앙과 전통이 오랜 세월에 걸쳐 검증된 수단을 풍부하게 제공하기 때문이다. 그리고 우리 모두가 하느님께 이르는 자신만의 길을 가지고 있듯이, 우리의 계획도 자신만의 것으로 개별화되어야 한다. 곧, 장갑처럼 자신에게 꼭 맞는 것이어야 한다. 영적 지도자는 이와 관련하여 우리에게 큰 도움이 될 수 있는데, 우리의 상황에 맞는 생활 계획을 함께 세워 주기 때문이다. 중요한 것은 우선 겸손하게 몇 가지 규범부터 시작하여, 그것들을 올바르고 일관되게 실천하는 것이다. 이렇게 하는 것이 하나의 헌신 위에 또 다른 헌신을 쌓으면서 건성으로 하는 것보다 낫다.

우리의 생활 계획에 있는 규범은 단순히 매일 완수해야 할 체크 리스트가 아니다. 오히려 그것은 그리스도와의 만남이며, 우리는 하느님을 향한 사랑으로 매일 그 만남에 임해야 한다. 우울증과 씨름하고 있을 때 우리의 계획은 과도한 스트레스나 종교적 불안의 원인이 되지 않도록 아주 단순하고 실행 가능해야 한다. 특히 우울 증상이 나타날 때 기도 계획을 완벽하게 이행하지 못했다고 해서 자책할 필요는 없다. 하느님께서 우리에게 기대하시는 것은 사랑이지 자기 처벌이 아니다.

기도

17세기 과학자이자 철학자이며 헌신적인 그리스도인인 블레즈 파스칼Blaise Pascal은 이렇게 주장했다. "모든 인간의 불행은 고요한 방에 홀로 앉아 있지 못하는 데서 비롯한다." 그의 시대에 그랬다면 오늘날 우리는 더욱 그러할 것이다. 카를 야스퍼스는 "모든 위대한 일들은 침묵 속에서 일어난다"라고 주장했다. 그러나 우리의 현대적 사고방식은 정반대를 주장한다. 즉, 고요한 방에 홀로 앉아 있는 것은 '생산적'이지 못하며, 침묵은 시간 낭비라는 것이다. 위대한 일들은 오히려 환한 조명 아래 텔레비전 카메라가 돌아가고 팡파르가 울려 퍼지며 일어나는 것이 아닌가? 그래도 마음 저 깊은 곳에서 우리는 여전히 침묵을 갈구하며 관상의 필요함을 느끼고 있다. '관상'(contemplation)이라는 말에 누군가는 지레 겁을 먹을지도 모르지만 그럴 필요가 전혀 없다.

우리는 오직 기도 안에서 하느님께로 가는 길을 찾을 수 있다. 우리 각자의 기도 생활은 하나의 관계로서, 고유하고 개인적인 것이다. 전례기도, 소리기도(염경기도), 묵상기도, 관상기도, 일치기도 등 기도에는 여러 형태가 있다. 우리는 정신 건강과 특히 관련이 있는 마음기도(정신기도)에 대한 몇 가지 조언을 살펴보는 것부터 시작할 수 있다. 하버드 의과대학 교수 허버트 벤슨Herbert Benson의 연구를 기점으로 증가하고 있는 과학적 연구는 관상 및 묵상의 실천에 우울증과 불안증을 포함하여 광범위한 건강상의 효과가 있음을 보여 준다. 여러 연구에 따르면 하루 두 차례 15분에서 30분 동안 관상기도나 묵상기도를 하면 혈압 강하, 심장 질환 발병률 감소, 만성 통증 완화, 불면증 개선 등의 강한 건강상의 효과가 나타난다.

물론 우리가 기도하는 이유는 하느님과 더 깊은 일치로 들어가기 위함이다. 단지 불안을 줄이거나 기분을 좋게 하기 위해 기도한다면, 다시 말해 기도를 다른 목적을 위한 수단으로 사용한다면 우리는 사실상 기도하는 것이 아닐 수도 있다. 하지만 우리가 기도 자체의 고유한 가치를 깨닫게 된다면, 우리가 더 일관되고 습관적인 기도 생활을 발전시킴에 따라, 정신 건강상의 효과가 '부수적인 효과'로 축적될 수 있다. 우리가 기도 안에서 하느님을 찾고 있다면, 기도가 심리적·신체적·영적 차원에서 우리에게 유익한 도움이 될 것이다. 말하자면 정신적·신체적 건강상의 효과는 이차적 이득으로, 하느님께 더 가까이 다가가고 우리가 본래 창조된 모습에 더 가까워지는 일차적 이득을 증가시킨다.

기도가 육체와 영혼 모두에 자연스러운 것이며 건강에 좋다는 사실은 우리에게 놀라운 일이 아니다. 우리는 하느님의 모상으로 만들어졌고, 그분과 일치를 이루도록 만들어졌으니, 기도를 하도록 만들어진 것이기도 하다. 우리가 우리 본성에 따라 행동한다면 좋은 결과로 이어질 것이다. 우리는 좋은 관계를 맺는 것이 사람들이 심리적으로 치유되는 데 도움이 된다는 것을 알고 있다. 그런데 모든 관계 중에서 가장 중요한 관계는 하느님과의 올바른 관계이다. 그러므로 하느님과 더 깊은 관계를 맺으면 심리적 건강이 더 좋아지는 것도 놀라운 일이 아니다.

    묵상과 관상을 포함하는 마음기도의 실천은 비록 오늘날 많은 그리스도인에게 낯설게 보일지라도 우리 전통에 깊이 뿌리내려 있으며, 성인들의 삶에서 보편적으로 발견된다. 그리스도인들은 (하느님이 아니라 흔히 자기 자신이 관심의 초점이 되는) 다른 형태의 묵상을 찾을 필요가 없고, 어떤 비법을 배울 필요도 없다. 이미 우리 전통에 이루 다 말할 수 없는 풍요로움이 있다. 마음기도의 실천은 지나치게 복잡할 필요가 없다. 여러 기도 방법이 분심이나 마음의 메마름을 피하는 데 도움이 될 수 있지만, 단순함과 성실함이야말로 효과적인 마음기도의 열쇠이다. 성 호세마리아 에스크리바는 이렇게 말했다. "어떻게 기도해야 할지 모르겠다고 하셨습니까? 하느님 현존 앞에 당신 자신을 내려놓고, 일단 '주님, 저는 어떻게 기도해야 할지 모르겠습니다'라고 말했다면, 당신은 이미 기도하기 시작한 것이니 안심하십시오."[62] 기도의 길을 떠나는 것은 이처럼 간단한 일이다.

    십자가의 성 요한은 마음기도를 "침묵과 사랑 안에서 신앙의 눈길을 단순하게 하느님께 고정하는 것"으로 설명했고, 아빌라의 성 데레사는 "우리를 사랑하시는 하느님과 자주 단둘이 지냄으로써 친밀한 우정의 관계를 맺는 것"이라고 했다. 마음기도는 다름 아닌 그리스도와 대화하는 것을 의미한다. 이 내적 대화는 어떤 말을 하든 하지 않든 일어날 수 있다. 성 요한 마리아 비안네St. Jean-Marie Vianney는 오랜 시간 성체 앞에서 기도해 온 본당 신자를 보고, 그에게 성체조배 동안 주님께 무슨 말씀을 드렸는지 물었다. 그 신자는 "아무 말도 안 했습니다. 전 그저 그분을 바라보고, 그분은 저를 바라보셨습니다"라고 답했다. 마음기도는 모든 사람을 위한 것이다. 사제와 수도자에게만 유보된 독점적 특권이 아니다. 우리에게 필요한 것은 단순히 갈망이다. 물론 훈련과 헌신이 필요하지만, 대부분은 은총의 선물이다. 그러니 우리는 그것을 하느님께 청해야 한다. 기도는 우리 자신의 개인적 성취가 아니며, 우리 안에 계신 하느님의 일이다.

만약 기도 중에 분심에 사로잡히거나 기도를 어떻게 시작해야 할지 모르겠다면, 성 이냐시오에서부터 시작하여 성 호세마리아에 이르기까지 기도의 길에서 앞서간 사람들이 권한 단순한 방법을 사용할 수 있다. 복음서를 펼쳐 그 안에 나오는 한 장면을 선택하라. 복음서 구절을 천천히 읽으며 상상을 통해 당신의 오감으로 그 장면에 참여하라. 당신 자신을 그 장면의 등장인물 중 한 명에게 대입하라. 무엇이 보이고 들리는지, 무슨 냄새가 나는지 상상하라. 우리 주님의 모습을, 그분의 목소리와 말씀, 몸짓을 상상하라. 당신 마음의 눈으로 그 장면을 영화 필름처럼 돌려 보라. 그 장면에서 어떤 감정이 일어나는가? 어떤 생각이 들고 어떤 선택을 해야 하는가? 성령께 도움을 청하여 예수님을 보고 가까이 다가가라. 우리는 성경 본문에 예수님께서 현존하시며 거기에서 만날 수 있음을 신앙으로 알고 있다. 이 방법을 사용하면 침묵과 사랑 안에서 신앙의 눈길을 단순하게 하느님께 고정할 수 있다.

또 주목할 만한 것은 기도에 상상을 동원하는 방법의 심리적 효과이다. 뇌생리학자들에 따르면, 상상을 사용하면 순수한 논리적 추론 과정에 의해서는 보통 잘 활성화되지 않는 뇌의 정서적 중추가 동원된다. 하느님은 추상이 아니다. 그분은 사람이 되신 말씀이다. 우리는 사람들이 상상을 통해 기도생활에 감정을 가지고 들어오도록 함으로써, 결국 그들이 감정적으로 치유되도록 하는 데 놀라운 성공을 거두었다. 우리의 영성생활은 우리의 지성과 의지만 아니라, 인간 전체에 관여한다.

여기서 여러 방법을 제안할 수 있겠지만 그러면 방법을 따르는 데 지나치게 매달릴 위험이 있다. 기도의 원칙은 자유이다. 이에 필자는 한 가지만 더 언급하고자 하는데, 그것은 한 지혜로운 피정 지도자가 고안한 마음기도의 네 단계이다. ARRR이라는 약어로 표기되는 그 단순한 방법은, 곧 인정하기(Acknowledge), 결부하기(Relate), 수용하기(Receive), 그리고 응답하기(Respond)이다.

첫째, 당신의 마음속에서 일어나고 있는 것을 '인정하라'. 때때로 우리는 기도하기 위해 '우리의 가장 좋은 모습을 드러내야 한다'고 생각하고, 그래서 (마더 데레사가 우리의 '가난'이라 부른) 우리 마음속에 있는 보기 싫고 엉망이며 버겁고 힘겨운 일을 한쪽으로 제쳐 놓을 수 있다. 그러나 우리 삶의 주제가 곧 우리 기도의 주제가 되어야 한다. 우리 삶이 엉망진창이고 힘겹다면, 정확히 그것을 우리의 기도에 가져와야 한다. 하느님께서는 하느님이시니, 이미 우리의 모든 것을 알고 계시어 우리는 숨길 이유가 없다. 하느님께 가장 가까이 있던 사람들은 자신의 슬픔과 두려움, 그리고 분노까지 지극히 정직하게 그분께 드러냈다. 인간관계에서도 그러하듯이 정직은 하느님과 신실하고 깊이 있는 관계를 맺는 데 도움이 된다.

둘째, 당신이 인정한 것을 하느님과 '결부하라'. 기도는 혼자서 자기 생각에 빠지는 것이 아니라, 살아 계신 하느님과의 관계이다. 무의미한 독백을 하며 개인적인 문제로 마음속을 휘젓고 있다면, 그 문제를 가져와서 주님과의 생산적인 대화로 바꿔야 한다. 주님은 우리가 혼자 힘으로 성공하리라고 기대하지 않으시며, 사실 우리는 주님의 도우심 없이 어떤 좋은 것도 할 수 없다. 그래서 우리는 자신에게 일어나고 있는 것을 신실한 마음으로 정확히 주님께 보여 드려야 한다.

셋째, '수용하기'. 주님은 우리가 인정하고 당신과 결부한 그 힘겨운 일 혹은 그 '가난'에서 우리를 만나기를 원하신다. 그분은 그곳에서 우리를 사랑하기를 원하신다. 사실 그분은 때로는 굴욕감이 느껴질 수 있는 우리의 가난과 겸손에서 우리를 만나고 사랑하는 것을 더 좋아하신다. 바로 그곳이 우리가 그분께서 활동하실 수 있는 최대한의 여지를 마련해 드려야 하는 자리이며, 우리가 우리 자신의 무능과 실패를 직면해야 하는 곳도 바로 그곳이다. 여기서 수용적이라는 것은 게으르거나 수동적이라는 의미가 아니다. 그것은 하느님과의 관계에서 일어나는 능동적인 수용이며 참여이다. "당신 말씀대로 저에게 이루어지기 바랍니다"("Fiat mihi secundum verbum tuum", 루카 1,38)라고 말씀하시며 성모 마리아께서 보여 주신 그 수용이다.

넷째, '응답하기'. 주님의 은총을 받으면 우리는 기도를 바치거나 이타적인 자선 행위를 하며 사랑으로 응답할 수 있게 된다. 사랑이신 하느님께 사랑으로 응답하는 정확한 방식은 저마다 다르게 지극히 개별적일 것이다.

우울증에 빠져 있는 사람들이 기도를 바치려고 할 때 가장 먼저 해야 할 일은 스스로 고요해지는 법을 배우는 것이다. 우울증을 겪고 있는 사람들은 외적으로는 느릿느릿 둔해 보일지 몰라도 내적으로는 불안과 초조로 가득 차 있을 수 있다. 필자는 정신의학과 수련 과정 중에 정신치료 감독관에게 치료 회기 중에 긴 정적이나 여러 차례 침묵의 순간이 있을 때 무엇을 해야 하는지 물어본 적이 있다. 그는 한 저명한 정신분석가의 말을 인용하여 답했다. "침묵에 귀를 기울이십시오."

이 조언은 영성생활에도 도움이 된다. 호렙산에 간 예언자 엘리야를 떠올려 보자. 그는 하느님의 목소리를 몰아치는 폭풍이나 지진이나 불길 속이 아니라, 조용하고 부드러운 속삭임 속에서 들었다(1열왕 19,11-13). 그러나 오늘날 정신없이 바쁜 시끄러운 세상에서 우리는 하느님의 목소리를 듣기 위해 침묵에 귀를 기울이는 데 익숙하지 않다. 수련의 시절에 필자의 또 다른 스승은 자신이 '직업성 주의력결핍 장애'에 걸렸다고 농담하기 좋아했다. 삶과 일이 미친 듯이 돌아가는 현대사회가 우리를 기진맥진한 상태로 내몰고 있으며, 이는 다시 우리를 내적 불안과 외적 장애로 몰아넣는다. 기도를 바치려고 스스로 고요해지는 것은 우리의 성덕만 아니라, 우리의 온전한 정신을 위해서도 필수적인 것이다.

여기서 한 가지 단순한 기법은 코로 숨을 들이쉬고 입으로 숨을 내쉬면서 호흡을 늦추는 것이다. 우리는 주님의 사랑과 은총을 들이쉬고 우리가 느끼는 온갖 내적인 쓰레기와 슬픔을 내쉰다고 상상할 수 있다. 또 우리는 고대부터 실천해 온 '예수기도'를 사용할 수 있다. 이 기도는 사막 교부들에게서 유래하여 동방교회에서 발전한 것으로, 고요하게 혹은 침묵 속에 "주 예수 그리스도여, 저 이 죄인에게 자비를 베푸소서"라고 반복하여 외는 기도이다. 영적 스승들은 복음서 전체가 이 한 구절로 요약된다고 말한다. 우리는 예수기도를 위의 호흡법에 연결시킬 수도 있다. 숨을 들이쉬며 "주 예수 그리스도여", 그리고 내쉬며 "저 이 죄인에게 자비를 베푸소서"라고 외는 것이다.

내적 침묵의 한 가지 중요한 측면은 최근 들어 급증한 기술적 도구의 플러그를 뽑는다는 것이다. 의사들이 중독자들과 금연이나 금주에 관해 상담할 때면 곧잘 이런 반박을 듣는다. "저는 아무 문제가 없습니다. 원하면 언제든 끊을 수 있습니다!" 그렇다. 그렇게 할 수 있다. 의사가 24시간 동안 금연을 하라고 제안하는 것처럼 필자는 스마트폰에 중독된 독자들에게, 페이스북이나 이메일, 기타 기술적 도구에 많은 시간을 낭비하는 독자들에게 같은 과제, 곧 일주일에 하루는 그것들에서 벗어날 것을 제안한다. 우리는 이메일에서 벗어나 안식일 휴식을 취해야 한다. 우리는 매일 잠시라도 시간을 내어, 주의를 산만하게 만드는 것들을 한쪽으로 제쳐 놓고 오직 하느님의 현존에 집중해야 한다. 성 아우구스티누스는 다음과 같은 유명한 말을 남겼다. "주님, 당신을 향해 저희를 내셨기에, 당신 안에 쉬기까지 저희 마음 편치 않습니다." 말 그대로 우리 마음은 (또한 우리 몸의 다른 부분도) 하느님 안에서 쉬기까지 편치 않고, 불안하며, 혈압이 오르고, 스트레스를 받는다. 기도는 불안을 가라앉히고 불안정한 기분을 조절하여 자연적 차원에서 우리에게 효과가 있다. 초자연적 차원에서 기도는 필수 불가결한 것으로, 우리 영혼의 산소와 같다. 아빌라의 성 데레사는 하루에 적어도 10분 이상 기도하지 않는 사람에게는 천국을 보장하지 못한다고 말했다. 이 같은 일상적인 우정의 대화가 없다면, 우리가 사랑하는 그분을 바라보는 이 시간이 없다면 우리는 치열하고 분주한 일과 시간 동안 그분의 현존을 유지하지 못한다. 우리는 매일같이 가능하면 성체 앞에서 기도를 바치며 잠시나마 예수님과 함께 머물러야 한다. 기도는 실로 좋은 약이다.

우리 가톨릭 전통에는 마음기도의 실천만 아니라, 소리기도의 풍요로운 유산도 있다. 미사라는 공적 전례에서부터 시간경, 성체조배와 관련한 여러 기도, 그리고 묵주기도와 '하느님 자비의 기도'(Divine Mercy Chaplet) 같은 사적 신심 기도에 이르기까지 다양한 기도가 있다. 이 전통적인 소리기도는 대단히 큰 도움이 되며 소홀히 해서는 안 될 일이다. 마음기도에서 앞서 있는 사람이라도 소리기도를 놓아서는 안 된다.

소리기도는 우울증처럼 정신 집중에 어려움을 겪는 정신적 고통의 시기에 특히 더 도움이 될 수 있다. 중증 우울 상태에 빠져 있는 사람은 마음기도가 불가능할 것이며, 그런 경우 소리기도가 효과적일 수 있다. 곧, 과거의 지혜롭고 거룩한 사람들이 바쳤던 기도들을 현재의 우리가 고통의 순간에 바칠 수 있는 것이다. 그런 잘 알려진 기도들은 여러 가톨릭 기도서에서 찾을 수 있으며, 그중 일부가 이 책 부록 2에 실려 있다.

우리가 기도를 바칠 때 직면하는 두 가지 일반적인 어려움은 내적 메마름과 분심이다. 내적 메마름과 더불어, 정서적 위안의 결핍이나 의식 혼탁도 우리가 인내하며 기도하는 것을 더 어렵게 만들 수 있다. 이것은 2장에서 논의한 (악마와 관계된 것이든 신적 섭리와 관계된 것이든) 영적 고독에서 기인한 것일 수 있다. 분심에 빠지면 하느님과 대화하는 데 마음을 집중하기가 어렵다.

내적 메마름과 분심은 기도 습관을 들이려고 하는 사람이라면 누구나 겪는 일반적인 문제지만, 우울증이나 불안증에 시달리는 시기에 더 흔하고 더 두드러지게 나타난다. 내적 메마름과 분심의 시기에 소리기도는 하느님과의 대화를 위한 소재가 되며, 마음을 고요히 하고 집중하는 데 도움이 될 수 있다. 예를 들어 우리는 단어와 구절을 하나하나 음미하며, 주님의 기도를 천천히 묵상할 수 있다. 또 다른 예로, 묵주기도를 반복하면 마음이 진정되는 효과가 있다.

소리기도의 기도문은 우리가 관상하고 있는 신비에 더 쉽게 집중하게 해 주며, 우리의 내적 동요를 고요히 하는 데 도움이 될 수 있다. 또 아침과 점심, 저녁으로 삼종기도를 바치거나, (가능하면 가족과 함께) 매일 묵주기도를 바치거나, 성무일도의 일부 시간경을 바치는 전통은 우리가 하루의 리듬을 정하는 데 도움이 될 수 있다. 이러한 일상 규범은 매일 하느님과 더 집중적으로 접촉하는 순간을 마련해 준다. 전례 기도에 관해서는 뒤에 나올 미사에 관한 단락에서 다시 언급할 것이다.

기도 중에 분심이 들 때는 낙담하거나 의기소침해지지 않는 것이 중요하다. 그 대신 주님께 우리의 불완전성은 물론이고 우울증에 따른 정신적 고통과 좌절까지 바치면서, 주님께서 우리의 주의를 다시 당신께로 서서히 돌려 주시게 해야 한다. 기도를 바치는 동안 집중과 분심 사이를 끊임없이 오가더라도 인내심을 갖고 끈질기게 노력한다면, 그것은 훌륭한 기도이다.

영적 독서

성경이나 다른 영적 고전을 하루 몇 분 정도 읽는 단순한 독서도 좋은 영적 독서일 수 있으며, 이것은 우리의 영성생활을 유지하고 우리의 기도를 양육하는 데 도움이 될 수 있다. 깊이 있는 독서는 우울증으로 고통을 겪고 있는 사람들에게 이미 치료 효과가 입증되었고, 여기서 성경보다, 더불어 성경으로 삶을 빚어낸 사람들이 쓴 책보다 위안과 힘이 되는 글도 없다. 더 나아가 영적 독서와 기도는 서로를 풍요롭게 한다. 영적 독서는 기도를 양육하고 기도는 영적 독서의 결실을 풍부히 맺게 한다. 매일 좋은 책을 읽는다는 것은 슬픔에 대한 치료이고, 고통에 대한 위안이며, 그리고 희망과 용기를 북돋우는 유용한 방법이다. 좋은 영적 독서는 우리가 고립감을 덜 받는 데 도움이 될 수 있으며, 우리의 생각을 영원하고 영적이며 신적인 실재로 이끌어 준다. 또 영적 독서는 우리가 당면한 상황에 대한 편협하고 근시안적인 관점에서 벗어나는 데도 도움이 될 수 있다. 심리학자이자 철학자인 윌리엄 제임스William Jame는 부분적으로는 깊이 있고 진지한 독서를 통해 중증 우울증에서 살아남았고, 결국 회복되었다.

복음서와 함께 시편 역시 고난과 고통의 시기에 영적 독서의 훌륭한 재료가 될 수 있다. 추기경 조제 사라이바 마르팅스José Saraiva Martins는 우울증을 주제로 열린 한 바티칸 회의에서 연설하면서, 중증 우울증의 한가운데서 나오는 신앙의 표현을 시편에서 찾을 수 있다고 강조했다. 우리는 여러 시편 노래들을 슬픔 증상, 흥미 결여, 작업 능력 저하, 수면장애, 신체 소모, 압도적 죄책감, 울고 싶은 마음 등을 비롯하여, 심지어 자살 생각 같은 "우울 상태의 표현"으로 읽을 수 있다. 마르팅스 추기경은 한 예로 55편을 인용한다. "제 마음이 속에서 뒤틀리고, 죽음의 공포가 제 위로 떨어집니다. 두려움과 떨림이 저를 덮치고 전율이 저를 휘감습니다." 추기경은 또한 102편의 고통스러운 어조에 대해서도 언급하는데, 여기서 시편 저자는 이렇게 한탄한다. "음식을 먹는 것도 저는 잊어 제 마음 풀처럼 베어져 메말라 갑니다." 그런데 많은 시편 노래들이 이런 우울한 주제를 포함하여 동시에 하느님의 선하심과 창조된 세계를 찬양한다. 그런 노래들은 우울 상태에서 눈에 띄게 나타나는 무망감을 완화하는 대응책과 구제책을 제공한다. 즉, "인간은 언제나 하느님께 사랑받고 인정받는다"는 확신, 이 세상은 전적으로 적대적인 것이 아니라 근본적으로 좋은 것이라는 확신, 자신의 정서를 표현하는 것은 정상적인 일이라는 확신 등을 모두 시편을 읽으며 찾을 수 있다. 그리고 이것이 바로 시편을 중심으로 한 시간경(시편 독서 주기)이 교회에서 적극 권장되며, 또한 성직자와 수도자가 반드시 지켜야 할 하루 리듬의 한 부분이 되는 또 다른 이유다.

고해성사와 영적 지도

고해성사 혹은 화해성사는 영혼을 구하는 약이다. 우울증을 치료하는 것은 아니지만, 영적 건강과 심리적 건강 둘 다에 효과적인 약이 될 수 있다. 유럽의 한 연구에 따르면 정기적으로 고해성사를 보는 가톨릭 신자가 그렇지 않은 가톨릭 신자보다 덜 신경증적이다. 고해성사는 어둡고 음울한 것이 아니라, 교황 요한 바오로 2세가 말했듯이 기쁨의 성사이다. 우리의 희망을 회복시키고 강화해 주는 성사이다.

고해성사는 영적으로나 심리적으로 깊은 평화를 가져다준다. 우리가 올바른 고해성사를 본 지 몇 년이나 지났더라도 이 영적 실천을 두려워할 이유는 없다.

우리의 영성생활은 회개하고 또 회개하는 것, 시작하고 또 시작하는 것이다. 기쁨의 사도로 불렸으며, 그의 생애 동안 살아 있는 성인으로 인정받은 필립보 네리St. Filippo Romolo Neri는 80세의 나이에 병석에서 이렇게 말했다. "병이 다 나으면 내 삶을 바꾸려고 합니다." 성 호세마리아 에스크리바가 남긴 가장 유명한 말 중 하나는, 동정 마리아의 봉헌 수도회의 창설자인 비오 브루노 란테리 신부Fr. Pio Bruno Lanteri를 인용한 "이제 시작했습니다!"(Nunc coepi!)였다. 하느님과 깊은 일치를 이루며 살았던 하느님의 가까운 친구들은 언제나 지상의 삶을 끊임없는 회개로 보았다. 그들은 결코 자신이 영적인 삶에 '이미 이르렀다'고 생각하지 않았을 것이다. 고해성사를 올바르게 보는 것보다, 정기적으로 보는 것보다, 가급적이면 매달이나 매주 고해하는 것보다 새로운 시작을 열고 우리의 회개를 깊어지게 하는 데 좋은 방법은 없다. 고해성사는 때로 힘들더라도 그 과정은 단순하다. 당신의 상처를 열어 사제에게 내보여라. 만약 고해하는 법을 잊었다면 그저 사제에게 얘기하라. 그러면 사제가 처음부터 끝까지 친절하게 이끌어 줄 것이다. 영혼의 더없이 참된 의사이신 그리스도께서 당신의 죄를 깨끗이 씻어 내시고, 당신이 다시 시작하도록 도와주시게 하라.

고해성사는 하느님으로부터 우리를 떼어 놓는 것들을 구체화하고 그런 죄들을 용서함으로써 우리의 정서적 삶을 다룬다. 고해성사는 우리가 자신의 잘못을 말로 표현함으로써 '마음의 짐을 털어 내게' 한다. 하느님과 그리스도교 공동체를 대표하는 사제 앞에서 우리의 죄를 말로 표현하는 것은 그 죄가 낳은 고립과 절망에서 우리를 벗어나게 한다. 더 나아가 우리는 그리스도께서 죄의 용서를 베푸시면서, 사제의 인격 안에 실제로 현존하신다는 것을 믿는다. 고해자는 예수님이 자신에게 하시는 이 말씀을 듣는다. "나는 당신의 죄를 용서합니다." 고해자는 매우 구체적이고 개인적인 방식으로 하느님의 자비와 사랑에서 위안을 받을 수 있다. 또 주님은 고해자가 앞으로 그런 죄를 피하도록 돕기 위해 고해성사 안에서 은총을 주신다. 여기서 우리는 고해가 고해소의 엄격한 봉인으로 보호받는다는 것을 상기하는 것이 중요하다. 즉, 사제는 죽음의 위협을 받더라도 고해 내용을 발설하지 않을 것이다. 우리 영혼의 어두운 구석을 말로 표현할 수 있는, 그리고 그것이 돌봄과 치유를 받도록 밝은 빛으로 끌어낼 수 있는 더 안전한 자리를 어디서 찾을 수 있겠는가?

그런데 왜 사제에게 자신의 죄를 고해해야 하는가? 그것은 오히려 치욕적인 것처럼 보인다. 곧장 하느님께 다가갈 수는 없는 것인가? 이에 대한 답은 간단하다. 우리 주님께서 이런 식으로 안배해 놓으셨기 때문이다. 즉, 우리는 살과 피를 가진 피조물이며, 그래서 보고 듣고 만짐으로써 하느님께 가까이 다가간다. 하느님의 보이지 않는 은총은 물과 기름 같은 보이는 도구나 사제가 하는 들리는 말을 통해 전달된다. 이것이 가톨릭 신학과 전례에서 성사 원리의 기초이다. 예수님은 우리가 육신으로 이루어져 있으며, 우리의 지식은 시각, 청각, 촉각, 후각, 미각을 통해 우리에게 전달된다는 것을 잘 알고 계신다. 그분이 우리를 이렇게 만드셨다. 이것이 바로 그분이 부활 이후 당신 사도들에게 성령을 불어넣으시며 당신이 택하신 그 대리자들에게 죄를 용서할 수 있는 권한을 주신 이유이다(요한 20,22-23). 우리가 보고 들을 수 있는 인간 매개자, 즉 사제는 하느님의 실제적이고 구체적이며 효과적인 용서의 은총을 중재하는 우리 주님의 도구이다.

훌륭한 고해 사제는 또한 고해성사 안팎으로 조언과 권고를 하면서 개별적인 영적 지도를 통해 우리를 도울 수 있다. 개별적인 영적 지도는 같은 사제(또는 자격을 갖춘 수도자나 평신도)에게 꾸준히 받는 것이 최선인데, 우울증에 쉽게 빠지는 사람들에게 큰 도움이 될 수 있다. 만약 당신이 정신과 의사나 심리치료사에게 치료를 받고 있다면, 그들과 영적 지도자가 당신의 경과와 치료 목표 등에 관해 서로 의사소통할 수 있도록 허락하는 것이 좋은 방안이다. 그로써 영적 돌봄과 의료적·심리적 돌봄의 협업이 더 효과적으로 일어날 것이다.

우울증을 주제로 열린 바티칸 회의에서 추기경 호르헤 메디나 에스테베스Jorge Medina Estévez는 우울증에 시달리는 사람들에게 신심 깊고 경험 많은 지도자로부터 영적 지도를 받을 것을 권고했다. 영적 지도 작업은 심리치료사의 작업과 경쟁하는 것이 아니라, 그것을 보완한다. 훌륭한 영적 지도자는 고통 중에 있는 사람이 하느님의 선하심과 지혜에 대한 감각과 개개인이 행복하기를 바라시는 하느님의 갈망에 대한 감각을 되찾도록 도울 수 있다. 훌륭한 영적 지도자는 하느님 아버지의 (모든 인간의 구원을 위한 당신 아들의 희생으로 증명된) 자비로운 사랑, 모든 인간의 한계와 죄에 대한 하느님의 내밀한 지식, 그리고 결국은 용서에 대한 하느님의 갈망을 전달하는 도구가 될 수 있다. 에스테베스 추기경이 말했듯이 "우울증을 가혹하게 겪고 있는 사람은, 영적 관점에서 볼 때, 우리를 구원하시는 하느님, 우리 가슴을 쥐어뜯는 최악의 시련을 당신의 강한 은총으로 극복하게 해 주시는 하느님에 대한 신뢰를 회복할 필요가 있다". 물론 이 시대에 쇄도하는 온갖 요청에 압도되어 있지 않은 유능한 영적 지도자를 찾는 것은 어려운 일이다. 이런 지도자를 찾는 동안에는 훌륭한 고해 사제와 올바른 영적 독서가 도움이 될 수 있다.[63]

미사

우리 생활에 질서를 부여하고 우리의 하루와 한 주에 방향을 잡아 주는 가장 중요한 일은 거룩한 미사이다. 미사는 우리 내적 생활의 중심이자 뿌리이다. 미사는 단 한 번에 영원히(semel pro semper) 이루어진 십자가상 희생 제사이며, 우리의 구원을 위해 현재 이 순간에도 재현되는 것이기 때문이다. 미사는 그날 일어난 일이나 일어날 일을 모두 모아 하느님께 봉헌하는 시간이다. 우리는 기쁨, 슬픔, 근심, 고통, 노고 등 우리의 모든 것을 빵과 함께 성반聖盤 위에 올려놓는다. 그러면 그것이 미사의 희생 제사 안에서 하느님을 기쁘게 해 드리는 제물로 받아들여지고, 변화되고, 봉헌된다. 그분께서 빵과 포도주를 당신의 몸과 피로 변화시키실 수 있다면, 우리의 삶으로 무엇을 하실 수 있을지 상상해 보라.

우리가 성체聖體를 모실 때, 그때 그리스도와의 일치가 가장 강렬하게 일어난다. 여기서 중요한 것은 우리가 그리스도의 현존을 느끼지 못할 때도 그분께서 그곳에 계신다는 것을 상기하는 일이다. 특히 우울증을 겪고 있는 사람들은 더욱 그러하다. 만약 당신이 그저 나타나서 미사에 참석하려고만 하더라도 매번 그리스도께서 거기서 당신을 만나러 오실 것이다. 성체성사에서 그분의 현존이 우리의 주관적인 정서 상태에 의존하지 않는다는 사실에 우리는 감사드릴 일이다. 예수님은 언제나 성체성사에 정말로, 실제로, 실체적으로 현존하신다. 곧, 그분의 현존은 그날의 내 느낌이나 내가 주관적으로 경험하는 신앙의 강도에 달려 있지 않다. 내가 그분을 받아 모실 때, 내가 그럴 자격이 없다고 느낄지 몰라도 그저 그분이 당신 자신을 내게 주시기에 나는 그분을 모실 뿐이다. 내가 우울한 상태에 있든 절망적 상태에 있든 그것은 문제가 되지 않는다. 그리스도께서 여전히 거기서 나와 함께 계신다. 영성체를 하며 그분을 모실 때 그분과 나의 일치는 상상할 수 없을 정도로 긴밀해진다. 물론 큰 죄를 지은 상태에 있다면 고해성사를 받기 전까지는 그분을 받아 모셔서는 안 된다. 하지만 단지 우울증에 빠져 있다는 이유로 그분을 모시는 것을 피해서는 안 된다.

미사는 우리 삶의 다른 부분과 구분되어 있는 것이 아니다. 그것은 우리가 겪는 고통, 슬픔, 고뇌와 무관한 일이 아니다. 말하자면 우리의 일상은 물론이고 우리의 실패와 좌절까지 하느님께 봉헌함으로써 우리는 미사의 희생 제사를 매주, 아니 매일 우리 삶의 전반에서 지낼 수 있다. 성 호세마리아 에스크리바는 학생들에게 "너희들의 책상이 너희들의 제대란다"라고 말하기를 좋아했다. 이는 다시 말해 우리의 평범한 삶과 일이 우리가 하느님께 영적 희생 제사를 바치는 자리라는 뜻이다. 그 성인은 택시 기사에게는 "당신 차의 계기판이 당신의 제대입니다"라고, 요리사에게는 "당신의 조리대가", 의사에게는 "당신의 수술대가"라고 말했을 것이다. 필자의 아내는 아기 기저귀를 가는 탁자가 자신의 제대라고 농담하는 것을 좋아한다.

우울증에 빠져 있을 때는 우리가 하루하루 봉헌하는 것들이 하찮게 보일지 모른다. 고작 아침에 잠자리에서 일어나서 학교에 가거나 직장에 가려고 하는 노력이 하느님께 봉헌해야 할 것들이라는 말인가? 물론이다. 하느님의 구원 계획 안에서는 이처럼 겉으로 보기에는 작은 승리들도 들어 올려져서 그리스도께서 골고타에서 이루신 위대한 승리에 합쳐질 수 있다. 우울증에 빠져 있는 사람들이 봉헌할 수 있는 것은 아마 제대로 기능하지 못하는 것에 대한 실망, 치료에 적극 참여하려는 노력, 그리고 더딘 치료 과정이 전부일 것이다. 하지만 이 또한 하느님을 기쁘게 해 드리는 것들이다. 필자는 이것을 미사와 관련하여 언급하고 있는데, 우리의 일상적인 어려움이나 작은 희생들이 성화의 가치를 얻게 되는 것이 바로 미사에서, 즉 제대에서 재현되는 예수님의 희생 제사에서이기 때문이다. 우리는 성찬례의 봉헌 중에 우리의 삶과 일을 하느님의 일, 곧 그리스도의 십자가상 자헌自獻에 결합한다.

우울증을 경험하는 동안 겪는 고통도 이런 식으로 성화될 수 있다. 하느님께서 우리의 이해를 넘어서는 이유로 허락하신 모든 질병은 영적 결실을 볼 수 있으며 개인 성화의 원천이 될 수도 있다. 우울증의 한가운데서도 하느님께서 우리를 위해 무언가를 하시지만, 그것은 숨겨져 거의 드러나지 않을 것이다. 마찬가지로 미사 중에 초자연적 차원에서 일어나고 있는 것은 대부분 숨겨져 보이지 않는다. 성 토마스 아퀴나스가 자신의 유명한 성체 찬미가에서 적었듯이, 그것은 위대한 현실이지만 신비에 싸여 있다.

엎드려 절하나이다.
눈으로 보아 알 수 없는 하느님,
두 가지 형상 안에 분명히 계시오나
우러러 뵈올수록 전혀 알 길 없기에….

평범한 일과 고통을 성화하기

그런데 과연 우울증 자체가 성화되거나, 아니면 우리에게 성화의 기회가 될 수 있는가? 우울증이 격렬히 기승을 부리고 있는 중에는 이것이 가능해 보이지 않는다. 영성생활의 숨겨진 신비와 마찬가지로, 아마도 격랑이 지나간 후에야 그 경험의 저편에서 비로소 우리는 하느님께서 거기 계셨고, 심지어 깊은 어둠 속에도 함께 계셨음을 깨달을 것이다. 작가이자 교사인 파커 파머Parker Palmer는 "우울증이 어떻게 더 풍요로운 영성생활로 이어질 수 있는가?"라는 질문에 대답하며 자신의 개인적 체험을 이야기했다.

임상적인 중증 우울증이 한창일 때 나는 그것을 통해 영적으로든 다른 식으로든 무언가를 보상하고 있다는 어떤 느낌도 전혀 들지 않았다. 그러나 내가 삶의 활기를 다시 찾자, 여러 가지가 분명해지기 시작한다. 그중 하나는 어둠이 나를 죽이지 않았다는 것이고, 그 점이 모든 어둠을 견딜 만하게 한다는 것이다. 그리고 어둠은 (우리의 통상적 삶의 주기에서도 그러하듯이) 영성생활 주기의 피할 수 없는 한 부분이기에, 이것은 가치 있는 깨달음이다. 둘째는 우울증이 나의 자아, 정서, 지성, 혹은 의지보다 훨씬 더 심오하고, 강하고, 진실된 무언가가 내 안에 존재함을 가르쳐 주었다는 것이다. 나의 이 모든 자질이 우울증에 빠진 나를 배반했고, 그리고 만약 그것들이 내가 가지고 있는 전부라면, 내가 지금 여전히 여기서 그 경험에 관해 얘기하고 있을 것이라고 나는 믿지 않는다. 저 아래 더 깊은 곳에 한 영혼이 존재한다. … (적어도 나 자신을 위해서) 삶의 진정한 힘이 어디에 자리 잡고 있는지 설명해 주는 영혼이 존재한다. 셋째는 일종의 생지옥으로부터 빠져나오는 경험이, 앞으로 남아 있는 삶이 얼마나 '하찮은' 것이 될지도 모르지만, 그 삶을 더 소중한 것으로 만든다는 것이다. 삶은 선물이라는 인식과 그 선물에 대한 감사의 마음은 우울증이 새로운 삶에 자리를 내주게 되면서 자연스럽게 주어지는 영성생활의 핵심 요소이다.[64]

우울증의 가장 흔하고 가장 고통스러운 증상 중 하나는 일상생활을 이행하는 능력에 장애가 유발되는 것이다. 일상적인 일의 세속적 가치뿐 아니라 영적 가치를 인정하고 감사할 수 있다면 우울증에 빠져 있는 사람들, 그래서 심지어 가장 단순하고 간단한 일상의 소일거리와 책무를 지속하는 것조차 몹시 힘겨워하는 사람들에게 도움이 될 수 있다. 극심한 우울증으로부터 회복되고 있을 때, 주치의와 상의하여 휴식과 스트레스 경감을 위해 잠시 휴가를 내는 것이 때로 필요할지도 모른다. 그러나 할 수만 있다면 가능한 한 이른 시일 내에 점차 일터로 복귀하는 것이 일반적으로 바람직하다. 일하는 것이 일하지 않는 것보다 정신적·영적 건강을 위해 보통 더 좋다.

우울증에 빠진 사람이 일하고자 하는 노력이 그리 큰 효과가 있어 보이지 않을지도 모르지만 (아마도 측정 가능한 결과들은 무시해도 될 정도이다) 그 노력의 영적 가치는 분명히 있다. 만약에 그 노력이 하느님과 이웃에 대한 사랑에서 비롯되고, 그리고 하느님께 봉헌된다면, 하느님 눈에는 최고로 기쁜 일이 되는 것이다. 하느님의 관점에서 볼 때 가장 중요시되는 것은 일의 형태나 양이 아니라, 그 일이 아무리 단순하거나 보잘것없을지라도 일을 하고자 하는 의도와 사랑이다. 양치질조차 참을 수 없이 귀찮은 일이 될 수도 있는 극심한 우울증의 한가운데서, 심지어 이 사소한 일을 자신이 동원할 수 있는 모든 사랑과 좋은 의도를 가지고 하느님께 봉헌하는 것을 배우는 것은 우울증의 회복과 치료에 도움이 될 수 있다. 일면 중요해 보이지 않는 이런 것들이 하느님 눈에는 의미 있고 가치 있는 일이 된다.

세례의 덕으로, 교회의 모든 구성원은 그리스도인으로서의 충만한 삶과 참된 성화로 부르심을 받는다. 거룩함은 사제들과 수도자들에게만 유보된 특권이 아니며, 신체적으로나 정신적으로 건강한 사람에게만 국한된 것도 아니다. 그것은 우울증과 같은 여러 가지 정신적 장애로 고통을 겪고 있는 이들을 포함하여, 우리 모두의 목표여야 한다. 하느님께서 우리 모두를 거룩함으로 부르시고, 대부분의 우리 시간은 직장이나 가정에서 평범한 일을 하면서 보내기 때문에, 통상적인 일 자체가 거룩함에 이르는 수단에 속하게 된다. 일의 성화는 우리가 이 세상에서 우리의 자리를 떠날 것을 요구하지 않는다. 그것은 우리의 직업이나 신분을 바꾸는 것을 의미하지도 않는다. 우리는 실제적 일상의 근본에서 우리를 떼어 놓는 '신비적인 희망 사항'을 피하려고 노력해야 한다. 우리는 자신의 자아나 야망, 혹은 자기혐오에 뿌리를 둔 비현실적인 삶의 목표를 설정해서는 안 된다. 하느님께서 우리에게 주신 소명, 그것이 얼마나 평범하고 일상적으로 보이든 상관없이, 그 소명을 우리는 그냥 단순하게 받아들일 필요가 있다. 우리의 평범한 일을 거룩하게 만드는 것은 현 상황에서 도피하는 것과 무관하며, 성령의 동력에 힘입어 바로 그 평범한 일을 새롭게 갱신된 목표와 초자연적인 전망 속에 수행하는 것과 관련되어 있다.

교황 요한 바오로 2세는 자신의 경험으로부터 인간 노동의 가치를 깊게 이해하고 있는 분이었다. 그 경험은 사제, 주교, 그리고 교황으로 이어진 교회 내의 직책에 관한 관점에서 얻은 경험일 뿐 아니라, 이 세상에서 자신의 평범한 일상에서 얻은 경험이었다. 나치가 폴란드를 점령하고 있던 시기에 그분은 화학 공장에서 돌을 캐는 강제 노동으로 내몰렸다. 수십 년 뒤 교황은 인간의 노동에 관한 자신의 회칙에서 "영과 육의 전죠 인간이 노동에 — 육체노동이든 정신노동이든 — 참여한다"[65]라고 썼다. 통합체로서의 인간존재에게 어떤 종류의 노동이든 그것은 하나의 영적 활동이다. 정원을 가꾸거나 접시를 닦는 것과 같은 단순한 활동을 포함한 일상의 노동이, 우리의 기분이 가라앉으려고 할 때 우리의 정신을 고양하는 역할을 할 수 있다.

노동이 인간의 정신을 고양하는 이유는 노동이 인간존재로서 우리의 본래 소명과 관련되어 있기 때문이다. 태초부터 하느님은 인간을 일하라고 창조하셨다. 하느님은 인간을 데려다 에덴동산에 두시고, "그곳을 일구고 돌보게 하셨다"(창세 2,15). 일에 대한 소명은 우리 첫 조상의 죄 이전에 이미 우리 모두에게 주어진 것이며, 그 소명을 사는 것은 에덴동산의 낙원에서는 아주 손쉬운 일이었다. 인간은 힘들이지 않고 일했다. 그래서 창세기에 대한 잘못된 해석들과 달리, 일

(노동)은 죄에 대한 일종의 징벌이 아니다. 일하라는 계명은 첫 조상의 타락 이전에 이미 내려진 것이다. 일에 대한 본래의 소명은 세상을 창조하시고 통치하시는 하느님의 활동을 반영해 주는 인간존재의 신적 모상을 암시한다. 원죄를 저지른 아담에게 하느님께서 내리신 징벌은 이렇다. "땅은 너 때문에 저주를 받으리라. 너는 사는 동안 줄곧 고통 속에서 땅을 부쳐 먹으리라. … 얼굴에 땀을 흘려야 양식을 먹을 수 있으리라"(창세 3,17-19). 그러나 저주는 일에 '수반되는' 노역과 역경("얼굴에 땀을 흘려야")에 서린 것이지, '일(노동) 자체'는 징벌이 아니었다는 점에 주목해야 한다.

노동은 하느님께서 인류에게 갖고 계신 원래 계획의 일부였다. 이 세상이 가야 할 방향에 대한 당신의 섭리 안에서, 하느님은 그 참여의 일환으로 노동을 설정하셨고, 그에 상응하는 지성과 자유로운 본성을 지닌 우리를 창조하셨다. 이는 구약의 욥기에 언급되어 있는 것과 같다. "무릇 사람이란 노동(재앙)을 위해 태어나니 어린 독수리들(불꽃)이 위로 치솟는 것과 같다네"(욥 5,7). 성경의 이 같은 관점이 실업 상태가 우울증을 유발하는 매우 심각한 위험 요소라는 주장의 가장 깊은 저변에 깔려 있다. 이는 실업 상태에 따라오는 것이 단순히 금전적 어려움만이 아니라, 인간은 의미 있는 노동 없이는 깊은 성취감을 느끼지 못한다는 점을 말해 주고 있다. 노동 없이 인간은 이 세상에서 유리된 듯한 느낌과 자신의 심오한 목적에서 단절된 듯한 느낌을 받게 된다. 요한 바오로 2세가 이 점에 대해 강조한다. "하느님의 모상을 따라 창조된 인간은 자신의 노동을 통해 창조주의 활동에 참여한다." 그리고 이어서 교황은 제2차 바티칸공의회 문헌을 인용하여 재차 강조한다. "인간의 노동이 하느님의 활동에 참여하는 것이라는 인식은 … '지극히 일상적인 활동'에까지 고루 미쳐야 한다."⁶⁶

이런 맥락에서, 그리스도의 생애를 숙고해 볼 필요가 있다. 우리는 예수님께서 지상에서 당신의 삶 대부분을 나자렛 목수의 작업장에서 숨겨진 채 요란한 소문 없이 지극히 평범한 일을 하시면서 보냈다는 사실을 때때로 잊는다. 성경이 평범한 일을 하셨던 우리 주님의 수십 년에 대해 거의 아무 언급도 하지 않는 것은 사실이다. 복음사가들은 단지 주님의 유아기와 유년기에 있던 몇몇 일화들에 대해서만 기록하고 있으며, 대략 30년을 건너뛰어 주로 주님의 공적 사도직에 관해 기록하고 있다. 이런 사실에서 우리는 자칫 한 평범한 목수로 살아가신 주님의 숨겨진 삶은 거의 중요하지 않으며, 그분의 '참된 일'은 그분의 공적 설교와 가르침, 기적이라는, 곧 큰 사건과 엄청난 힘의 과시라는 오류가 많은 결론을 이끌어 낼지도 모른다.

그러나 이에 반해 우리는 이렇게 말할 수 있다. 즉, 엄밀히 말해 특별히 기록할 만한 것이 없었기에, 성경은 예수님의 숨겨진 삶에 대해 아무것도 기록하지 않은 것이다. 이 기간에 어떤 기적이나 그분의 신성이 담긴 외적 징표도 없었을 것이다. 그리스도의 숨겨진 삶과 관련하여 복음서에서 보여 주고 있는 침묵은 우리에게 시사하는 바가 매우 크다. 그것은 웅변 이상의 침묵으로서, 많은 것을 시사하는 침묵이다. 그 교훈은 이것이다. 예수님의 노동은 우리의 노동과 다를 바 없는 것이었음이 틀림없다. 평범하고 일상적이며 규칙적인 것이었다. 이에 대해 요한 바오로 2세는 이렇게 설명한다. "예수님은 그분 자신이 나자렛의 요셉처럼 노동하는 인간, 즉 장인이셨다. … 그리스도께서 '노동하는 세상'에 속해 있으며 인간의 노동을 이해하고 존중하신다는 것을 그분의 분명한 삶이 웅변적으로 말해 주고 있다. … 그분은 인간의 노동을 사랑으로 대하셨다."[67] 같은 모양으로, 그분은 힘들게 일하고 어려움 속에 고투하고 있는 사람들을 사랑으로 바라보고 계신다.

외경 복음서들(출처가 불분명한 복음서들) 중의 하나가 예수님께서 자신의 목공소에서 일하시는 동안 일으키신 한 가지 기적사화를 전해 준다. 그 이야기에 따르면 예수님께서 어떤 작업을 완수하시기 위해서 지금 당신께서 갖고 계신 것보다 조금 더 긴 막대가 필요하셨다고 한다. 그래서 예수님은 그저 그 짧은 막대를 기적으로 알맞은 크기로 '늘리심으로써' 그 문제를 해결하셨다고 전한다. 이 이야기가 정경 복음서들에서 전해지고 있지 않은 이유는 그러한 일이 거의 일어나지 않았을 것이 분명하기 때문이다. 예수님은 일상생활과 일에서 오는 어려움을 모면하려고 당신의 신적 능력을 사용하지 않으셨다. 그분은 삶에서 일어나는 모든 짜증 나는 일들, 성가신 일들, 당신을 괴롭히는 일들, 그리고 방해하는 것들을 피하지 않고 직면하셨다. 다만 죄를 제외하고, 일하는 동안 우리가 경험하는 모든 것을 심지어 좌절을 안겨 주고, 낙담하게 하는 것들까지 그리스도 역시 똑같이 경험하셨다. 그분은 노동을 이런 식으로 체험하셨고, 구원하셨고, 거룩하게 하셨다.

그분은 온전한 하느님이시며 온전한 인간이시기에, 그리스도께서 인간으로서 하신 행동 하나하나는 신적 차원을 지니게 되었다. 그분의 모든 행동은 성사적이며 구속적이었다. 물론 그분의 구속 사업은 십자가상에서 정점에 달했고, 부활로 완수되었다. 그러나 예수님의 가장 사소한, 그리고 일면 가장 하찮게 보이는 행동조차 우리의 구원에 일정한 역할을 했다. 만약 우리가 그리스도와 결합하여 일한다면, 우리는 단지 하느님의 창조 활동에만 참여하는 게 아니라, 그리스도의 구속 사업에도 참여하는 것이다. 원초적인 죄에 대한 징벌은 그리스도로 인해 이제 구속의 기회로 바뀐다. "우리를 위하여 십자가에 못 박히신 그리스도와 일치하여 노동의 수고를 참아 냄으로써, 인간은 인류의 구원을 위하여 하느님의 아들과 협력하고 있다."[68] 인간의 노동에 대한 이 같은 고상한 개념은 가장 유명한 것에서 가장 평범한 것에 이르기까지 우리의 모든 책무에 다 적용된다. 그것은 도로 청소부의 일, 뇌 전문 외과 의사나 상원의원의 일, 그리고 집안을 돌보는 어머니의 일에 똑같이 적용된다.

이것은 또한 통상 단순하고도 수월해 보이는 책무를 완수하려고 고군분투하는 우울증 환자의 모든 영웅적인 노력에도 적용될 수 있다. 우리의 일을 거룩하게 만드는 것은 사소한 것들의 중요성을 인식하는 것, 즉 하느님 눈에는 그 어떤 것도 그것이 사랑으로 행해진다면 하찮거나 중요하지 않은 것이 없다는 것을 인식하는 것을 내포하고 있다. 이것이 성 소화 데레사 St. Thérèse de Lisieux가 더없이 아름답게 보여 준 '작은 길'이다. 작은 것들에 관심을 기울인다는 것이 강박적으로 되거나, 깐깐해지거나, 트집을 잘 잡는 것과 관련이 있는 것은 아니다. 그리스도인은 신경증적인 좋은 품행 보고서의 수집광이 아니다. 오히려 사랑 때문에, 그리고 우리 주님께서 작은 일에 충실한 사람이 큰일에도 충실할 것이라고 가르치셨기 때문에, 우리는 작은 것들의 중요성을 인식하고 있는 사람들이다.

이런 맥락에서 우울증의 치료 과정에서 자선 행위(애덕 실천)의 중요성에 대해 언급할 가치가 있다. 일시적이든 영적으로든, 도움이 절실한 사람들을 돕는 것과 관대의 덕을 함양하는 것은 우울한 기분에 도움이 될 수 있다. 혹시 특히 자기 자신에게만 자꾸 관심을 돌리게 되는 정신 상태를 경험할 때, 그 사람은 자선 행위를 간과해서는 안 된다. 자선 행위는 관상과 나란히 함께 간다. 그 둘은 자기만을 응시하는 나르시시즘(자기도취)을 허용하지 않는다. 우울증에 빠진 사람은 자신에게서 빠져나와, 타인에게 자신을 아낌없이 내주는 법을 배울 수 있으며, 동시에 다른 사람들이 주는 도움을 기쁘게 받는 법도 배울 수 있다. 파커 파머는 이것의 중요성에 관해 자기 자신의 우울증 치료와 관련지어 쓰면서, 관상을 외적 애덕 행위와 연결한다.

> 우리 대다수는 재난을 겪으며 관상가가 된다. 우리는 어떤 위기, 그것이 개인적 위기이든 사회적 위기이든, 아니면 양자 모두이든 그 위기로 인해 가려졌던 장막이 찢겨 사물들의 본모습이 드러나게 되면서 비로소 그 장막을 넘어서 바라보기 시작한다. 나는 임상적 우울증이라고 부르는 개인적 재앙의 한복판에서 관상을 배웠다. 우울증은 각기 다 다르다. 어떤 우울증은 생화학적 요인이 원인이어서 오직 약물로만 치료할 수 있다. 나의 우울증은, 지금껏 내가 살아온 삶의 방식을 포함하여 상황적 요인이 원인이었기에, 내가 살아서 여기서 벗어날 수 있는 유일한 방법은 나 자신이 관상가가 되는 것뿐이었다. 나를 파괴적인 어둠 속으로 몰아넣었던 나 자신과 세상에 대한 환상 속으로 뚫고

들어가 볼 필요가 있었다. 나는 나를 다시 빛으로 돌아가게 할지도 모를 실체들에 접촉할 필요가 있었다. 우리가 벗어나게 된 개개의 환상은 그만큼 더 가까이 우리를 실체로 이끈다. 그리고 하느님은 실체의 하느님이시기에, 우리는 올바른 방향으로 움직이고 있다. 통상 사적인 추구로 간주하는 관상은 사실 공동체의 지지가 필요하다. 진리를 상기하고 동시에 증거하는 공동체 안에, 우리가 그 안에서 '함께 있으면서도 고독할 수 있는 법'을 배우고, 고독한 여행길에 서로 도울 수 있는 법도 배우는 흔치 않은 형태의 공동체 안에 깊이 자리 잡게 될 때, 우리는 아마 틀림없이 공동체의 취약성을 감내해야 할 것이며 동시에 공동체가 지닌 심오한 의미에도 충실해야 할 것이다. 우리는 간섭하거나 회피하지 않은 채, 타인 앞에 머물 수 있어야 한다. 그들을 '고치려고' 충고하지도 않고, 그들이 고통스러운 어떤 것을 나누려 할 때 외면하지도 않으면서 머물 수 있어야 한다. 지금 세상에서 가장 고독한 여행 중인 임종자의 침상 곁에 당신이 앉아 있다고 상상해 보라. [과연 당신은 무엇을 할 수 있겠는가?] 여기서 우리는 다른 사람을 '고칠 수 있다'고 생각하게 만드는 교만함뿐 아니라, 외면하게끔 유혹하는 비겁함도 떨쳐 내야 한다. 우리는 모두 매 순간 죽어 가기에 마지막 시간이 오기 전에 이런 식의 관계 맺기를 실천해야 한다. 올바른 관상은 우리를 자기도취의 나락으로 떨어뜨리지 않고, 애덕과 헌신으로 세상의 요구에 부응하게 한다.[69]

자선과 관용을 수반하는 노동으로 자신을 성화하는 것은 관상가, 곧 기도하는 사람이 되는 것과 관련이 있다. 노동은 단지 게으름 혹은 나태함에 대한 금욕적인 치료책이 아니다. 하느님께 봉헌하는 한 시간의 노동은 한 시간의 기도가 될 수 있다. 그리고 기도는 치유이다. 하느님께서 우리의 노동을 당신의 일에 결합하시는 것을 우리가 수락한다면, 우리는 신앙과 희망, 사랑[신망애] 안에서 성장하게 된다. 우리가 하는 노동의 결실은 얼마간, 어쩌면 영원히 우리 시야에서 감추어져 있을지 모른다. 이것이 우리를 겸손하게 한다. 매일의 삶을 성화하는 것은, 우리의 노동과 휴식을 하느님께 봉헌하는 것은 우리 노동의 결과가 하느님 아버지께, 이를테면 '기탁되는' 지속적인 희망의 행동을 요구한다. 어떤 의미에서 이는 자신의 영광을 하느님 아버지께 맡기시고 종의 모습을 취하신 성자의 순종과 다를 바 없는 것이다(필리 2,6-7).

어느 것이든 하느님께 맡기고 사랑하는 마음으로 행한다면, 아무 것도 영원히 잃지 않는다. 이런 식으로 우리는 이 최고의 그리고 최상의 애덕 안에서 성장할 수 있으며, 이 사랑은 단지 달콤한 말이 아니라 실제 행동 안에서 드러나는 사랑이다. 만약 우리의 평범한 일상 활동(예를 들어 지루한 행정 회의, 한 보따리 빨래, 의사나 심리치료사를 다시 방문하기)에 사랑이 빠져 있다고 느낀다면, 십자가의 성 요한이 한 충고를 따를 필요가 있다. "사랑이 없는 곳에 사랑을 가져다 놓아라. 그러면 거기서 당신은 사랑을 발견할 것이다."

하느님과 이웃에 대한 사랑 안에서 우리의 노동을 (특별한 지향 속에) 하느님께 봉헌함으로써, 일하는 내내 하느님의 현존 앞에 머물러 있음을 의식함으로써, 그리고 이행해야 할 책무가 힘들지라도 끝까지 견뎌 냄으로써 이 모든 것을 통해 우리는 이미 우리 안에서 활동하고 계신 하느님의 은혜롭고 사랑이 넘치는 움직임에 힘입어, 실제로 우리의 정신과 마음을 하느님께 올려 드리고 있는 것이다. 우리는 우리의 노동을 기도로 바꾸고 있으며, 이런 식으로 "끊임없이 기도하시오"(1테살 5,17)라는 사도 바오로의 충고를 그대로 실행하고 있는 셈이다.

히브리인들에게 보낸 서간은 하느님의 사랑을 "살라 버리는 불"(히브 12,29), 즉 때로는 상처를 주는 정화의 불이라고 묘사하고 있다. 주님께서 "나는 세상에 불을 지르러 왔습니다"(루카 12,49)라고 말씀하셨다. 교황 베네딕도 16세는 이 구절에 관해 설명하며 "사랑이 위대하기에 그리스도교는 위대합니다. 그것은 태웁니다. 그런데도 이것은 파괴적인 불이 아니라, 사물들을 밝게, 순수하게, 자유롭게, 그리고 위엄 있게 만드는 불입니다. 그리스도인이 된다는 것은 자신을 용감하게 이 타오르는 불에 맡기는 것입니다"[70]라고 했다. 하느님 사랑의 이 같은 타오르는 불꽃은 우울증처럼 흔히 십자가의 형태를 취한다. 그러나 십자가가 있는 곳에는 어디든 예수님께서 계신다. 하느님 사랑의 불꽃은 파괴적이지 않다. 그것은 치유이다. 일하든 휴식을 취하든 우리 자신을 이 타오르는 불꽃에 맡길 수 있다면, 우리가 어느 환경에 처해 있든 우리 마음을 그리스도의 마음에 결합할 수만 있다면 우리는 이 사랑을 타인들에게 전달하는 사람이다. 심지어 고통의 한가운데서도 우리는 우리 내부의, 우리 주위의 영적 온도를 올릴 수 있다. 만약 우리의 외적 활동이 질병으로 인해 일시적으로 중단된다고 할지라도, 우리의 내적 삶은 여전히 성장의 길을 가고 있다. 우리를 자신 안에 고립되게 만드는 격렬한 우울증이 엄습할 때도 하느님의 은총에 힘입어 우리는 여전히 하느님의 기쁨과 평화를 우리 주위에 있는 타인들에게 전해 주는 도구가 될 수 있다.

·8·

하느님의 자녀 됨과 희망의 덕

"그리스도는 인간의 모든 고통,
심지어 정신 질환까지 짊어지셨습니다. 그렇습니다.
아마 가장 터무니없으며 이해하기 힘들어 보이는 이 고난이
병든 사람을 그리스도와 닮아 가게 하고,
구속적 수난에 참여하게 합니다."

교황 요한 바오로 2세[71]

하느님의 자녀 됨

아우구스티누스 성인은 "저의 하느님, 저 자신을 알고 당신을 알 수 있도록 도와주소서"라고 기도했다. 자기 이해는 모든 심리치료의 주요 목표 중 하나이다. 그러나 심리치료만으로 인간에 관한 가장 중요하고 중대한 진리, 즉 오직 신적 계시에 의해서만 알 수 있는 진리를 밝혀낼 수는 없다. 세례를 받은 사람들이 믿고 있는 자신에 대한 핵심 진리는, 인지치료의 용어를 빌리자면 가장 본질적이고 근본적인 '핵심 신념'은 '나는 하느님의 자녀이다'라는 것이다. 본성으로 하느님의

유일한 아들이신 예수 그리스도와의 일치 안에서 나는 은총으로 하느님의 양자가 되었다. 즉, 세례를 받은 모든 사람은 그 아들(성자) 안에서 한 명의 '아들'이 되는 것이다. 예수님 당신이 우리에게 이렇게 말씀하신다. "나는 나의 아버지이시며 여러분의 아버지이신 분께로 올라간다"(요한 20,17).

성경은 요한의 첫째 서간에서 이 놀라운 진리를 가르쳐 준다. "아버지께서 얼마나 큰 사랑을 우리에게 베푸셨는지 보시오. 우리는 하느님의 자녀라 불리게 되었으니, 과연 우리는 그분의 자녀들입니다"(1요한 3,1). 하느님이 주신 성화의 은총은 단지 우리에게 '합법적'으로 입양된 지위를 부여하는 것이 아니다. 그것은 단지 우리가 실제로 비참한 상태에 있을 때 우리를 하느님의 자녀라고 선언하는 것이 아니며, 단지 그리스도의 공로로 우리를 겉으로 감싸는 것이 아니다. 세례성사와 그 밖의 다른 성사로 부여되고 기도와 선행으로 강화되는 성화의 은총은 인간의 본성을 '내부로부터' 치유하고, 회복하여, 고양하는 힘을 가지고 있다. 죄와 하느님으로부터의 분리가 본래 인간 본성에 속한 게 아님을 기억해야 한다. 성령의 활동을 통해 우리는 예수 그리스도와 결합하고, 하느님 아들의 신적 생명, 즉 성자와 성부와 성령의 영원한 관계에 실제로 참여한다.

하느님은 말 그대로 나의 아버지시다. 그분은 나에게 아주 가까이 계신다. 성 아우구스티누스의 심오하고 신비로운 표현을 빌리자면 "나 자신보다 나에게 더 가까이 계신다". 성 호세마리아 에스크리바는 이렇게 말했다. "하느님께서 언제나 우리 가까이에 계신다는 확신이 있어야 한다. 하지만 우리는 그분께서 저 멀리 높은 하늘에 계신 것처럼 살아가고 있으며, 그분께서 우리 곁에 계신다는 것을 자꾸만 잊어버린다. 그분은 사랑이 충만한 아버지로 계신다. 그분은 세상의 모든 어머니가 자녀들을 사랑할 수 있는 것보다 우리 각자를 더 사랑하신다. 즉, 우리를 도우시고, 영감을 주시며, 축복해 주시고 … 용서해 주신다."[72] 이것이 '하느님의 자녀 됨'의 핵심 진리이다. 이것은 세례를 받은 모든 그리스도인에게 객관적 사실이다. 우리가 이것을 얼마나 의식하고 있든, 우리가 이 진리에 따라 얼마나 잘 살고 있든 상관없이 사실이다. 하지만 우리는 복음서의 '방탕한 아들'(루카 15,11-32)처럼 하느님에게서 멀어진 자녀, 죄를 지음으로써 착한 아들딸로 살기를 거부함으로써 멀어진 자녀일지 모른다. 아니면 우리는 그 방탕한 아들의 형과 같을지도 모른다. 하느님의 자녀 됨의 영광과 경이를 당연한 것으로 여겨 감사할 줄 모르는 것이다. 그럼에도 이것은 객관적 사실이다.

우리의 책무는 이 객관적 실재를 주관적으로 전용하고 이에 따라 사는 것, 이 실재가 우리의 존재 전체의 살아 있는 주제가 되게 하는 것이다. 우리가 하느님의 자녀가 된다는 진리는 단지 여러 진리에 또 하나의 진리가 더해지는 것도, 나를 말해 주는 특징 목록 중의 하나가 되는 것도 아니다. 이것은 내가 지금까지 기억해 둔, 그리고 배운 것을 암송하는 아이처럼 줄줄 욀 수 있는 이 세상에 관한 온갖 진리 중의 하나가 아니다. 정확히 말해서 하느님의 자녀 됨은 '진리'여야 하며, 나는 그 진리 안에서 나의 생활, 상황, 정서 상태, 소명, 운명 그리고 나의 우울증에 관한 모든 것을 명료하게 이해할 수 있어야 한다. 우울증, 그리고 우울증으로 이어질 수 있는 간헐적인 파괴적 사건들은 이 실재에 대한 우리의 인식을 어렵게 만들 수 있다. 우리의 이해를 넘어서는 고통이나 상실을 겪을 때, 우리는 하느님께서 사랑이 충만한 아버지이심을 정말로 믿기가 어려워질 수도 있다.

M. 나이트 시아말란M. Night Shyamalan의 영화 「사인」Sign은 하느님의 자녀 됨을 점차 의식하는 한 사람에 관한 일종의 비유로 해석할 수 있다. 표면적으로 그 영화는 지구를 침략한 적대적인 외계인에 관한 익숙한 공상과학 이야기다. 주인공인 그레이엄 헤스는 아내를 잃은 두 자녀의 아버지다. 또한 우리는 영화 초반에 그가 사랑하는 아내가 끔찍한 사고로 비극적으로 세상을 떠난 후 신앙을 잃어버린 성공회 신부임을 알게 된다. 그는 이해할 수 없는 아내의 죽음에 대해 하느님을 비난한다. 결국 그는 사랑이 충만한 하느님의 부성父性을 믿는 데 어려움을 겪게 된다.

한 장면에서 적대적인 외계인들이 그의 집을 침입하자 그레이엄은 두 자녀와 함께 지하실에 몸을 숨긴다. 그의 아들 모건은 천식을 앓고 있으며, 천식 발작을 일으켜 질식할 위험에 처해 있다. 그러나 약물 흡입기는 외계인들이 있는 위층에 있고, 모두를 위험에 빠뜨리지 않고서는 그것을 찾아올 수 없는 상황이다. 아버지는 아들을 무릎에 앉히고 꼭 끌어안고서 귀에 대고 차분하게 속삭인다. "두려워하지 마. 모건, 우리는 함께 호흡을 가다듬을 거야. 나처럼 호흡해 봐. 정신 차려. 얼마나 힘든지 잘 알아. 강해져야 해. 곧 지나갈 거야. 무슨 일이 일어나든 걱정하지 마. 다 지나갈 것이라고 믿어, 믿어야 해." 그 소년은 겁에 질려 아버지의 바짓가랑이에 매달린다. 신앙을 잃었다고 하지만, 그레이엄은 잠시 아들과의 대화를 멈추고 하느님께 말한다. "내게 이러지 마십시오. 다시는 이러지 마십시오. 나는 당신이 싫습니다. 당신을 증오합니다…."

그런 다음 그레이험은 아들에게 다시 말한다. "두려움이 두려움을 키우는 거야. 무슨 일이 일어나든 걱정하지 마. 다 지나갈 것이라고 믿어, 믿어야 해. 그냥 기다려. 두려워하지 마. 공기가 들어오고 있어. … 믿어. 두려워할 필요 없어. 여기 공기가 들어오고 있어. 두려워하지 마. 모건, 나와 함께 호흡하자. 공기가 우리 폐로 들어오고 있어. … 함께. … 우리는 똑같아, 우리는 똑같아."

이 장면에서 역설적이며 심오한 진리가 드러난다. 주인공은 아들에게 하던 말을 중단하고, 하느님을 "당신"이라 부르면서 자신의 분노를 직접 하느님께 표출한다. 그레이험은 자신이 원하든 원하지 않든 기도하고 있다. 그것도 정말 진정으로 기도하고 있다. 그레이험의 기도에 대한 하느님의 응답은 이야기의 후반에 나온다. 그리고 그 응답은 정확히 그레이험이 자신의 아들에게 하는 말과 같다. "두려워하지 마라. 나와 함께 호흡하자. 우리는 하나란다."

이 장면은 하느님의 자녀 됨에 대한 아름다운 초상이다. 우리는 하느님을 볼 수 없지만, 만약 우리가 잘 조율만 된다면, 우리가 고난을 당하거나 고통을 겪거나 두려움에 빠져 있을 때, 차분하면서도 강한 목소리로 우리에게 말씀을 건네시며 우리를 안고 계시는 하느님을 영적으로 감지할 수 있다.

영화 속에서 아들은 얼굴을 아버지의 무릎에 대고 앉아 있어 아버지의 얼굴을 볼 수 없지만, 자신을 달래 주는 아버지의 현존을 느낄 수 있어 두려움을 가라앉힌다. 아들은 천식 발작을 이겨 낸다. 자신의 호흡을 아버지와 호흡과 조율하자 아들에게 평화가 찾아온다. 아들은 자신의 의지와 행동을 '우리는 하나란다'라는 아버지의 의지와 일치시키며 고통을 극복한다. 이 장면은 그레이험 자신의 삶에 대한 은유가 된다. 즉, 자신이 고통 중에 있는 동안 하늘에 계신 아버지를 볼 수 없더라도, 하느님 아버지는 언제나 그를 안아 주고 그를 부르시며 그 자리에 현존하신다.

영화 마지막에 그레이험에게 아내와 아들의 고통 뒤에 숨겨진 하느님의 섭리에 대한 일견의 기회가 주어진다. 즉, 아내가 죽음에 이르며 남긴 마지막 말의 도움으로 외계인들을 물리치고, 아들의 천식, 곧 그의 고통이 결국 역설적으로 외계인들의 공격으로부터 그를 구한다. (외계인들이 독을 분사할 때 천식에 걸린 그의 기관지는 닫혀 있다). 주인공은 하느님께서 어떻게 신비롭게 고통에서 선을 끌어내시는지 일견하게 된다. 이야기가 전개되며 주인공은 하느님께서 자신을 버리시지 않았으며 아내도 아무 의미 없이 죽지 않았음을 깨닫게 된다. 그는 (마치 세례성사처럼) 물의 도움으로, 그리고 아내의 죽음이란 비극에서 선을 끌어내신 하느님의 섭리로 (외계인으로 상징되는) 악이 퇴치되는 것을 목격한다. 하느님의 자녀 됨에 대한 이런 인식을 통해, 즉 하느님은 멀리 계시지 않으며, 사랑이 충만한 아버지요 당신 섭리로 돌보시는 아버지라는 사실에 대한 인식을 통해 그레이험은 이야기 끝에서 신앙을 회복한다. 비록 그가 자신의 아들을 안고 있는 장면처럼 하느님 아버지를 볼 수는 없었지만, 하느님은 언제나 그곳에 실제로 계셨다.

성 바오로가 다음과 같은 위안의 글을 남기게끔 영감을 불어넣은 것도 바로 하느님의 자녀 됨에 대한 인식이다. "나에게 힘을 주시는 분 안에서 나는 모든 것을 할 수 있습니다"(필리 4,13). "우리 안에 작용하시는 능력에 의해, 우리가 청하거나 생각하는 모든 것보다 훨씬 더 많은 일을 해 주실 수 있는 그분께 … 영광이 있으시기를 빕니다"(에페 3,20-21). 이 영화 속 현대판 비유는 성인들의 삶에 대한 수많은 일화를 통해서도 확인할 수 있다. 복자 노리치의 율리아나Bl. Julian of Norwich는 하느님 아버지의 섭리적 은총을 체험하며 이렇게 확신을 갖고 말할 수 있었다. "모든 일이 잘될 거야. 모든 일이 잘될 거야. 온갖 일이 다 잘될 거야." 그녀의 확신은 순진한 낙관주의나 사탕발림 낙관주의가 아니다. 모든 것이 잘될 것이라는 그녀의 확신은 고된 시련과 고통의 경험 끝에 얻은 것이었다. 마찬가지로 성 소화 데레사도 오랜 시간 심한 고통을 겪은 끝에 삶의 마지막을 맞이하며 "모든 것이 은총입니다"라고 말할 수 있었다. 필자는 하느님 아버지의 사랑에 대한 신앙을 가지고서 어둠의 시간을 견뎌 낸 많은 우울증 환자들을 치료했다. 비록 그들이 언제나 이 사랑을 정서적으로 느끼거나 감지한 것은 아니었지만, 그들은 하느님께서 자신을 어둠이나 절망 속에 버려두지 않으실 것을 신앙 안에서 알고 있었다.

하느님의 현존

하느님의 현존과 하느님의 자녀 됨에 대한 더 항구한 인식을 키울 수 있는 방법은 무엇일까? 우울증의 한가운데 있으면 영혼은 적어도 익숙한 방식으로는 주님의 현존을 체험할 수 없을 것이다. 그러나 많은 환자의 경험에 따르면 하느님의 현존에 대한 인식이 정신적으로 건강하고 활력이 넘칠 때만 가능한 것은 아니다. 마찬가지로 이 인식은 기도나 종교적 실천을 할 때만 얻어지는 것으로 국한할 필요도 없다. 하느님의 현존에 대한 인식은 우리의 기분 변화와 무관하게 매일 수천 가지 방식으로 계발될 수 있다.

우리는 하느님의 현존에 주의를 기울이는 데 도움이 되는 구체적인 행위와 도구를 활용할 수 있다. 일하다가 성모님 상본을 가끔 바라보거나 우리 주머니 속에 있거나 책상에 올려놓은 작은 십자가를 순간 바라보는 단순한 행위로 하느님의 현존을 상기할 수 있다. 우리는 짧은 소리기도로 '염원'을 말하는 습관을 기를 수 있다. 이 기도는 여러 일상적인 일에 연계될 수 있다. 예를 들어 계단을 오르내릴 때 우리는 세례자 요한의 "주님, 당신은 커지셔야 하고, 저는 작아져야 합니다"(요한 3,30 참조)라는 말을 반복할 수 있다. 또한 불을 켤 때마다 우리는 시편 27편의 "주님은 나의 빛, 나의 구원, 나 누구를 두려워하랴?"를 반복할 수도 있다.

이런 염원에는 빈번한 감사 행동도 포함될 수 있다. 최근 심리학 연구는 키케로Marcus Tullius Cicero에서 시작하여 아퀴나스를 거쳐 체스터턴에 이르기까지 철학자들이 인간의 삶에서 감사의 중요성에 관해 오랫동안 알고 있던 바를 다시 확인해 주었다. 키케로는 감사를 최고의 덕으로 꼽았고, 아퀴나스는 감사를 정의의 필수 요소로 보았으며, 체스터턴은 "감사는 지금까지 인간에게 알려진 것 중에서 가장 순수한 기쁨의 순간을 만들어 냈다."[73]라고 주장했다. 심리학 교수 로버트 에먼스Robert Emmons는 감사의 덕의 심리적·사회적 효과에 대해 광범위하게 연구하여 발표했다.[74] 그의 연구는 감사의 감각을 향상하기 위한 훈련에 의도적으로 참여한 사람들에게 (감사하는 당사자들만 아니라, 그 주위 사람들에게도) 미치는 정신 건강상의 효과를 보여 준다. 반면 그의 연구는 감사할 줄 모르는 상태에서 나타나는 부정적인 결과도 확인해 준다.

에먼스의 연구는 특히 우리의 주제인 우울증에 대해 중요한 시사점을 제공한다. 즉, 감사는 부정적 정서 체험을 가로막는 따스하고 불명확한 정서가 아니다. 감사는 하나의 덕이며, 그래서 감사는 우울 삽화를 겪을 때도 함양할 수 있다. 물론 이런 상황에서는 분명 더 도전적이며 쉽지 않을 것이다. 에먼스는 "감사의 마음은 고통과 역경이 선별적으로 도외시하는 지나치게 낙관적인 상태와 다른 것이며, 오히려 그것은 불쾌한 정서 상태를 성공적으로 헤쳐 나가는 데 필요한 심리적 자원을 끌어낼 수 있다"[75]라고 주장한다. 에먼스의 연구에 따르면 감사는 피해 의식이나 특권 의식과 양립할 수 없다. 그래서 그것은 한편으로는 자기 연민을, 다른 한편으로는 자기도취적 경향이나 지나친 오만을 완화하거나 감소시킨다. 또한 그의 연구 결과에 따르면 감사는 겸손의 덕에 의해, 즉 자기 결점을 인식하고 자기 혼자서만 살아갈 수 없음을 인정하는 능력에 의해 지지된다. 이런 겸손의 뿌리에는 바로 하느님의 자녀 됨이라는 진리가 있다. 나는 모든 것을 나의 아버지께 의지하고 있는 하느님의 자녀이다.

'꼬마 소녀'인 희망

앞에 있는 자살에 관한 장에서 필자는 희망의 핵심적인 중요성에 관해 설명했다. 우리는 깊은 무망감을 체험하는 사람에게서 심각한 자살의 위험성을 보여 주는 벡의 연구 결과를 살펴보았다. 인간은 희망 없이 살 수 없다는 것이 필자의 확고한 신념이다. 이는 단지 하나의 틀에 박힌 경건한 글귀가 아니다. 글자 하나하나 그대로의 의미에서 진실이다. 희망은 우울증을 막아 주는 궁극적인 보호막이다. 글자 그대로 희망 없이는 인간은 죽을 것이다.

유명한 정신과 의사 빅토르 프랑클Viktor Frankl은 인간이 어려운 상황에서도 살아갈 수 있으려면 희망이 필수적임을 밝혀냈다. 프랑클은 아우슈비츠 강제수용소에 갇혔던 유다인으로, 풀려난 뒤 수년 후에 『죽음의 수용소에서』Man's Search for Meaning라는 유명한 책을 썼다. 그 책에서 인간의 근본적 욕구는 니체E. W. Nietzsche가 주창한 것으로 알려진 권력에의 의지도 아니고, 프로이트가 상정한 쾌락에의 의지도 아니며, 그가 칭하기를 '의미에의 의지'라고 주장했다. 프랑클은 인간의 본성에 관한 이 교훈을 나치 강제수용소라는 최악의 환경에 갇힌 인간존재들에 대한 관찰을 통해 얻었다. 아우슈비츠에서의 죽음은 무작위적으로 닥치는 대로 (어느 수감자든 아무 때나 아무런 명백한 이유 없이 구타를 당하는 것과 같이) 발생했던 반면, 프랑클은 그런 상황에서 살아남기 위해 인간은 자신의 삶에서 어떤 의미, 높은 목표나 목적을 찾아야 한다고 주장했다. 달리 말하자면 살아남은 사람들은 그것을 해냈는데, 이는 그들이 겉으로 보기에 희망이 전혀 없어 보이는 상황에서도 희망을 견지했기 때문이다. (물론 이는 가스 처형을 당한 사람들은 희망이 부족했다고 말하는 것이 결코 아니다).

프랑클은 그 죽음의 수용소 수감자들이 누군가가 희망을 포기했을 때 그것을 곧장 알아차렸다는 사실에 주목했다. 한 수감자가 희망을 잃었을 때 그 절망감은 그의 눈, 얼굴, 걸음걸이에서 관찰될 수 있었다. 그 변화는 눈에 즉시 띌 정도여서 다른 수감자들이 그 절망에 빠진 수감자를 '산송장'과 비슷한 의미의 이름을 붙여 불렀다. 예상대로 가까운 시일에 그 산송장 수감자는 처형 대상자로 선정되든가, 총살 대형으로 들어가 총살되든가, 아니면 스스로 먹거나 마시는 것을 멈추려고 했다. 의미에의 의지가 꺾였을 때, 모든 희망을 잃어버렸을 때 그 사람은 글자 그대로 파멸에 이르렀다. 인간은 희망 없이는 살아갈 수 없다.

그런데 이 진리는 반대로도 진술될 수 있다. 즉, 최악의 잔혹하고 끔찍하고 비참한 상황에서도 희망을 품을 수 있다면 그 사람은 살 수 있다. 만약 이것이 자연적인 상황에서 맞는 말이라면, 하물며 초자연적인 상황에서는 더욱더 그렇다. 만약 그리스도교적 희망을 견지하고 있다면, 그 사람은 영원한 생명을 얻는다. 성 바오로의 말을 빌리자면 우리는 사실 "희망으로 구원되었다"(로마 8,24). 희망은 모든 것을 변화시키는 덕이다. 그것은 우리가 생각하고, 행동하고, 살아가는 방식을 변화시킨다. 베네딕도 16세는 희망에 관한 회칙에서 그것을 간결하게 설명한다. "희망을 가진 이는 다른 삶을 살게 됩니다."[76] 심지어 가스실로 보내져야 할 사람이 그 누구든, 그가 그리스도교적 희망을 견지하고 있다면 그는 이미 구원받은 사람이다. 막시밀리안 콜베 성인St. Maximilian Kolbe은 이미 이것을 깨닫고 있었으며, 그래서 나치들이 심지어 그를 [기아 감방에서] 굶겨 죽이려 했을 때, 그가 우리의 주님께 찬미의 노래를 불렀던 이유이다.

죽음의 수용소의 동료 수감자들에 대한 프랑클의 관찰에 따르면 그 수감자들이 자신이 처한 참혹한 현재 상황을 견뎌 내려면 어떤 느낌, 즉 미래에는 지금보다 더 좋아질 수 있을 것이라는 느낌이 필요했다. 이 통찰은 희망에 대한 베네딕도 16세의 언급과도 일맥상통한다. "우리는 우리의 현재에 맞설 수 있는 든든한 희망을 얻었습니다. 목표를 향해 나아가는 현재라면, 그리고 우리가 이 목표를 확신할 수 있다면, 또한 이 목표가 힘든 여정을 정당화할 수 있을 만큼 위대한 것이라면, 비록 고달프더라도 우리가 받아들이고 살아갈 수 있는 현재입니다."[77] 교황은 계속해서 말한다. "그리스도인들의 특징은 미래가 있다는 것입니다. 이는 자신들이 무엇을 맞이하게 될지 자세히 알고 있다는 말이 아닙니다. 자신들의 삶이 공허하게 끝나지는 않을 것을 어렴풋이 알고 있다는 말입니다. 미래가 확실한 실재라는 확신이 서야만 현재도 살 수 있는 법입니다."[78] 이것은 아직 세례를 받지 않은 사람들에게도 비슷하게 적용될 수 있다. 즉, 희망이란 향주덕이 이 지상에서 인간의 행복을 위한 궁극적인 안전장치일지라도, 자연적 희망은 향주적 희망을 위한 출발점이며, 이 세상에서 그리스도교적 희망의 존재로 인해 그 자체의 격이 높아지게 된다.

축소된 미래, 즉 많은 사람이 우울 상태에 있을 때 경험하는 오직 어둡게만 보이는 미래에 대한 느낌은 우리의 참된 실체가 아니다. 그것은 단지 병든 마음의 속임수에 지나지 않는다. 현재 희망이 없다면, 사람은 미래를 향해 살아갈 수 없다. 가령 오늘날 우리는 왜 십 대들에게서 우울증의 증가율과 약물 및 알코올 남용율이 크게 치솟고 있음을 목도하게 되었는가? 그들 중 많은 이들이 자신에게 미래가 없다고 느끼기 때문이다. 그들에게 현재는 더는 견딜 수 없는 것이며, 게

다가 자신에게 방향을 제시해 줄 미래도 없다. 일본 주교들에게 행한 연설에서 베네딕도 16세는 이렇게 말했다.

젊은이들은 특히 현대 세속 문화의 매력에 기만당할 위험에 노출되어 있습니다. 그러나 언뜻 매우 많은 것을 약속해 주는 것처럼 보이는 온갖 크고 작은 희망들과 같이(「희망으로 구원된 우리」, 30항 참조), 이것은 거짓 희망임이 밝혀집니다. 그리고 비극적으로 환멸은 종종 우울증과 절망으로, 심지어 자살로 이어지고는 합니다. 만약 젊음이 넘치는 그들의 에너지와 열정이 자신의 속 깊은 갈망들을 유일하게 충족시켜 줄 수 있는 하느님과 관련된 것으로 정향定向될 수만 있다면, 더 많은 젊은이가 자신의 삶을 그리스도께 헌신하고 싶은 영감을 얻게 될 것입니다.[79]

희망이 단지 하나의 훌륭한 이론적 신념일 수는 없다. 그것은 우리의 삶을 위한 매우 실제적이고, 하루하루의 결과물을 만들어 내는 하나의 덕이다. 희망을 키우고 유지하는 것은 우울증 치료 과정의 중심 과제이며, 어쩌면 가장 힘들고 도전적인 과제이다. 희망 속에서의 삶이 가져다주는 실질적 결과에 관해 베네딕도 16세는 희망에 관한 그리스도교의 메시지는 단순히 우리에게 뭔가를 말해 주는 것이 아니라고 가르친다. 그것은 단지 '정보 전달' 역할에 그치는 것이 아니라, 우리 삶의 방식을 바꾼다. 그래서 그것은 '실천적'인 것이다. 즉, "이는 복음이 알 수 있는 것을 전하는 것만이 아니라 행동을 촉구하고 삶을 변화시키는 것이라는 의미"[80]이다. 희망을 발견하는 것은 복잡할 필요가 없다. 그것은 놀라울 정도로 간단하다. 일을 할 수 없을 정도로 쇠약해진 신체적 조건으로 인해 우울증에 빠진 한 젊은 아버지를 생각해 보자. 결국 그는 자신의 어린 딸과 함께 집에 머물게 되었다. 그는 후에 이에 대해 다음과 같이 이야기를 해 주었다. 그는 이 유쾌한 어린 딸의 얼굴과 시종일관 해맑게 웃는 모습을 보는 것만으로도 자신에게 그날 하루를 위한 충분한 희망을 불어넣기에 모자람이 없었다고 했다. 우리가 희망을 가져야 할 이유는, 만약 우리에게 볼 수 있는 눈만 있다면, 바로 여기 우리 앞에 있을지 모른다.

우리 대다수는 세 가지 향주덕에 대해 줄줄이 읊을 수 있는 반면에, 희망(望德)은 그 셋 중 종종 잊기 쉬운 중간에 있다. 우리는 신앙(信德)과 사랑(愛德)에 관한 강론은 제법 많이 듣지만, 희망의 덕에 관한 것은 상대적으로 덜 듣는다. 희망이란 정확히 무엇인가? 『가톨릭교회 교리서 요약편』 Compendium of the Catechism 은 이에 대해 간결하게 정의를 내린다. "희망은 우리가 그리스도의 약속을 신뢰하며, 우리의 행복인 하늘나라와 영원한 생명을 기대하고 갈망하게 하는 향주덕이다. 향주덕은 성령의 은총의 도움으로 희망의 덕을 얻어 지상 생활이 끝날 때까지 항구하도록 이끈다."[81]

이 정의는 분석해 볼 필요가 있다. 우선, 희망은 우리가 바라는 행복과 연관되어 있다. 이것은 물론 자연스러운 것이다. 우리가 경험을 통해 잘 알고 있듯이, 사실 행복을 바라지 않는 것이 오히려 불가능하다. 아리스토텔레스는 행복에의 욕구가 인간의 모든 행동의 기저에 있다고 주장한다. 우울증을 겪고 있는 사람은 물론 행복과 영적 기쁨을 누릴 수 있는 능력을 회복하는 것이 급선무이다. 그러나 이 행복은 궁극적으로 오직 한 가지, 즉 하느님과의 영원한 생명에 있다. 모든 사람은 궁극적으로 하느님에게서만 발견될 수 있는 완전한 행복과 충만을 추구하고 있기에 하느님을 알고 있든 모르고 있든 결국 하느님을 찾고 있는 셈이다. 우리가 아무것도 내놓지 못하는 어떤 것에 희망을 잘못 둔다면, 우리의 행복 추구는 잘못된 방향으로 흘러갈 수 있다. 그러나 심지어 우리가 잘못된 방향으로 흘러갈지라도, 근본적인 행복을 향한 이 욕구는, 곧 하느님에 대한 욕구는 여전히 남아 있다. 체스터턴이 비꼬듯 말했듯이 "사창가의 문을 두드리는 사람은 누구나 사실은 하느님을 찾고 있다".

위에서 인용한 정의에 따르면 희망이란 하느님만이 주실 수 있는 영원한 생명을 위해 필요한 모든 것, 즉 그리스도를 굳게 신뢰하고, 성령의 은총에 의지하며, 그리고 우리 삶의 마지막 날까지 견디는 것, 이 모두에 관여한다. 이 '영원한 생명'이라는 말을 우리는 어떻게 이해해야 하는가? 우리 시대 사람들은 궁금해한다. 영원한 생명이 과연 희망을 품을 만한 가치가 있는 것인가? 우울증에 빠진 사람은 현 세상을 뛰어넘어 행복을 추구하고 자신의 최종적인 희망을 다음 생애에 둔다는 생각을 쉽게 할 수 없을지 모른다. 특히 힘들거나 유혹에 시달리게 되는 시기, 혹은 우울증이나 절망에 휩싸여 있는 시기에 어쩌면 이런 의문이 우리 마음에 떠올랐을 수도 있다. '거룩함을 향한 노력이 과연 할 만한 가치가 있는 것인가?' '과연 영원한 생명이라는 목표가 현세에서 희생을 무릅쓰고 추구할 만한 가치가 있는가?' 이 질문에 베네딕도 16세는 아우구스티누스 성인의 글에 기대어 답한다. "궁극적으로 우리는 오직 한 가지 … 삶 자체, '행복' 자체를 원합니다. … 어떻게 해서든지 우리는 죽음도 건드릴 수 없는 참된 생명을 원합니다. 그러나 또한 우리는 우리가 이끌리는 것이 무엇인지 모릅니다. 우리는 이를 향해 손을 내밀지 않을 수 없습니다. 그럼에도 우리가 경험하거나 이룩할 수 있는 것이 우리가 추구하는 것이 아니라는 것을 알고 있습니다."[82]

현재의 삶에서 인간의 마음은 쉴 곳 없이 떠돌고 있다는 바로 그 사실, 그래서 인간의 마음이 불안과 우울, 낙담과 절망에 취약하다는 사실이 하느님에 대한 희망의 필요성과 우리의 궁극적 운명을 설명해 주는 실마리가 된다. 현세의 삶 안에서 우리가 경험할 수 있는 모든 것은 이같이 잦아들지 않고, 끊임없이 떠도는 갈증에 부응하지 못한다. 사창가의 문을 두드리는 사람은 쉬지 못하는 자신의 마음이 진실로 구하는 바를 거기서 찾지 못할 것이다. 또 한 병의 술을 죽 들이켠다고 해서 자신의 마음이 목말라하는 바를 그 병 바닥에서 찾을 수 있는 것이 아니다. 마약 성분의 알약 한 알을 더 삼킨다고 해서 자신의 마음이 갈망하는 바를 체험할 수 있는 것도 아니다. 하느님은 당신 자신을 위해 우리를 창조하셨고, 우리의 마음은 그분 안에서 편히 쉬기 전까지는 안정을 찾지 못하고 떠돌 것이다.

우리는 여기서 말로써 적절하게 표현할 수 있는 한계를 넘어서게 된다. 이와 관련하여 베네딕도 16세는 이렇게 말한다.

'영원한 생명'이라는 말은 이처럼 '모르지만' 인식할 수 있는 것을 표현하기 위한 것입니다. 필연적으로 이는 혼란을 일으키는 만족스럽지 못한 단어입니다. 사실 '영원'은 끝이 없는 어떤 것을 떠올리게 하고 두려움을 불러일으킵니다. '생명'이라고 하면 우리가 사랑하는 생명, 잃고 싶지 않은 생명, 곧 우리가 알고 있는 생명을 떠올리게 합니다. 그러나 이러한 생명은 여가보다는 피로를 더 가져다주기에 한편으로는 바라지만 다른 한편으로는 바라지 않는 것입니다.[83]

우리가 이 '영원한 생명'의 의미를 충분히 알아들으려면 우리의 통상적인 사고방식과 익숙한 경험에서 벗어나야만 한다. 베네딕도 16세는 다시 말한다.

우리는 단지 우리를 가두고 있는 한시성을 벗어나는 것을 상상하고, 영원성이란 달력의 날짜가 무한히 이어지는 것이 아니라 전체성이 우리를 감싸고 우리가 전체성을 얼싸안는 충만한 절정의 순간으로 느끼도록 노력할 수 있을 따름입니다.

전형적인 현세의 생활에서, 심지어 삶의 전성기에도, 우리는 도저히 영원한 생명에 대한 비전으로 추론해 갈 수 없다. 베네딕도 16세는 '영원한 생명'이라는 말이 우리의 언어와 개념을 넘어서서 실제로 무엇을 의미하는지에 대해 설명을 시도한다. 이것은 "마치 이전과 이후가 없는, 무한한 사랑의 바다에 뛰어드는 것과 같습니다. 우리는 단지 그러한 순간이 온전한 의미의 생명이라고 생각하려고 노력할 수 있을 뿐입니다. 이는 우리가 단순한 기쁨에 넘쳐 드넓은 존재 안으로 새로이 잠기는 것과 같을 것입니다."[84]

프랑스 가톨릭 평신도인 샤를 페기Charles Péguy는 희망의 덕을 우리에게 더욱 실재적인 것으로 만들어 주는 아름다운 한 편의 시詩를 썼다. 그 시는 "내가 제일 사랑하는 신앙[은총]은, 하느님께서 말씀하신다, 희망이다"[85]라는 매력적인 첫 구절로 시작한다. 그리고 시는 아래와 같이 이어진다.

> 신앙은 나를 놀라게 하지 않는다.
> 그것은 놀라운 일이 아니다.
> 나는 내가 창조한 이 세상 안에서 매우 찬란히 빛나고 있다….
> 그래서 이 불쌍한 사람들이 정말로 나를 보지 않기 위해서는 눈이 멀어 있어야만 할 것이다.
>
> 애덕, 하느님께서 말씀하신다, 그것은 나를 놀라게 하지 않는다.
> 그것은 놀라운 일이 아니다.
> 이 불쌍한 피조물들이 이토록 비참한 지경인데,
> 그들이 돌처럼 딱딱하게 굳어 버린 마음을 갖고 있지 않은 한,
> 어떻게 그들이 서로를 향한 사랑을 품지 않을 수 있다는 말인가….
>
> 그러나 희망, 하느님께서 말씀하신다, 그것은 나를 놀라게 하는 어떤 것이다.
> 심지어 나를.
> 그것은 놀랄 일이다.
> 그래서 이 불쌍한 자녀들은 일이 도대체 어떻게 돌아가고 있는지 바라보며,
> 그리고 내일은 더 좋아질 거라고 믿는다….

그것은 놀랄 일이며, 그리고 그것은 단연코 우리의 은총 중 최고로 경탄할 만한 것이다.
그리고 나는 나 스스로 그것으로 인해 매우 놀란다.
그리고 내 은총은 참으로 믿기지 않는 하나의 힘임이 틀림없다.[86]

페기는 이 세상에서 우리가 수모, 박탈, 고통, 그리고 악을 경험하게 될 때 희망이 얼마나 우리에게 놀라운 것일 수 있는지 시사하면서, 이 시에서 놀랄 만한 은유적·시적 심상을 택하여 희망의 힘을 강조하고 있다. 그는 이 시에서 희망을 신앙과 사랑이라는 두 언니를 둔 어린 소녀로 묘사하고 있다. 희망은 천진난만하고 순진무구하며, 사람을 잘 믿는 작은 어린아이이다.

나를 놀라게 하는 것은, 하느님께서 말씀하신다, 희망이다.
그리고 나는 그것을 이길 수 없다.
아무것도 아닌 것처럼 보이는 이 작은 희망.
이 꼬마 소녀, 희망….

신앙은 충실한 부인이다.
애덕은 어머니이다.
열정적인 어머니, 숭고한 마음을 지닌.
혹은 어머니와 같은 언니.

희망은 꼬마 소녀, 그 외에 아무도 없다.

바로 지난해 성탄 날에 누가 이 세상에 왔는가.
누가 여전히 눈사람과 장난을 치고 있는가….
게다가 세상살이를 견뎌 낼 사람은 이 꼬마 소녀이다.
이 꼬마 소녀, 그 외에 아무도 없다.
그녀 홀로 다른 사람을 이끌고 지난 세상살이를 가로지를 것이다.
마치 그 별이 먼 동방의 깊은 끝자락에서 온 세 왕들을 인도했듯이.
나의 아들이 누워 있는 요람을 향하여.
전율하며 타오르는 불꽃처럼.
그녀 홀로 덕德과 세상살이를 이끌 것이다.[87]

    우리의 희망은 마치 하느님 아버지께 모든 것을 의존하고 있는 어린아이처럼 우리가 매일매일 더욱더 작아짐을 느끼게 해야 한다. 어린아이와 닮은 이 같은 영성생활은 수많은 성인, 그중에서도 리지외의 성 소화 데레사의 삶에서 두드러지게 드러난다. 이것은 사실 그리스도교적 성숙함의 지표이지, 어린아이의 철없음과는 아무 연관성도 없다. 희망은 두 언니 사이에서 걸어 다니는 한 어린아이이다. 순진무구하고 천진난만하며, 사람을 잘 믿고 기쁨에 넘쳐 있는 어린아이, 이것이 바로 우리 자신이 지닌 희망의 모습이고 특징이어야 한다. 이런 종류의 희망에 온전히 깊숙이 젖어 있는 사람이, 비록 이 삶이 지워 주는 짐과 근심이 제아무리 끔찍할지라도, 절망으로 완전히 압도당할 수 있을까? 우울증에 시달리고 있는 사람은 실제로 압도당하는 느낌을 받을지도 모른다. 하지만 이것이 궁극적 절망의 원인이 될 필요는 없다. 순진무구한 꼬마 소녀가 방해나 모순에 직면하여 궁극적인 절망 속에 무너지는 것을 상상할 수 없듯이, 그리스도교적 희망을 견지하고 있는 사람은 모든 시련을 평정심과 인내심을 가지고 견뎌 낼 수 있다.

우리는 희망의 덕에 반하여 작동하는 악행들을 살펴봄으로써 희망의 힘을 제대로 이해할 수 있다. 이 악행들에 관해 아우구스티누스 성인은 "영혼을 죽이는 두 가지 악행이 있는데, 바로 절망과 자만이다"라고 말했다. 교서는 [십계명의] 제1계명에 대한 해설에서 이것들을 희망에 반하는 죄로 규정한다.

절망으로 인간은 하느님께서 자기를 구원해 주시고 구원에 이르도록 도와주시거나 죄를 용서해 주시리라는 희망을 버린다. 절망은 하느님의 선함과 의로움과(하느님은 당신 약속에 성실하시다) 그리고 그분의 자비로움을 거스르는 것이다(2091항).

자만에는 두 가지 형태가 있다. (하늘의 도움 없이도 구원받을 수 있다고 생각하여) 자기 자신의 능력을 자만하는 형태도 있고, (회개하지 않고도 하느님의 용서를 얻고 공로 없이도 영광을 얻을 수 있다고 생각하여) 하느님의 전능과 자비를 과신하는 형태도 있다(2092항).

우리가 '자만'에 떨어졌을 때는 이미 목표에 도달했다고 잘못 단정하고 있는 것이기에 우리에게는 희망이 없다. 이것은 자기만족적이고 경색된 형태의 교만이다. 이에 비해 '절망'은 어쩌면 더 흔하게 관찰되는 희망에 반하는 악행일지도 모른다. 이는 특히 우울증을 겪고 있는 사람들에게 더 강력한 유혹이 된다. 우리는 때때로 어떤 사람이 절망에 '빠졌다'라는 말을 듣곤 한다. 그러나 실은 우리가 절망에 '빠지는' 게 아니라, 결국 우리가 스스로 절망을 선택하는 것이다. 절망한다는 것은 하느님께서 우리에게 바라시고, 우리를 용서하실 수 있고, 지지하실 수 있음을 부정하는 것을 의미한다. 이런 의미에서 극심한 우울증이라도, 제아무리 짙은 어둠이라도 절망을 초래하지는 않는다.

단테의 『신곡』 중 「지옥」Inferno 편을 보면 지옥 문 위에 "이곳에 들어오는 그대들은 모든 희망을 버려라"라는 글이 각인되어 있다. 궁극적 절망(우울증 환자가 희망과 사투를 벌이는 어려움과는 다르다)은 오직 지옥에 떨어진 사람에게만 어울리는 상태, 더는 구원 가능성이 없는 사람들의 상태를 의미한다. 전혀 희망이 없다는 것은 지옥 같은 상황에 처해 있다는 의미이다. 그래서 현세의 삶에서 완전한 절망이란 지옥행에 대한 예상과 관련된 것이라고 말할 수도 있다. 성 세비야의 이시도루스 St. Isidorus Hispalensis가 표현했듯이 "절망하는 것은 지옥으로 내려가는 것이다". 완전한 절망은 자살만이 유일한 선택지일지도 모르는 일종의 지상 지옥이다. 이것이 바로 극심한 절망감을 느끼는 사람이 삶을 지속할 의지를 일으키는 것을 그토록 힘들어하는 이유이다. 인간은 희망 없이는 살 수 없다.

예를 들어 약물 및 알코올 의존에서 회복된 사람들이 말하는 중독 상태에 대한 진술에 귀를 기울여 보면, 중독된 삶은 한마디로 심각한 절망 상태, 즉 지상 지옥임을 알게 된다. 이것이 바로 중독자가 자신의 궁극적 희망을 술 한 병, 한 개의 주삿바늘, 혹은 한 알의 약에 걸고 있을 때 경험하는 것이다. 비록 우울증이 사람을 절망에 취약하게 하고 쉽게 기울어지게는 하지만, 우울증을 겪었던 사람은 너무 잘 알고 있듯이, 우울증 자체는 중독자가 겪는 이런 종류의 절망과 같지 않다. 우울증을 극복하는 것은 엄청난 신앙적 시험이자 시련이다. 그러나 이 책에서 지금까지 논의해 왔던 모든 수단을 동원한다면, 그리고 궁극적으로 하느님의 은총이 함께한다면 우울증은 극복할 수 있다.

성 요한 크리소스토무스는 다음과 같이 썼다. "우리를 지옥으로 던져 버리는 데 있어 절망만큼 큰 죄는 없다." 심지어 의로운 사람도 하루에 일곱 번씩이나 죄를 짓는 것처럼, 우리는 죄 속으로 떨어질지도 모른다. 그러나 희망 속에서 우리는 회개하는 죄인이 되는 것이고, 그래서 고해성사 안에서 용서받는 죄인이 되는 것이다. 죄가 최종적인 결정권을 가져서는 결코 안 된다. 희망이란 우리가 과거의 우리여야 할 필요가 없다는 의미이다. 그러나 절망은 용서의 가능성을 부정하기에 우리의 죄를 우리의 운명에 관한 최종적 발언, 심지어 결정적인 선언으로 만들어 버린다. 모든 죄는 우리가 절망에 빠지지 않고, 하느님의 자비로운 용서를 구한다면 다 용서받는다. 마찬가지로 우리가 절망에 굴복하지만 않는다면 모든 중독, 모든 악행도 극복할 수 있다.

이것이 성령에 반하는 죄는 용서받을 수 없다는 예수님의 말씀을 전하고 있는 저 신비로운 복음서 구절(마태 12,31)을 이해하는 데 도움을 줄 수 있다. 이 죄는 용서의 은총을 받기를 거부하는 죄이다. 그것은 하느님의 자비를 거절하는 고집불통의 절망에서 나온다. 교리서에서 언급하고 있듯이 "하느님의 자비에는 한계가 없다. 그러나 뉘우

침으로 하느님의 자비를 받아들이기를 일부러 거부하는 사람은 자기 죄의 용서와 성령께서 베푸시는 구원을 물리치는 것이다. 이러한 완고함은 죽을 때까지 회개하지 않게 하고 영원한 파멸로 이끌어 갈 수 있다".[88] 베드로 사도의 회개와 유다의 절망 사이의 극단적 대조는 다음과 같은 사실을 조명한다. 즉, 두 사람 다 중죄를 범했지만 베드로 사도는 통회의 눈물을 흘리며 뉘우쳤다. 그는 희망을 버리지 않았다. 베드로의 이 회개는 그를 위대한 성인 중 한 명으로 이끌었다. 반면 유다는 절망했고, 이 절망은 그를 자살로 이끌었다.

희망을 '향주덕' 혹은 '초자연덕'이라고 말하는 것은 그것이 근본적으로 선물, 즉 은총의 결과라는 의미이다. 이 희망을 가지려면, 우리는 반드시 성화의 은총 지위에 머물러 있으면서 언제 우리가 인식하고 있는 중죄들을 고백해야 할지를 확신할 수 있어야 한다. 이 희망이 우리 마음속에서 성장하고 우리의 삶에서 강력하게 작동할 수 있도록 우리는 하느님께서 우리의 희망을 더 키워 주시고 강하게 해 주시기를 기도하고 청해야 한다. 우리의 의지와 노력이 여기서 역할을 해야 하는데, 하느님은 당신이 베푸시는 은총에 우리가 자유롭게 협조하기를 기대하고 계시기 때문이다. "주님, 저의 희망을 키워 주소서"라는 기도는 특별히 힘든 시기에, 종종 우리에게서 솟아나는 열망이어야 한다.

이제 이 신학적 논증들을 실제적 차원으로 가지고 내려와서 살펴보자. 희망이 어떻게 우리가 생활 스트레스를 잘 관리할 수 있도록 돕는가? 인지치료에 대한 앞선 논의에서 주장한 바 있듯이, 흔히 스트레스를 유발하는 것은 주로 삶의 외적 상황이 아니라, 오히려 그 상황에 대한 우리의 왜곡되고 비현실적인 사고이다. 일상의 어려움과 모순을 극복하고 침체에서 벗어나기를 원한다면, 우리는 이 희망의 덕을 키워야 한다. 희망이 당신에게 일어나고 있는 모든 것을 더 현실적인 빛 속에서 드러나게 해 줄 것이기 때문이다. 당신은 이제 모든 것을 자신의 제한적이고 세속적인 관점이 아니라 영원의 관점에서 보게 될 것이다.

만약 이 삶이 우리가 살아야만 하는 것의 전부라면, 재정적 어려움, 개인적 손실, 혹은 직업적 침체가 우리를 때로는 나락 속으로 떨어뜨릴 수 있다. 희망 없이는 이때 우리가 부적절한 보상, 즉 술 한 병, 성적 일탈, 재정 장부를 조작하기 위한 부정직한 거래 등에 손을 뻗고 싶은 유혹에 빠진다. 이처럼 희망은 단지 커다란 어려움만 아니라, 매일 우리를 괴롭히는 사소한 일들까지 잘 다루도록 우리를 지탱해 준다. 베네딕도 16세는 희망의 덕에 대한 회칙에서 아주 오래된 실천, 즉 매일 우리가 직면하는 사소한 어려움을 '봉헌하는' 전통에 대해 다음과 같이 훌륭한 실제적 조언을 해 준다.

오늘날에는 덜 실천되고 있지만 최근까지 상당히 널리 퍼져 있던 신심 형태가 있었습니다. 이러한 신심은 끊임없이 우리를 성가시게 공격해 오는 일상의 사소한 어려움들을 '봉헌'함으로써 의미를 지니게 한다는 생각을 담고 있었습니다. 물론 이 신심에는 과장됨이 있었고 건전하지 못하게 적용되기도 하였지만 그래도 그 안에는 본질적이고 유익한 점이 있지 않았는지 자문해 볼 필요가 있습니다.[89]

교황은 이 실천이 어떻게 우리가 그리스도의 구속 사업에 참여하게 하고, 더 심오한 방식으로 예수 그리스도와 결합하게 하는지 이어서 설명한다. 십자가상 그리스도와의 일치 안에서 이 고통은 성화의 가치를 지니게 된다.

무언가를 '봉헌한다'는 것은 무슨 뜻입니까? 무언가를 봉헌한 사람들은 이 자잘한 어려움들을 그리스도의 위대한 연민(com-passio)에 결합시킬 수 있다는 것을 굳게 확신하고 있었고, 그럼으로써 인류가 절실하게 필요로 하는 연민의 보고寶庫를 이루는 데에 일조할 수 있었습니다. 이렇게 일상생활의 작은 불편함마저도 의미를 얻고 선과 인간 사랑의 경륜에 이바지할 수 있었습니다. 아마 우리는 이러한 신심을 되살리는 것이 적절한지 그렇지 않은지 고려해 보아야 할 것입니다.[90]

희망의 덕은 노동, 가정생활, 휴식 등 정직한 인간 활동 안에서 (심지어 신비롭게도 우리의 부서진 상태 안에서도) 함양되고 키워질 수 있다. 우리는 때때로 더 훌륭한 고용인이 되고, 더 좋은 남편 혹은 아내, 아빠 혹은 엄마, 사제 혹은 평신도, 친구 혹은 동료가 되고자 하는 우리의 노력이 잘되고 있는지 의구심을 가질지도 모른다. 이러한 모든 노력이 할 가치가 있는 것인가? 나는 지금 이 세상에 혹은 교회에 뭔가 의미 있는 것을 하고 있는가?

호세마리아 에스크리바 성인은 우리를 마구로 연결되어 물레방아를 돌려 왔던 당나귀에 비교했다. 당나귀는 먼 들판에 물을 보내려고 방아를 돌리며 맴돌고 또 맴돌았을 것이다. 짐을 운반하는 이 비천

한 짐승은 두 눈에 가리개를 하고, 머리를 밑으로 처박은 채, 매일같이 똑같은 노동에 시달렸을 것이다. 그 당나귀는 자기 노동의 결과로서 피어난 들판의 꽃들을 보지 못했을 것이다. 그러나 눈에 보이지 않는다고 그 꽃들이 실제로 존재하지 않는 것은 아니었다. 사도 바오로는 이에 대해 이렇게 말했다. "사실 여러분은 죽었고 여러분의 생명은 그리스도와 더불어 하느님 안에 숨겨져 있습니다"(콜로 3,3). 우리의 삶, 일, 노동의 결실, 우리의 고통과 아픔 이 모든 것은 그리스도와 함께 하느님 안에 숨겨져 있다. 그래서 우리는 외적으로 뚜렷이 드러난 결과나 성공, 실패가 그 무엇이든 간에 다 참아 받을 수 있다. 하느님을 위해 살고 일하는 것은 언제나 결실로 이어지기 때문이다.

그리스도교적 희망은 결코 개인주의적인 것이 아니다. 우리는 우리 자신만을 위해서가 아니라 타인들을 위해서도, 즉 그들의 행복과 구원을 위해서도 바라고 소망한다. 그래서 희망은 사도적 차원을 가지고 있다. 존 던은 다음과 같은 유명한 글귀를 남겼다. "그 누구도 자기 하나로 충분한 [자족하는] 고립된 섬이 될 수 없다." 여러 차례의 극심한 우울증의 엄습으로 절망의 나락으로 떨어져서 때로 자살까지 심각하게 생각했던 그는, 우리는 홀로 그 절망에 저항해서 싸울 수 없음을 깨닫게 되었다. 우리의 삶은 그리스도와 함께 하느님 안에 숨겨져 있기에, 우리는 우리의 가장 작은 사랑의 행위가 가져다줄 결과에 대해 알지 못한다. 수년 전 30대 한 남자가 샌프란시스코의 금문교에서 뛰어내려 자살했다. 그 후 그의 정신과 주치의는 검시관과 함께 자살자의 아파트에 갔는데, 거기서 그들은 그의 일기장을 발견했다. 자살하기 불과 몇 시간 전에 작성한 마지막 글에는 이렇게 쓰여 있었다.

"나는 그 다리까지 걸어가려 한다. 도중에 한 사람이라도 내게 미소를 지으면, 나는 뛰어내리지 않을 것이다." 우리는 우리가 어느 누군가에게 모든 것이 될 수 있음을 모른다. 그 미소, 그 작은 친절의 행위가 그리스도와 함께 하느님 안에 숨어 있는 것이다.

때때로 희망은 비현실적인 태도, 즉 '상황이 얼마나 나쁜지'를 깨닫지 못하는 사람들의 사치처럼 보일지도 모른다. 유쾌하거나 낙관적인 전망은 우울증으로 고통을 겪고 있는 사람에게는 터무니없어 보일 수도 있다. 그러나 그런 사람도 얼마든지, 비록 때로 느껴지지 않더라도, 향주적 희망의 삶에서 우러나는 실재적 기쁨 속에서 살아갈 수 있다. 그리스도인의 유쾌함, 기쁨은 단순무식하고 느긋한 낙관주의가 아니다. 그것은 눈가리개를 하고, 세상 안에 존재하는 악을 못 본 척하는 것과는 전적으로 다른 것이다. 우리의 기쁨과 평화는 희망의 덕에 깊게 뿌리를 내리고 있다.

우리의 희망은 확신, 즉 궁극적 승리는 그리스도의 일이고, 그분께서 이미 십자가상에서 그 승리를 거두셨다는 확신에 근거하고 있다. 그리고 그리스도는 지금 우리에게 당신께서 사도들에게 하셨던 말씀을 똑같이 하신다. "진실히 진실히 여러분에게 이르거니와, 여러분은 울며 통곡하겠지만 세상은 기뻐할 것입니다. 여러분은 슬퍼하겠지만 여러분의 슬픔은 기쁨으로 바뀌게 될 것입니다"(요한 16,20). 그리고 이어서 우리를 안심시키신다. "여러분은 세상에서 환난을 겪겠지만 힘을 내시오. 내가 세상을 이겼습니다"(요한 16,33).

부록

• 부록 1 •

추가 참고 문헌

인터넷

정신질환전국연합(The National Alliance on Mental Illness: NAMI)은 정신 질환으로 인해 영향을 받는 개인과 그 가족의 삶을 개선하는 데 도움이 되고자 만들어진 단체이다. 이 단체는 전국 주요 도시에 지부를 두고 있는 최대 규모의 풀뿌리 변호 단체이다. NAMI 지부들은 정신 질환과 사투를 벌이는 환자와 그 가족을 지지하고 돕는 소집단을 운영하고 있다. 그 웹사이트는 다양한 정신 질환에 관한 정보를 제공한다. http://www.nami.org

NAMI FaithNet은 신앙 공동체에 대한 지원을 펼치며, 이 웹사이트에서 찾을 수 있는 Dr. John Peteet, MD의 논문 "Selected Annotated Bibliography on Spirituality and Mental Health"를 포함하여, 도움이 될 만한 여러 관련 정보들을 제공한다.

미국자살방지재단(The American Foundation for Suicide Prevention: AFSP) 웹사이트는 '자살로 인한 상실에서 살아남기'와 같은 힘든 주제에 도움이 될 만한 교육 자료들을 제공한다. http://www.afsp.org

자연적 기준(Natural Standard)은 우울증을 위한 대안 치료법에 관한 정보들을 포함하여, 보조 약품과 대안 약품에 관한 신뢰할 만하며 증거에 기반한 자료들을 제공한다. http://www.natural-standard.com

미국가치연구소(The Institute for American Values)는 *Hardwired to Connect*라는 제목으로, 청소년의 정신 건강에 관해 여러 학자가 집필한 뛰어난 보고서를 발간했다. 이 보고서는 청소년은 원래 타인들과, 그리고 초월적인 도덕적·영적 의미와 깊고 지속적인 접촉을 하기 위해 '타고난' 존재라는 논지를 지지하는 일련의 인상적인 연구 자료를 한데 모아 놓았다. 또한 이 같은 접촉을 촉진하는 '권위 있는 공동체'(가장 권위 있는 공동체는 가정이다)를 강화할 것을 주장하는 이 보고서는 다음 웹사이트에서 주문할 수 있다. http://americanvalues.org

책과 논문

Fr. Benedict Groeschel의 *Arise from Darkness: What to Do When Life Doesn't Make Sense*(San Francisco: Ignatius Press, 1995)와 *Stumbling Blocks or Stepping Stones: Spiritual Answers to Psychological Questions*(Mahwah, New Jersey: Paulist Press, 1987), 이 두 책은 어려움을 극복하는 데 실질적인 도움이 되는 영적 지침서다.

Fr. Timothy Gallagher의 *The Discernment of Spirits: An Ignatian Guide for Everyday Living*(New York: Crossroad, 2005), 이 책은 위안(consolation)과 고독(desolation)의 서로 다른 작동 방식을 확인하고 그 방

식과 공조共調하는 것과 관련하여, 이냐시오의 식별에 관해 현대적인 설명을 탄탄하게 제공하는, 영신수련 초기 단계에 대한 안내서다.

Thomas Dubay의 *Prayer Primer: Igniting a Fire Within*(San Francisco: Ignatius Press, 2002)와 *Deep Conversion, Deep Prayer*(San Francisco: Ignatius Press, 2006), Peter Kreeft의 *Prayer for Biginners*(San Francisco: Ignatius Press, 2000), 이 책들은 기도 생활에 대한 훌륭한 설명과 안내를 제공한다. 이 외에도 Peter Thomas Rohrbach의 *Conversation with Christ*(Rockford, Illinois: TAN Books, 1980) 역시 아빌라의 성 데레사의 가르침에 따른 영적 기도에 대해 훌륭한 안내를 제공한다. 아울러 Eugene Boylan의 *Difficulties in Mental Prayer*(London: Scepter Press, 1988)도 좋은 안내서다.

Harold Koenig의 *Faith and Mental Health: Religious Resources for Healing*(West Conshohocken, Pennsylvania: Templeton Foundation, 2005)은 신앙 기반 조직들이 정신 건강을 촉진하고 물질 남용을 방지하는 서비스를 펼치는 데 기여할 수 있는 역할을 탐색하고 있으며, 성직자와 보건 전문가가 협업할 수 있는 방안에 대한 이해를 돕는 실용적인 자료이다.

Robert Enright와 Richard Fitzgibbons가 공동 집필한 *Helping Clients Forgive: An Empirical Guide for Resolving Anger and Restoring Hope*(Washington, DC: American Psychological Association Press,

2000)는 용서가 지닌 치유의 힘에 관해 매우 유용하며 도움이 되는 설명을 제공한다.

Viktor Frankl의 *Man's Searching for Meaning*(Boston: Beacon Press, 2006)은 널리 읽혔으며, 심리학에서는 고전적인 교재로 자리매김을 한 책이다. 이 외에도 Frankl의 또 다른 책 *The Doctor and the Soul: From Psychotherapy to Logotherapy*(New York: Vintage, 1986)는 시종일관 이에 관한 주제들을 다루면서, 그것들을 실제 임상 사례와 특정 정신장애에 적용하여 설명한다.

William Styron의 *Darkness Visible: A Memoir of Madness*(New York: Modern Library, 2007)는 자신이 겪은 우울증에 대한 강한 울림이 있는 개인적인 소회이자, 직접적인 경험에서 나온 것으로서, 우울증에 관한 한 필자가 접한 최고의 설명서다. 그러나 이 책에서 Styron은 안타깝게도 자살에 관한 도덕적 금기에 대해 이의를 제기하면서, 우울증에 빠진 사람의 자살을 옹호하는 듯한 태도를 보인다. 이런 점만 제외하면 우울증에 대한 훌륭한 설명서임에 틀림없다.

Kay Jamison의 *An Unquiet Mind: A Memoir of Moods and Madness* (New York: Vintage, 1997)는 양극성장애에 대한 자신의 경험을 기술한 책이다. 저자 자신이 이 주제에 관한 최고의 교과서인 *Manic Depressive Illness*를 공동 집필하면서 이 장애에 관한 가장 앞서가는 연구자 중 한 사람이 되었다는 사실이 이 책을 더 매력적으로 만든다.

성격 강점과 덕성이라는 주제와 관련된 참고 문헌에는 Joseph Pieper 의 *The Four Cardinal Virtues*(Notre Dame, Indiana: University of Notre Dame Press, 1966)와 *Faith, Hope, Love*(San Francisco: Ignatius Press, 1997)가 있다. 이 주제에 관한 간결한 논의는 Pieper의 다른 책 *A Brief Reader on the Virtues of the Human Heart*(San Francisco: Ignatius Press, 1991)를 참고하면 된다. 덕에 관해 더 개론적이면서 덜 철학적인 설명을 보려면 Fr. Benedict Groeschel의 *The Virtue Driven Life*(Huntington, Indiana: Our Sunday Visitor, 2006)와 Peter Kreeft의 *Back to Virtue*(San Francisco: Ignatius Press, 1992), 이 두 책이 훌륭한 입문서가 될 것이다. 아이를 키우는 부모들을 위해서는 David Isaac의 *Character Building: A Guide for Parents and Teachers*(Dublin: Four Courts Press, 2001)와 James Stensen의 육아서가 추천할 만하다.

심리학과 종교에 흥미를 느끼는 사람들을 위해서는 the First Things 웹사이트(firstthings.com)에 나와 있는 Paul Vitz의 훌륭한 논문 "Psychology in Recovery"를 참고하면 된다. 또한 그의 *Psychology as Religion: The Cult of Self Worship*, second edition(Grand Rapids, Michigan: Eerdmans, 1994)은 소위 인본주의 심리학에 대한 설득력 있는 비평서로서, 20세기 후반에 엄청난 반향을 일으켰고, 오늘날까지 그 영향력은 여전하다.

• 부록 2 •

고통의 시간 속에 바치는 기도

시편 55

하느님, 제 기도에 귀 기울이소서.
저의 간청을 외면하지 마소서.
제게 주의를 기울이시어 응답해 주소서.
제가 절망 속에 헤매며 신음하니
원수의 고함 소리 때문이며
악인의 억압 때문입니다.
그들이 저에게 환난을 들씌우며
저를 모질게 공격합니다.
제 마음이 속에서 뒤틀리고
죽음의 공포가 제 위로 떨어집니다.
두려움과 떨림이 저를 덮치고
전율이 저를 휘감습니다.
제가 생각합니다. '아, 내가 비둘기처럼 날개를 지녔다면
날아가 쉬련마는.

정녕 멀리 달아나
광야에 머물련마는.
폭풍의 세찬 바람 피하여
은신처로 서둘러 가련마는.'
주님, 엉클어 버리소서.
그들의 말을 갈라 버리소서.
성안의 폭력과 분쟁을
제가 봅니다.
그들은 낮이고 밤이고
성벽 위를 돌고 있습니다.
그 안에 환난과 재앙이,
그 안에 파멸이 있으며
억압과 사기가
그 광장을 떠나지 않습니다.
원수가 저를 모욕한 것이 아닙니다.
그랬다면 제가 참았을 것입니다.
저를 미워하는 자가 제 위에서 거드름을 피운 것이 아닙니다.
그랬다면 제가 그를 피해 숨었을 것입니다.

그러나 그것은 너, 내 동배
내 벗이며 내 동무인 너.
정답게 어울리던 우리
하느님의 집에서

떠들썩한 군중 속을 함께 거닐던 우리.

파멸이 그들 위로 내려라!
그들은 산 채로 저승으로 내려가리니
그들 곳간에, 그들 속에 악만 있기 때문이다.
그러나 내가 하느님께 부르짖으면
주님께서 나를 구하여 주시리라.
저녁에도 아침에도 한낮에도
나는 탄식하며 신음하네.
그러면 그분께서 내 목소리 들으시고
나를 거슬러 일어난 싸움에서
나를 평화로 이끌어 구하시리니
많은 사람들이 나를 대적하여 늘어섰기 때문이네.
먼 옛날부터 좌정하여 계신 분
하느님께서 들으시어 그들에게 응답하시리라.
그들은 회개하지 않고
하느님을 경외하지 않네.
그는 친구들에게 손을 대어
자기의 계약을 파기하네.
그의 입은 버터보다 부드러우나
마음에는 싸움만이 도사리고
그의 말은 기름보다 매끄러우나
실은 빼어 든 칼이라네.

네 근심을 주님께 맡겨라.
그분께서 너를 붙들어 주시리라.
의인이 흔들림을
결코 내버려 두지 않으시리라.

하느님, 당신께서는 저들을
깊은 구렁 속으로 빠져들게 하시리이다.
피에 주린 자와 사기 치는 자들
그들은 일생의 반도 채우지 못하지만
저는 당신을 신뢰합니다.

∽

시편 102

[낙담하여 주님 앞에 근심을 쏟아붓는 가련한 이의 기도]

주님, 제 기도를 들으소서.
제 부르짖음이 당신께 다다르게 하소서.
제 곤경의 날에
당신 얼굴을 제게서 감추지 마소서.
제게 당신의 귀를 기울이소서.
제가 부르짖는 날, 어서 대답하소서.
저의 세월 연기 속에 스러져 가고
저의 뼈들은 불덩이처럼 달아올랐습니다.

음식을 먹는 것도 저는 잊어
제 마음 풀처럼 베어져 메말라 가고
탄식 소리로
제 뼈가 살가죽에 붙었습니다.
저는 광야의 까마귀와 같아지고
폐허의 부엉이처럼 되었습니다.
저는 잠 못 이루어
지붕 위의 외로운 새처럼 되었습니다.
온종일 원수들이 저를 모욕하고
미친 듯 제게 날뛰는 자들이 저를 저주합니다.
저는 재를 빵처럼 먹고
마실 것에 제 눈물을 섞으니
당신의 분노와 진노 때문이며
당신께서 저를 들어 내던지신 까닭입니다.
저의 세월 기울어 가는 그림자 같고
저는 풀처럼 메말라 갑니다.
그러나 주님, 당신께서는 영원히 좌정하여 계시고
당신에 대한 기억은 대대에 이릅니다.
당신께서는 일어나시어 시온을 가엾이 여기시리니
그에게 자비를 베푸실 때며
정하신 시간이 되었기 때문입니다.
정녕 당신의 종들은 시온의 돌들을 좋아하고
그 흙을 가여워합니다.

민족들이 주님의 이름을,
세상 모든 임금들이 당신의 영광을 경외하리이다.

주님께서 시온을 세우시고
당신 영광 속에 나타나시어
헐벗은 이들의 기도에 몸을 돌리시고
그들의 기도를 업신여기지 않으시리라.
오는 세대를 위하여 이것이 글로 쓰여
다시 창조될 백성이 주님을 찬양하리라.
주님께서 드높은 당신 성소에서 내려다보시고
하늘에서 땅을 굽어보시리니
포로의 신음을 들으시고
죽음에 붙여진 이들을 풀어 주시기 위함이며
시온에서 주님의 이름을,
예루살렘에서 그 찬양을 전하기 위함이네,
백성들과 나라들이 함께
주님을 섬기러 모여들 때에.
그분께서 내 힘을 도중에 꺾으시고
내 세월을 짧게 하시어
내가 아뢰었네. "저의 하느님,
제 생의 한가운데에서 저를 잡아채지 마소서.
당신의 햇수는 대대로 이어집니다.
예전에 당신께서는 땅을 세우셨습니다.

하늘도 당신 손의 작품입니다.
그것들은 사라져 가도 당신께서는 그대로 계십니다.
그것들은 다 옷처럼 닳아 없어집니다.
당신께서 그것들을 옷가지처럼 바꾸시니
그것들은 지나가 버립니다.
그러나 당신은 언제나 같으신 분
당신의 햇수는 끝이 없습니다.
당신 종들의 자손은 편안히 살아가고
그들의 후손은 당신 앞에 굳게 서 있으리이다."

절망의 시간 속에 바치는 기도

(성 이냐시오 로욜라)

오, 그리스도 예수님,
모든 것이 어둠뿐이고
우리 자신의 나약함과 무력함이 느껴질 때,
당신의 현존, 당신의 사랑, 당신의 힘에 대한 감각을
우리에게 주소서.
당신의 감싸 주시는 사랑과 강하게 해 주시는 힘에
우리가 온전히 신뢰할 수 있도록 도와주시어,
아무것도 우리를 두렵게 하거나 걱정하지 않게 하소서.
당신 곁에 가까이 살아가면서

우리는 모든 것 안에서
당신의 손길, 당신의 목적, 당신의 의지를 볼 수 있기 때문입니다.

그리스도의 영혼(Anima Christi)

(14세기 기도)

그리스도의 영혼은 저를 거룩하게 하소서.
그리스도의 육신은 저를 구하소서.
그리스도의 성혈은 저를 취하게 하소서.
그리스도의 늑방의 물은 저를 씻으소서.
그리스도의 수난은 저를 격려하소서.
오! 착하신 예수님, 저의 기도를 들어주소서.
당신의 상처 속에 저를 숨겨 주소서.
저를 당신에게서 떠나지 않게 하소서.
저를 악한 원수에게서 보호하소서.
저의 임종 때에 저를 부르시고,
또 저를 당신에게로 오게 명하사
당신 성인들과 한 가지로
영원히 당신을 찬양하게 하소서.
아멘.

하느님의 뜻에 맡기는 기도[91]

저의 주님 그리고 저의 하느님, 당신 손에 맡깁니다,
저의 과거와 현재와 미래, 작은 것 그리고 큰 것,
가치가 없어진 것 그리고 가치가 상당한 것,
일시적인 것들 그리고 영원한 것들, 이 모두를.

희망의 기도

오! 저의 하느님,
당신의 전능하신 힘과 무한하신 자비와 약속에 기대어,
제가 저의 주님이시자 구세주이신 예수 그리스도의 공로로
죄의 용서, 은총의 도움, 그리고 영원한 삶을
얻을 수 있게 되기를 소망합니다.

하루의 일을 앞두고 바치는 기도

오! 주님,
우리는 당신에게 청합니다.
우리의 행위들을 당신의 거룩한 영감으로 이끌어 주시어,

우리가 당신의 은혜로운 도움으로 일을 잘 수행하게 해 주시고,
우리의 모든 기도와 일이 언제나 당신과 함께 시작하고,
당신으로 인해 행복하게 마무리 지어질 수 있도록 허락하소서.
아멘.

이끌어 주소서, 온유한 빛이시여

(복자 존 헨리 뉴먼)

이끌어 주소서, 온유한 빛이시여,
저를 둘러싼 어둠 속에서
저를 이끌어 주소서!
밤은 어둡고 저는 집에서 멀리 떨어져 있으니
저를 이끌어 주소서!
제 발걸음을 지켜 주소서.
저는 먼 곳을 보게 해 달라고 청하는 것이 아닙니다.
그저 한 걸음이면 제게는 족합니다.

저는 결코 이렇지 않았고
당신께서 저를 이끌어 주십사 기도하지도 않았습니다.
저는 저의 길을 직접 택하여 바라보기를 좋아했습니다.
그러나 이제는 저를 이끌어 주소서!
저는 화려한 날을 좋아했으며

두려움에도 불구하고 교만이 제 의지를 지배했습니다.
지난 세월은 기억하지 마소서!

이토록 오래 당신의 권능이 저를 축복하셨으니
분명 앞으로도 저를 이끄실 것입니다.
황무지와 늪을 지나, 험한 바위와 급류를 건너, 밤이 다 지나도록,
그리고 아침과 더불어 천사의 얼굴들이 미소를 짓습니다,
제가 오랫동안 사랑해 왔으나 잠시 잃어버렸던 얼굴들이!

그동안 당신은 좁고 험한 길을 따라 걸어왔습니다.
이끌어 주십시오, 구세주시여,
어린아이 같은 믿음 속에서 저를 집으로 이끌어 주소서,
집으로, 저의 하느님께로.
지상의 분투 후에 영원히 쉬기 위해
영원한 삶의 고요한 빛 속에서.

성 베네딕도 요셉 라브르의 기도[92]

영원하신 아버지,
예수님의 고귀한 성혈로 자비를 베푸소서.
당신께서 한때 시련 속에 처했었던
욥, 한나, 그리고 토비야를 위로하셨듯이

고난과 환난의 순간에 우리를 위로해 주소서.
그리고 마리아,
고통받는 이들의 위로자시여,
저희를 위해 기도해 주시고 하느님을 달래 주소서,
그리고 저희가 겸손되이 청하는 은총을 얻게 해 주소서.

고통의 성모 호칭기도

주님, 저희에게 자비를 베푸소서.
그리스도님, 저희에게 자비를 베푸소서.
주님, 저희에게 자비를 베푸소서.
그리스도님, 저희의 기도를 들으소서.
그리스도님, 저희의 기도를 들어주소서.
하늘에 계신 천주 성부님, 저희에게 자비를 베푸소서.
세상을 구원하신 천주 성자님, 저희에게 자비를 베푸소서.
천주 성령님, 저희에게 자비를 베푸소서.

천주의 성모님, 저희를 위해 빌어 주소서.
지극히 거룩하신 동정녀, 저희를 위해 빌어 주소서.
십자가에 못 박히신 분의 어머니, 저희를 위해 빌어 주소서.
고통의 어머니, 저희를 위해 빌어 주소서.
비통의 어머니, 저희를 위해 빌어 주소서.

탄식의 어머니, 저희를 위해 빌어 주소서.

근심의 어머니, 저희를 위해 빌어 주소서.

버림받음의 어머니, 저희를 위해 빌어 주소서.

고독의 어머니, 저희를 위해 빌어 주소서.

지극한 슬픔의 어머니, 저희를 위해 빌어 주소서.

근심에 휩싸이신 어머니, 저희를 위해 빌어 주소서.

비탄에 압도되신 어머니, 저희를 위해 빌어 주소서.

칼에 꿰뚫리신 어머니, 저희를 위해 빌어 주소서.

마음으로 십자가에 못 박히신 어머니, 저희를 위해 빌어 주소서.

아드님을 빼앗기신 어머니, 저희를 위해 빌어 주소서.

탄식의 비둘기, 저희를 위해 빌어 주소서.

비탄의 어머니, 저희를 위해 빌어 주소서.

눈물의 샘, 저희를 위해 빌어 주소서.

쓴 바다, 저희를 위해 빌어 주소서.

환난의 벌판, 저희를 위해 빌어 주소서.

고통의 미사, 저희를 위해 빌어 주소서.

인내의 거울, 저희를 위해 빌어 주소서.

불변의 바위, 저희를 위해 빌어 주소서.

곤경의 구출자, 저희를 위해 빌어 주소서.

근심하는 이의 기쁨, 저희를 위해 빌어 주소서.

고독의 방주, 저희를 위해 빌어 주소서.

버림받은 이의 피난처, 저희를 위해 빌어 주소서.

억압받는 이의 방패, 저희를 위해 빌어 주소서.

믿지 못하는 자의 정복자, 저희를 위해 빌어 주소서.
비참한 이의 위로, 저희를 위해 빌어 주소서.
병자의 약, 저희를 위해 빌어 주소서.
미약한 이의 도움, 저희를 위해 빌어 주소서.
힘없는 이의 힘, 저희를 위해 빌어 주소서.
싸우는 이의 보호자, 저희를 위해 빌어 주소서.
난파한 이의 항구, 저희를 위해 빌어 주소서.
폭풍의 진정자, 저희를 위해 빌어 주소서.
고통받는 이의 동반자, 저희를 위해 빌어 주소서.
신음하는 이의 피신처, 저희를 위해 빌어 주소서.
기만하는 자의 공포, 저희를 위해 빌어 주소서.
순교자의 기수, 저희를 위해 빌어 주소서.
신앙인의 보물, 저희를 위해 빌어 주소서.
증거자의 빛, 저희를 위해 빌어 주소서.
동정녀의 진주, 저희를 위해 빌어 주소서.
과부의 위안, 저희를 위해 빌어 주소서.
모든 성인의 기쁨, 저희를 위해 빌어 주소서.
당신 종들의 여왕, 저희를 위해 빌어 주소서.
홀로 유례없이 거룩하신 마리아님, 저희를 위해 빌어 주소서.

지극한 고통의 동정녀, 저희를 위해 빌어 주시어,
그리스도께서 약속하신 영원한 생명을 얻게 하소서.

기도합시다. 하느님, 시메온의 예언대로 당신의 수난 중에 비탄의 칼이 천주의 성모 복되신 동정 마리아님의 지극히 감미로운 영혼을 꿰뚫었으니, 성모님의 일곱 가지 고통을 기념하는 저희가 세세에 영원히 살아 계시며 다스리시는 당신 수난의 행복한 결실을 얻게 해 주소서. 아멘

승복의 기도

(우울증으로부터 회복 과정 중에 있던 한 환자가 적은 기도)

주님, 허물 많고 하루에도 몇 번씩 넘어지는 저를 당신께 맡깁니다. 저의 모든 죄와 결점, 결함을 당신께 드립니다. 저 자신에 관한 모든 것을 받아들일 수 있도록 도와주시고, 당신을 알고 저 자신을 알 수 있도록 도와주시어, 제가 참된 내적 자유를 얻게 하소서. 제가 넘어질 때 놀라지 않도록 도와주시고, 제가 마지막 숨을 거두기 전까지 끈기 있게 일어나 다시 시작하게 도와주소서.

주님, 저는 성인이 되기를 소망하고, 당신께서 저를 위해 안배해 놓으신 성화의 수준에 도달하기를 소망합니다. 하지만 제 손으로 하면 실패할 게 뻔한 이 일을 당신께 맡기고, 당신을 전적으로 믿으오니, 당신께서 바라시는 성화의 수준에 반드시 도달하게 해 주소서. 그것을 제가 원하고, 또 그것을 당신께서 원하심을 알기에 저를 성인으로 만들어 주시리라 믿습니다. 오직 당신의 은총을 통해서만 죄인인 저를 성인으로 바꾸실 것을 저는 알고 있습니다.

제가 저 자신을 점점 더 잘 알게 되고, 제 안에 계신 성령님을 거스를 뿐임을 알게 됨으로써 저 스스로를 경멸하지 않게 도와주소서. 하느님 당신께서 저를 창조하셨고, 저의 죄와 약점들도 저보다 잘 알고 계십니다. 당신의 눈을 통해 저 자신을 볼 수 있도록 도와주시어, 제 안에 계신 당신을 사랑하게 해 주시고, 제가 넘어질 때 놀라거나 좌절하지 않게 해 주시며, 그렇지만 결코 평범함에 갇혀 정체되지 않게 해 주소서. 제 마음에 거룩함을 향한 깊은 갈망을 심어 주시고, 당신의 변함없는 사랑과 은총으로 저를 인도해 주소서. 제가 제 주위에 있는 이들에게 한 줄기 빛과 사랑의 등불이 되게 하소서. 제가 날마다 제 십자가를 지고서 기뻐하며, 그리고 늘 큰 사랑으로 수고하기를 기도합니다. 제가 제 가정을 불화와 분노, 분개의 장소가 아니라, 사랑과 자비의 학교로 만들도록 도와주소서.

좋은 일이든 나쁜 일이든 저의 삶에 무슨 일이 일어나더라도 매일 당신께 맡겨서, 제가 결코 평화를 잃거나 불안해하거나 좌절하지 않게 해 주소서. 저는 결코 십자가를 두려워하거나 거역하지 않기를 기도합니다. 저는 제가 진 십자가에 대해, 특히 이 우울증과 제가 최근 겪은 어려움에 대해 당신께 감사드립니다. 저는 이 십자가가 당신 사랑의 손길에서 온 것임을 알기에 받아들입니다. 당신께서 십자가를 통해 저를 위로하고 온유하게 도와주신다는 것을 알기에 저는 이제 성장하여 십자가 안에서 나름대로 기쁨을 발견하고, 십자가를 사랑하게 되었습니다. 저는 제가 진 크고 작은 십자가들이 성화의 길이며, 당신과 함께하는 참된 행복에 이르는 길임을 알고 있습니다.

저는 제 마음을 다해 예수님 당신을 사랑하기에 당신께서 제게 주신 모든 것을 받아들입니다. 당신은 저의 사랑, 저의 자비로우신 구세주이십니다. 하느님 아버지, 저의 진실로 자애로우신 아버지가 되어 주시어 감사드립니다. 저를 창조해 주시어 감사드리며, 당신의 조건 없는 자비로운 사랑을 더 잘 이해하도록 도와주소서. 제가 무슨 일을 하든 당신께서 저를 사랑하신다는 사실, 제가 당신께 '충분히 좋은' 사람이 되는 것이나 당신의 사랑을 얻는 것에 대해 걱정할 필요가 없다는 사실을 더 잘 이해하도록 도와주소서. 제가 아무리 불완전한 존재더라도 당신은 이미 저를 사랑하십니다. 이 단순한 사랑에 당신께 감사드립니다. 당신은 제게 인내를 보여 주시고, 언제나 자비를 베풀어 주셨으며, 저의 가장 무거운 죄도 용서해 주셨으니, 저도 이 자비를 다른 이들에게 보여 줄 수 있도록 저를 항상 도와주소서. 성령님, 제 영혼에 머물러 계심에 감사드립니다. 이 놀라운 선물을 항상 기억하고 더 잘 이해하도록 도와주소서. 예수님, 거룩한 성체성사 안에 현존해 계시어, 제가 당신의 몸과 피와 영, 그리고 신성을 실제로 받아 모시게 해 주시어 감사드립니다. 이 얼마나 놀라운 선물입니까!

당신의 사랑과 선물은 실로 엄청난 것이기에 우리에게 이토록 자애로우신 하느님이 계심을 믿지 못하는 사람들이 많습니다. 저는 모든 사람이 이 진리를 깨닫고 당신을 택하기를 기도드리고 있습니다. 지극히 거룩하신 삼위일체여, 당신을 사랑합니다. 저와 제가 사랑하는 사람들이 당신을 떠나지 않게 해 주소서. 제가 마지막 숨을 거둘 때까지 신앙과 희망, 사랑 안에서 성장하기를 기도합니다.

성모 마리아님, 이제와 저희 죽을 때에 저희를 위해 빌어 주시고, 성 소화 데레사여, 당신의 '작은 길'을 가르쳐 주소서.

• 부록3 •

우울증에 대한
교황 요한 바오로 2세의 연설[93]

1. 저는 '우울증'을 주제로 교황청 보건사목평의회(Pontifical Council for Health and Pastoral Care)가 주관한 이 국제회의에서 여러분을 만나게 되어 기쁩니다. 우선 참석자 여러분을 대신하여 친절한 말씀을 해 주신 하비에르 로사노 바라간 추기경께 감사드립니다.

저는 자신의 연구 결과를 공유하여 이 병리에 대한 이해를 넓히고, 치료법을 개선하며, 당사자와 그 가족에게 올바른 지원을 제공하기 위해 여기 오신 저명한 전문가들을 환영합니다.

마찬가지로 우울증에 빠진 사람들이 삶에 대한 신뢰를 유지할 수 있도록 도우면서 그들에 대한 봉사에 최선을 다하고 있는 분들에게도 감사의 마음을 전합니다. 또한 [우울증에 빠진] 사랑하는 가족을 애정을 가지고 세심하게 동행하고 있는 그 가정에게도 제 마음이 전해지기 바랍니다.

2. 친애하는 참석자 여러분, 여러분의 연구는 우울증의 다양하고 복잡한 측면들을 밝혀냈습니다. 그 범위는 다소 영구적인 만성 질환에서 시작하여, 사회적·직업적 관계나 가족 관계에 균열과 심지어 분

열을 일으키는 복잡한 사건과 관련된 일시적 상태(부부 및 가족 갈등, 심각한 직업상 문제, 고독 등)에 이르기까지 아주 폭넓습니다. 종종 이 질병은 삶의 의미를 인식하지 못하는 불능 상태로 이어지는 실존적·영적 위기를 수반합니다.

'우울 상태들의 확산이 불안을 조성하고 있습니다.' 많은 사람들이 인간적, 심리적 그리고 영적 취약점을 드러내고 있는데, 그것은 적어도 일정 부분 사회에 의해 유발된 것입니다. 여기서 중요한 것은 소비지상주의, 욕망의 즉각적 충족, 그리고 더 큰 물질적 행복을 위한 경쟁을 부추기는 '대중매체'가 사람들에게 미치는 영향을 인식하는 일입니다. 각 사람이 성숙한 실존의 토대가 되는 영성생활을 갈고 닦아 자신의 고유한 인격을 형성할 수 있도록 새로운 방안을 제시할 필요가 있습니다. 많은 젊은이가 세계청년대회에 열정적으로 참여했습니다. 이는 젊은 세대들이 자신이 살아야 할 합당한 이유를 알려 주고 자신의 어려움을 직면할 수 있도록 도움을 주면서 자신의 일상 여정을 밝게 비춰 줄 누군가를 찾고 있음을 보여 주고 있습니다.

3. 여러분은 우울증이 언제나 영적 시련이라고 강조했습니다. 우울증을 앓고 있는 이들을 돌보고 있으며 특별한 치료 과제가 없는 경우, 사람들의 역할은 무엇보다도 그들이 자존감, 자신의 능력에 대한 확신, 미래에 대한 관심, 생명 욕구를 되찾을 수 있도록 돕는 데 있습니다. 아픈 이들에게 손을 내미는 것, 그들이 하느님의 온유하심을 깨닫게 하는 것, 그들이 환영받고 이해받고 지지받고 존경받고 있음을 느낄 수 있는, 한마디로 사랑하고 사랑받을 수 있는 신앙 공동체와 생활

공동체로 그들을 통합시키는 것이 그래서 중요합니다. 다른 모든 사람과 마찬가지로 그들에게 있어서도 그리스도를 관상한다는 것은 그분에게 자기 자신이 '보여지게' 하는 것을 의미하는데, 이는 희망을 열어 주는 경험, 생명을 택하도록 확신을 심어 주는 경험입니다(신명 30,19 참조).

성경 작가가 자신의 기쁨과 불안을 기도로 표현한 '시편을 읽고 묵상하는 것'은 영적 과정에서 큰 도움이 될 수 있습니다. '묵주기도 암송'은 우리에게 그리스도 안에서 사는 법을 가르쳐 주시는 자애로운 어머니를 마리아 안에서 만나게 해 줍니다.

'성체성사 참여'는 내적 평화의 원천으로, 이는 말씀과 생명의 빵에서 비롯된 효과 때문이며, 이로써 이루어지는 교회 공동체로의 통합 때문입니다. 다른 사람에게는 간단하고 자연스러워 보이는 일이 우울증에 빠진 사람에게는 상당한 노력이 든다는 사실을 알고 있는 사람은 "작은 아이들은 작은 걸음을 내딛는다"는 리지외의 성 데레사의 깨달음을 기억하면서, 인내심을 가지고 세심하게 그를 도와야 합니다.

하느님은 언제나 당신의 무한한 사랑으로 고통 중에 있는 이들 곁에 가까이 계십니다. 우울증이란 질병은 '자신의 다른 측면을 발견하는 길'일 수 있으며, 하느님과의 새로운 만남일 수 있습니다. 그리스도는 거센 바람에 배가 요동쳐 부르짖는 이들[제자들]의 소리를 들어 주십니다(마르 4,35-41 참조). 그분은 그들 곁에 머무시며 항해를 도우시고, 그들을 되찾은 평화의 항구로 인도하십니다.

4. 우울증이라는 현상은 사람들, 특히 젊은이들이 인간적, 심리적, 도덕적 그리고 영적 차원에서 성장하는 데 도움이 될 수 있는 사례와 경험을 제공하는 것이 얼마나 중요한지를 교회와 모든 사회에 일깨워 줍니다. 사실, 그런 준거점의 부재는 사람들을 더 취약하게 만들며, 어떤 행동을 하든 결국 마찬가지라고 믿게 만들 뿐입니다. 이런 관점에서 가정, 학교, 청년운동, 그리고 본당 협의회의 역할이 중요한데, 이 실체들이 개인의 형성에 영향을 미치기 때문입니다.

실제로 공공기관은 특히 버림받은 이들, 병든 이들의 존엄한 생활수준을 보장하는 중요한 역할을 합니다. 또한 젊은 세대들을 공허함과 무의미한 비행[음주나 약물, 성적 일탈 등]에서 보호할 수 있도록 희망의 동기를 부여하는 것을 목표로 하는 정책도 이에 못지않게 필요합니다.

5. 친애하는 친구 여러분, 우울증으로 고통을 겪고 있는 여러분의 형제자매 곁에서 이 중요한 책무에 새롭게 헌신하도록 격려하면서, 저는 여러분을 '병자들의 치유'(Salus infirmorum)이신 지극히 거룩하신 성모 마리아의 중재에 맡깁니다. 모든 개인과 모든 가정이 어려울 때마다 그분의 모성적 관심을 느끼게 되기 바랍니다.

여기 계신 여러분 모두에게, 여러분의 협력자들에게, 그리고 여러분이 사랑하는 분들에게 저는 마음으로부터 저의 사도적 축복을 보냅니다.

| 주 |

1 Dan Blazer, *The Age of Melancholy: Major Depression and Its Social Origins*(New York: Routledge, 2005), 3.
2 *Gaudium et spes*, no. 22.
3 John Paul II, Address to the Members of the American Psychiatric Association and the World Psychiatric Association, January 4, 1993.
4 Philip Rieff, *The Triumph of the Therapeutic: Uses of Faith After Freud*(New York: Harper & Row, 1966).
5 John Paul II, Address to the Members of the American Psychiatric Association and the World Psychiatric Association.
6 참조: St. Thomas Aquinas, *Summa Theologica*, I-II. 현대 학자들은 인간 정서에 관한 토마스 아퀴나스의 설명을 여전히 연구하고 있다. 예컨대 다음 두 연구를 참조하라: Stephen Loughlin, "Tristitia et Dolor: Does Aquinas Have a Robust Understanding of Depression?"(*Nova et vetera*[English edition] 3 [2005]: 761-784)와 Paul Gondreau, *The Passion of Christ's Soul in the Theology of St. Thomas Aquinas*(Münster: Aschendorff, 2002).
7 St. Thomas More, *The Complete Works of St. Thomas More*, Vol. XIV: *De Tristitia Christi*(New Haven: Yale University Press, 1976).
8 이 개념 체계에 대한 더 충분한 설명은 다음 논문을 참조하라: E. Christian Brugger, "Psychology and Christian Anthropology", *Edification: Journal for the Society of Christian Psychology* 3(1)(2009).
9 Blazer, *The Age of Melancholy*, 143.
10 Karl Jaspers, *Philosophy and the World: Selected Essay*, Trans. E. B. Ashton(Washington DC: Regnery Gateway, 1963), 213.
11 University of Chicago Press Release, September 3, 2007: http://www.uchospitals.

edu/news/2007/20070903-psychiatrists.html.

12 William Styron, *Darkness Visible: A Memoir of Madness*(New York: Vintage, 1990), 36.

13 같은 책, 43.

14 Joshua Wolf Shenk, "Lincoln's Great Depression", *Atlantic Monthly*(October 2005): 42-47.

15 Perle Besserman, *The Way of the Jewish Mystics*(Boston: Shambhala, 1994), 115-117.

16 Sigmund Freud, *Standard Edition Collected Works*, 14:239, 246-247.

17 Blazer, *The Age of Melancholy*, 114-116, 135-159.

18 Walker Percy, *Lost in the Cosmos: The Last Self-Help Book*(New York: Farrar, Straus & Giroux, 1983), 79.

19 John Paul II, Address to the Participants in the 18th International Conference Promoted by the Pontifical Council for Health and Pastoral care on the Theme of "Depression", November 14, 2003, no. 2. 이 연설의 원본은 이 책 부록 3 참조.

20 D. B. Larson, K. A. Sherrill, J. S. Lyons, F. C. Craigie Jr., S. R. Thielman, M. A. Greenwold, and S. S. Larson, "Association between dimensions of religious commitment and mental health reported in the American Journal of Psychiatry and Archives of General Psychiatry: 1987-1989", *American Journal of Psychiatry*, 149(1992): 557-559.

21 P. S. Muller, D. J. Plevak, C. J. Ellison, et al., "Belief in life after death and mental health: findings from a national survey", *Journal of Nervous and Mental Disorders*, 194(2006): 524-529.

22 J. Nelleman and R. Persaud, "Why do psychiatrist neglect religion?", *British Journal of Medical Psychology* 68(1995): 169-178.

23 Gerard Manley Hopkins, *The Major Works*, ed. Catherine Phillips(Oxford: Oxford University Press, 2002), 167.

24 참조: Erasmo Leiva-Merkakis, *Fire of Mercy, Heart of the Word: Meditations on the Gospel according to St. Matthew*, vol 1(San Francisco: Ignatius Press, 1996), 189-193.

25 같은 책, 185.

26 같은 책, 191.

27 John Tauler, *The Sermons and Conferences of John Tauler*(Washington, DC: Apostolic Mission House, 1910), 29.
28 Andrew Solomon, *The Noonday Demon: An Atlas of Depression*(New York: Scribner, 2002).
29 필자는 이 부분과 관련하여 케빈 컬리건의 탁월한 신학적·심리학적 연구에 크게 의존하고 있다: Kevin Culligan, "The Dark Night and Depression", *Carmelite Prayer: A Tradition for the 21st Century*, ed. Keith J. Egan(New York: Paulist Press, 2003), 119-139.
30 같은 책, 125.
31 영성생활의 세 단계에 대한 전반적인 개요는 다음 두 연구를 참조하라: Benedict Groeschel, *Spiritual Passages: the Psychology of Spiritual Development*(New York: Crossroads, 1984)와 Reginald Garrigou-Lagrange, *The Three Conversions of the Spiritual life*(Rockford, Illinois: TAN, 2002).
32 Culligan, "The Dark Night and Depression", *Carmelite Prayer*, 130.
33 같은 책, 135.
34 Timothy Gallagher, *The Discernment of Spirits: An Ignatian Guide to Everyday Living*(New York: Crossroads, 2005). 이 부분에서 성 이냐시오의 가르침에 대한 설명은 11-46쪽을 요약한 것이다.
35 St. Ignatius of Loyola, *Spiritual Exercises*(New York: Harper, 2000), no. 203.
36 Hans Urs von Balthasar, *The Christian and Anxiety*, trans. Dennis Martin and Michael J. Miller(San Francisco: Ignatius, 2000), 96-97, 105-106, 114.
37 *Catechism of the Catholic Church*, nos. 2280-2283.
38 Christine A. Scheller, "In the Valley of the Shadow of Suicide", *Christianity Today*(April 2009).
39 R. C. Kessler, P. Berglund, O. Demler, et al., "The epidemiology of major depressive disorder: results from the National Comorbidity Survey Replication(NCS-R)", *Journal of the American Medical Association* 289(2003): 2095-3105.
40 웹사이트 www.naturalstandard.com은 보충 및 대체 약물에 대해 타당한 증거에 기반한 자료들을 제공한다.
41 Robert Burton, *The Anatomy of Melancholy*(New York: New York Review Books, 2001), 970.
42 Jerome Frank and Julia Frank, *Persuasion and Healing: A Comparative Study of*

Psychotherapy, 3rd ed.(Baltimore: Johns Hopkins University Press, 1991), 1.
43 Paul R. Kolbet, *Augustine and the Cure of Souls*(Notre Dame, Indiana: University of Notre Dame Press, 2010).
44 Paul Vitz, "Psychology in Recovery", *First Things* 151(March 2005): 17-21.
45 Bob Enright and Richard Fitzgibbons, *Helping Clients Forgive: An Empirical Guide for Resolving Anger and Restoring Hope*(Washington, DC: American Psychological Association Press, 2000).
46 같은 책, 24.
47 Karl Jaspers, *Selected Essays*, trans. E. B. Ashton(Washington, DC: Regnery Gateway, 1963), 213.
48 Piux XII, Address of His Holiness to the Rome Congress of the International Association of Applied Psychology, April 10, 1958.
49 Philip Rieff, *The Triumph of the Therapeutic: Uses of Faith After Freud*(New York: Harper &Row, 1966).
50 Joseph Cardinal Ratzinger[Benedict XVI], *On Conscience*(San Francisco: Ignatius Press, 2007), 18-19.
51 Pius XII, "On Psychotherapy and Religion", An Address of His Holiness to the Fifth International Congress on the Psychotherapy and Clinical Psychology given on April 13, 1953, no. 34.
52 같은 연설, no. 35.
53 Stanley Jackson, *Melancholia and Depression: From Hippocratic to Modern Times* (New Haven, Connecticut: Yale University Press, 1986), 328.
54 Pius XII, "On Psychotherapy and Religion", no. 37.
55 John Paul II, Address to participants in the international conference sponsored by the Pontifical Council for Pastoral Assistance to Health Care Workers, December 11, 1996.
56 Joseph Cardinal Ratzinger, *Salt of the Earth: The Church at the End of the Third Millennium*, trans. Adrian Walker(San Francisco: Ignatius Press, 2002), 32.
57 같은 곳.
58 Christopher Peterson and Martin Seligman, *Character Strengths and Virtues: A Handbook and Classification*(Oxford: Oxford University Press, 2004).
59 *Catechism of the Catholic Church*, no. 2540.

60 Homily, "Passionately Loving the World", no. 51, in *In Love with the Church* (London: Scepter, 1989).
61 Cardinal Ratzinger's Homily in Mass Before Conclave, April 19, 2005. Available at http://www.zenit.org.
62 St. Josemría Escrivá, *The Way*(Princeton: Scepter, 1982), no. 90.
63 Thomas Dubay, *Seeking Spiritual Direction: How to Grow the Divine Life Within* (Ann Arbor, Michigan:Servant, 1994).
64 Published online at http://www.explorefaith.org.
65 John Paul II, Encyclical Letter *Laborem exercens*("On Human Work"), no. 24.
66 같은 회칙, no. 25.
67 같은 회칙, no. 26.
68 같은 회칙, no. 27.
69 Parker Palmer, "Contemplative by Catastrophe", *Spirituality and Health Magazine*(Spring 2012). 이 구절은 여러 인용구를 포함하고 있다. 생략된 구절은 명료함과 문장의 원활한 흐름을 위해 명시하지 않았다.
70 Joseph Cardinal Ratzinger, *God and the World: Believing and Living in Our Time*, trans. Henry Taylor(San Francisco: Ignatius Press, 2002), 222.
71 John Paul II, Address to participants in the international conference sponsored by the Pontifical Council for Pastoral Assistance to Health Care Workers, December 11, 1996.
72 St. Josemaría Escrivá, *The Way*, no. 267.
73 G. K. Chesterton, *St. Francis of Assisi*, in *Collected Works*, vol. II(San Francisco: Ignatius Press, 1986), 75.
74 Robert Emmons, *Thanks!: How the New Science of Gratitude Can Make You Happier*(New York: Houghton Mifflin Harcourt, 2007).
75 Robert Emmons and Charles Shelton, "Gratitude and Science of Positive Psychology", in *Handbook of Positive Psychology*, eds. C. R. Snyder and Shane Lopez (Oxford: Oxford University Press, 2001), 459-471.
76 Benedict XVI, Encyclical letter *Spe salvi*, no. 2.
77 같은 회칙, no. 1.
78 같은 회칙, no. 2.

79 Benedict XVI, Address to the Bishop of Japan on their "Ad limina" Visit, December 17. 2007.
80 Benedict XVI, *Spe salvi*, no. 2.
81 *Compendium of the Catechism*, no. 387.
82 Benedict XVI, *Spe salvi*, no. 11-12.
83 같은 회칙, no. 12.
84 같은 곳.
85 Charles Péguy, *The Portal of the Mystery of Hope*, trans. David L. Schindler, Jr.(Grand Rapids: Eerdmans, 1996), 3.
86 같은 책, 3-7.
87 같은 책, 7-8.
88 *Catechism of the Catholic Church*, no. 1864.
89 Benedict XVI, *Spe salvi*, no. 40.
90 같은 곳.
91 St. Josemaría Escrivá, *The Way of the Cross*, Station 7, point 3.
92 성 베네딕도 요셉 라브르(1748-1783)는 중증이며 고질적인 정신 질환으로 고통을 받았다. 그는 수도 성소를 느꼈지만, 정신 질환 때문에 고향인 프랑스에서, 후에는 이탈리아에서 입회를 거절당했다. 그는 결국 자신의 성소가 집 없는 순례자가 되어 유럽 전역에 있는 그리스도교적 헌신의 현장들을 순례하는 것임을 깨닫게 되었다. 그는 자신이 소유하고 있는 모든 것을 다른 가난한 이들에게 아낌없이 나누어 주었고, 고된 삶의 마지막 6년을 보낸 로마에서 시민들의 사랑과 애도 속에 숨을 거두었다. 그는 로마 콜로세움 근처에 있는 산타 마리아 델 몬테 성당(Santa Maria del Monte)에 묻혔으며, 축일은 4월 16일이다.
93 John Paul II, Address to the Participants in the 18th International Conference Promoted by the Pontifical Council for Health and Pastoral care on the Theme of "Depression", November 14, 2003.